REPORT ON GREEN DEVELOPMENT OF
CHINESE PRIVATE ENTERPRISES

中国民营企业绿色发展报告

2022

高云龙 徐乐江◎主编

黄　荣　王金南◎副主编

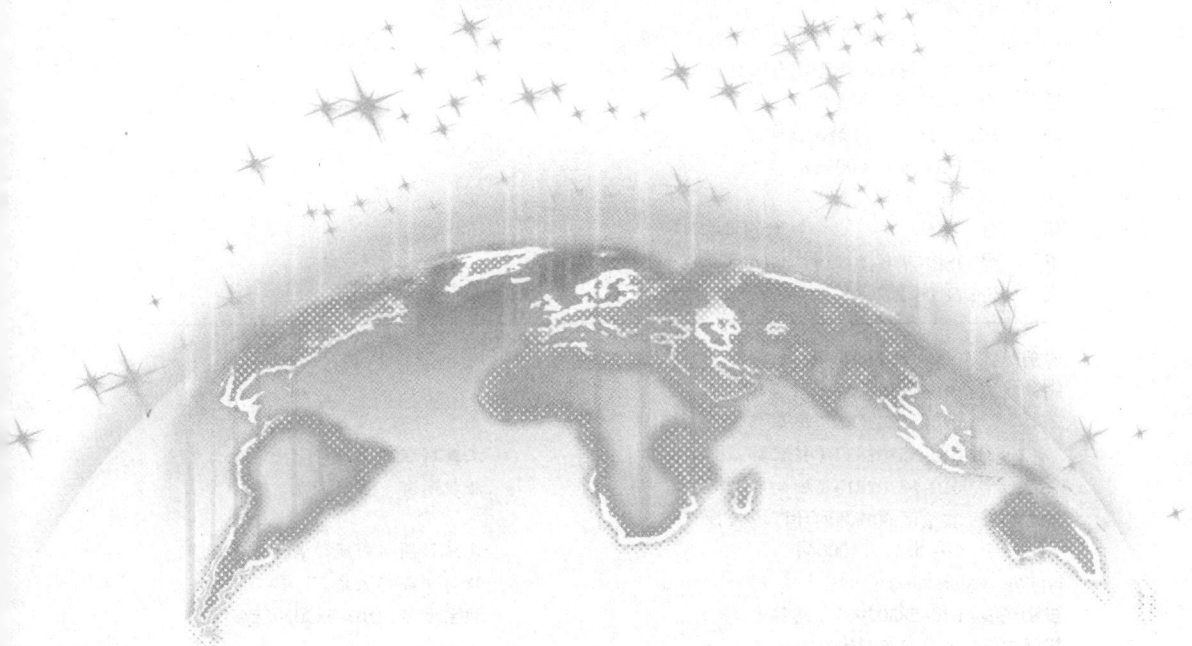

中华工商联合出版社

图书在版编目（CIP）数据

中国民营企业绿色发展报告.2022 / 高云龙，徐乐江主编；黄荣，王金南副主编.-- 北京：中华工商联合出版社,2022.12

ISBN 978-7-5158-3564-8

Ⅰ.①中… Ⅱ.①高… ②徐… ③黄… ④王… Ⅲ.①民营企业－绿色经济－经济发展－研究报告－中国－2022 Ⅳ.① F279.245

中国版本图书馆 CIP 数据核字（2022）第 254606 号

中国民营企业绿色发展报告（2022）

主　　编：	高云龙　徐乐江
副 主 编：	黄　荣　王金南
出 品 人：	刘　刚
责任编辑：	吴建新
装帧设计：	张合涛
责任审读：	付德华
责任印制：	迈致红
出版发行：	中华工商联合出版社有限责任公司
印　　刷：	北京毅峰迅捷印刷有限公司
版　　次：	2023 年 1 月第 1 版
印　　次：	2023 年 1 月第 1 次印刷
开　　本：	710mm×1000 mm　1/16
字　　数：	192 千字
印　　张：	12.5
书　　号：	ISBN 978-7-5158-3564-8
定　　价：	68.00 元

服务热线：010-58301130-0（前台）

销售热线：010-58302977（网店部）
　　　　　010-58302166（门店部）
　　　　　010-58302837（馆配部、新媒体部）
　　　　　010-58302813（团购部）

地址邮编：北京市西城区西环广场 A 座
　　　　　19-20 层，100044
http://www.chgslcbs.cn
投稿热线：010-58302907（总编室）
投稿邮箱：1621239583@qq.com

工商联版图书

前　言

引导民营企业绿色发展是全国工商联围绕中心、服务大局，促进"两个健康"的重点任务之一。自2019年起，全国工商联连续四年针对民营企业打好污染防治攻坚战，统筹疫情防控、复工复产和生态环境保护，绿色低碳发展等专题开展问卷调查，充分收集民营企业在实现绿色转型升级过程中取得的实际成效、问题与挑战、政策与建议，为进一步支持服务民营企业绿色低碳发展，组织引导民营企业深入打好污染防治攻坚战提供了决策参考。

本报告在前几年全国工商联开展相关研究的基础上，根据2021年民营企业绿色发展问卷调查所取得的基础性数据和资料，结合国家统计局、行业协会等有关部门的公开信息，梳理和总结了2021年度民营企业绿色发展情况，主要内容由综合报告篇、专题研究篇、企业实践篇三部分构成。

综合报告篇围绕民营企业绿色低碳发展基本理论、宏观形势以及政策形势等进行了综合研判。采用统计数据与调查问卷相结合的方式获取数据，聚焦民营企业生产经营状况、污染减排绩效以及节能降碳强度等维度深入分析其绿色低碳发展状况，并构建了问卷调查企业的绿色发展水平进步指数，评价民营企业推动绿色低碳发展的实际成效。

专题研究篇共有三个专题研究报告，分别就民营战略新兴产业企业绿色低碳发展、民营钢铁企业绿色发展、民营企业助力乡村绿色发展三个方面进行了调研分析和专题研究。

企业实践篇收录17篇民营企业绿色发展案例，集中展现了新能源、新材料、钢铁、石化、畜牧、环保等不同行业的民营企业绿色发展成效和经验做法，具有一定的代表性。

本报告对 2021 年度我国民营企业绿色发展进行了系统性研究和总结，为有关各方了解民营企业绿色发展情况提供了丰富的资料，也为民营企业实现绿色转型升级提供了实践案例和借鉴。

全国工商联民营企业绿色发展课题组

2022 年 11 月于北京

目　录

| 综合报告篇

Ⅱ　专题研究篇

Ⅲ　企业实践篇

| 综合报告篇

一、企业绿色发展理论与实践

为应对全球气候变暖给人类经济和社会可持续发展带来的不利影响，2007年《联合国气候变化框架公约》第13次缔约方大会确立巴厘岛路线图，要求发达国家在2020年前将温室气体减排25%~40%。以欧美为主的发达国家开始采取气候变化税、碳税、能源税、低碳技术等一系列向低碳经济转型的政策和行动。我国高度重视全球气候变化工作，先后于1998年签署《联合国气候变化框架公约》、2002年批准《京都议定书》；2020年9月22日，习近平主席在第七十五届联合国大会一般性辩论上宣示"二氧化碳排放力争于2030年前达到峰值，努力争取2060年前实现碳中和"的目标。随后《中共中央国务院关于完整准确全面贯彻新发展理念做好碳达峰碳中和工作的意见》《国务院关于印发2030年前碳达峰行动方案的通知》《减污降碳协同增效实施方案》等政策文件相继出台，碳达峰碳中和"1+N"政策体系已基本建立，标志着我国碳达峰碳中和行动进入实质性落实阶段。在今后一个时期内，我国将以创新、协调、绿色、开放、共享的新发展理念为引领，抓住新一轮科技革命和产业变革的历史性机遇，推动疫情过后世界经济绿色复苏，在推动高质量发展过程中促进经济社会发展全面绿色转型。

低碳经济和循环经济是企业绿色转型发展过程中解决资源环境约束问题的重要理论基础。低碳经济是一种新的经济发展形态，英国于2003年在题为《我们未来的能源——创建低碳经济》白皮书中首次提出低碳经济概念，其宗旨是大力发展低碳技术、产品及服务，推动低碳经济发展。从内涵看，它兼顾了低碳和经济，主张在发展经济的同时最大限度地减少对化石燃料的依赖，低碳经济的实现需要以能源技术创新和制度创新为核心，传统高耗能、碳密集型企业将面临向低耗能、碳分散转变的挑战，大批能源效率和节能减排技术领先的创新型公司获得新的机遇和发展空间。推动低碳经济发展的关键在于调整产业结构以减少碳排放，调整能源结构以提高能源效率，加强技术创新并发展碳中和技术。产业和能源结构的深度调整，是企业绿色转型发展的必然选择，需要压实地方政府和行业、企业的主体责任，有序推进各地区和各行业实现低碳化。循环经济理论则是强调从源头控制，突出减量化，从资源开采、生产领域入手，减少投入，提高资源利用效率，节能减排。通过生态经济综合规划、设计社会经济活动等，使不同企业之间形成共享资源和互换副产品的产业共生组合，使上游生产过程中产生的废弃物成为下游生产过程的原材料，实现废物综合利用，达到产业之间资源的优化配置，使区域的物质和能源在经济循环中得到持续利用。目前，我国已成为世界上循环经济推广力度最大，发展最广泛、最深入的国家。2021 年 7 月国家发展改革委印发《"十四五"循环经济发展规划》，将发展循环经济，推进资源节约集约利用，作为推动实现碳达峰碳中和，促进生态文明建设的重要战略举措。

党的二十大报告指出，要统筹产业结构调整、污染治理、生态保护、应对气候变化，积极稳妥推进碳达峰碳中和，协同推进降碳、减污、扩绿、增长，推进生态优先、节约集约、绿色低碳发展。减污降碳是民营企业提升绿色竞争力的重大机遇，也是履行社会生态环境保护责任的必然选择。为实现碳达峰碳中和目标，需要系统完善的政策体系和对策措施保障。2021 年以来，《关于推动城乡建设绿色发展的意见》《"十四五"工业绿色发展规划》《减污降碳协同增效实施方案》等政策文件陆续出台，要求企业结合生产实际，推进产能替换、节能技术改造、设备更新、能源低碳化、资源循环利用、固碳、数字化改造等任务，深入研究确定碳减排路径，制定工作方案，明确实现碳达峰碳中和的时间表和路线图。在技术研发方面，开展低碳、零碳、负碳和储能新材料、新技术、新装备攻关，积极参与节能降碳和新能源技术产品研发，加快国家和省级重点实验室、技术创新中心等科技创新平台建设，深化产学研结合，开展绿色低碳共性关键技术、前沿引领技术、颠覆性技术和相关设施装备攻关，与国内上下游企业、技术研发机构等加强交流合作，促进绿色低碳产品、技术、方案的推广应用，推动产业链实现绿色协同发展，共建绿色产业生态。

表 1-1　2021 年国务院及有关部门出台的绿色发展综合性政策

发布时间	部门	政策文件
2021 年 1 月	财政部、工信部	《关于支持"专精特新"中小企业高质量发展的通知》
2021 年 2 月	国务院	《关于加快建立健全绿色低碳循环发展经济体系的指导意见》
2021 年 6 月	工信部等六部门	《关于加快培育发展制造业优质企业的指导意见》
2021 年 9 月	国家发展改革委	《关于推广地方支持民营企业改革发展典型做法的通知》
2021 年 9 月	工信部、人民银行、银保监会、证监会	《关于加强产融合作推动工业绿色发展的指导意见》
2021 年 10 月	中共中央办公厅、国务院办公厅	《关于推动城乡建设绿色发展的意见》
2021 年 10 月	市场监管总局等六部门	《关于进一步发挥质量基础设施支撑引领民营企业提质增效升级作用的意见》
2021 年 11 月	工信部	《"十四五"工业绿色发展规划》
2021 年 11 月	国务院办公厅	《关于进一步加大对中小企业纾困帮扶力度的通知》
2021 年 12 月	工信部	《"十四五"促进中小企业发展规划》

为推动重点工业领域节能降碳和绿色转型，坚决遏制全国"两高"项目盲目发展，确保如期实现碳达峰目标，国家发展改革委等六部门联合印发了《关于严格能效约束推动重点领域节能降碳的若干意见》，明确提出将通过能效约束，推动钢铁、电解铝、水泥、平板玻璃、炼油、乙烯、合成氨、电石等重点行业节能降碳和绿色低碳转型，加速推动传统产业转型升级，提升企业市场竞争力。为鼓励企业开展节能降碳技术改造，我国还将陆续出台财政、税收、金融、创新激励等方面配套支持政策，并依托绿色电价、节能审查、节能监察、环保核查、失信联合惩戒等手段，加大市场调节、

检查惩处力度，加速相关行业改造升级，淘汰落后产能。同时将利用政府、协会、商会、媒体等渠道，加强政策解读和舆论引导，宣传推介先进经验与典型案例，营造全社会共同推动重点行业节能降碳的良好氛围。

经统计，2021 年全国及地方共颁布 100 余项绿色金融相关政策，其中绿色金融政策着眼点从环保、污染减排等传统关注领域逐渐向低碳转型、气候变化等更广义的绿色金融议题转移，不少政策提到低碳、碳排放权、气候变化等关键词。2021 年 7 月 16 日，全国碳市场正式启动，2000 多家发电行业重点排放单位被首批纳入管理，截至 2021 年年底，全国碳市场碳排放配额累计成交量达 1.79 亿吨，成交额突破 76 亿元，建成了全球规模最大的碳市场，这是全国碳排放权交易市场化进程中的又一里程碑式进展，也是中国在广义绿色金融领域的重大实践。

表 1-2　2021 年出台的节能降碳相关政策

发布时间	部门	政策文件
2021 年 1 月	财政部、工信部	《关于支持"专精特新"中小企业高质量发展的通知》
2021 年 2 月	国务院	《关于加快建立健全绿色低碳循环发展经济体系的指导意见》
2021 年 3 月	生态环境部	《碳排放权交易管理暂行条例（草案修改稿）》
2021 年 4 月	人民银行	《绿色债券支持项目目录（2021 年版）》
2021 年 4 月	中共中央办公厅、国务院办公厅	《关于建立健全生态产品价值实现机制的意见》
2021 年 4 月	银保监会	《关于金融支持海南全面深化改革开放的意见》
2021 年 6 月	中国人民银行	《银行业金融机构绿色金融评价方案》
2021 年 9 月	中共中央、国务院	《关于完整准确全面贯彻新发展理念做好碳达峰碳中和工作的意见》
2021 年 9 月	北京市发展和改革委员会、北京市科学技术委员会、中关村科技园区管理委员会	《北京市关于进一步完善市场导向的绿色技术创新体系若干措施》
2021 年 10 月	国务院	《2030 年前碳达峰行动方案》

续表

发布时间	部门	政策文件
2021 年 10 月	国家发展改革委、工信部、生态环境部、市场监管总局、国家能源局	《关于严格能效约束推动重点领域节能降碳的若干意见》
2021 年 10 月	上海市人民政府办公厅	《加快打造国际绿色金融枢纽服务碳达峰碳中和目标的实施意见》
2021 年 10 月	四川省人民政府	《关于深入实施财政互动政策的通知》
2021 年 12 月	广东省人民政府	《广东省人民政府关于加快建立健全绿色低碳循环发展经济体系的实施意见》

同时，生态环境部及相关部门不断强化环境监管力度，压实企业环保主体责任，出台《企业环境信息依法披露管理办法》，对企业生产和生态环境保护、企业环境管理信息、污染物治理与排放信息、碳排放信息、生态环境应急信息、生态环境违法信息等披露内容进行了详细规定。《"十四五"生态环境监测规划》提出，将组织火电、钢铁、石油天然气开采、煤炭开采、废弃物处理等重点行业企业开展二氧化碳、甲烷等温室气体排放监测试点，加强排污许可单位自行监测专项检查，对涉挥发性有机物（VOCs）排放企业和生活垃圾焚烧发电企业持续加大执法监测力度。《"十四五"生态环境保护综合行政执法队伍建设规划》则明确提出，将构建企业持证排污、政府依法监督、社会共同监督的生态环境执法监管新格局，要求将环境法治作为企业入职人员的培训内容，促进企业增强环保意识、法律意识。支持企业通过线上渠道反馈自证守法、问题整改、信用维护等信息。多措并举，进一步压实企业的环境责任，落实污染防治攻坚战各项要求。

表 1-3　2021 年有关部门出台的环境监管相关政策

发布时间	部门	政策文件
2021 年 3 月	生态环境部	《关于印发〈企业温室气体排放报告核查指南（试行）〉的通知》
2021 年 5 月	国家发改委	《海水淡化利用发展行动计划（2021—2025 年）》
2021 年 5 月	生态环境部	《环境信息依法披露制度改革方案》

续表

发布时间	部门	政策文件
2021 年 10 月	生态环境部	《2021-2022 年秋冬季大气污染综合治理攻坚方案》
2021 年 12 月	生态环境部	《"十四五"生态环境监测规划》
2021 年 12 月	生态环境部等 18 部门	《"十四五"时期"无废城市"建设工作方案》
2021 年 12 月	生态环境部	《"十四五"生态环境保护综合行政执法队伍建设规划》
2021 年 12 月	生态环境部	《企业环境信息依法披露管理办法》

民营企业作为经济发展的市场主体，在打好污染防治攻坚战和解决突出生态环境问题中具有重要作用。在后疫情时代，我国要抓住新一轮工业革命的机遇，通过技术创新驱动工业整体绿色转型，推动工业走绿色低碳循环的可持续发展之路。民营企业应充分抓住发展机遇，增加环保投入和自主研发投入，实施绿色工艺和产品创新，提升企业可持续发展水平，实现减污降碳协同增效，积极助力碳达峰碳中和目标实现。

二、中国民营企业绿色发展调研情况

2021 年以来，随着全球经济持续复苏，面对复杂国际环境、新冠肺炎疫情和极端天气等多重挑战，我国经济呈现复苏态势，发展水平进一步提高，在全球主要经济体中唯一实现经济正增长，并以 26.3% 的占比成为全球经济增长的最大贡献国。国内生产总值（GDP）达到 114 万亿元（约 17.7 万亿美元），GDP 增速为 8.1%，两年平均增长 5.1%；人均 GDP 约 1.25 万美元，接近世界银行对高收入经济体的门槛（2021 年为 12695 美元），并有望在 2022 年正式迈入高收入经济体的行列。其中，民营经济稳中有进，经营压力有所缓解，固定投资逐步恢复。2021 年，规模以上私营企业工业增加值同比增长 10.2%，比 2020 年增加 6.5 个百分点，普遍高于同期国有控股企业、股份制企业和外商及港澳台商投资企业。民营企业进出口总额达到 19 万亿元，进出口总额较 2020 年增长 26.7%，增幅突破历史高点，外贸活力进一步增强。

习近平总书记多次强调在全面建设社会主义现代化国家新征程上，全党全国要保持加强生态文明建设的战略定力，着力推动经济社会发展全面绿色转型。民营企业作为实现绿色发展的主力军，既是绿色技术创新的重要力量，也是节能减排降碳的重要贡献者。引导民营企业绿色发展是践行习近平生态文明思想的生动实践，是"两个健康"工作主题的重要内涵，也是服务民营企业高质量发展的重要抓手。全国工商联高度重视支持民营企业绿色发展工作，2018 年以来，积极推动与生态环境部开展部际合作，通过联合印发政策文件、签署合作协议以及开展部门座谈、企业调查、实地调研、教育培训等工作，共同引导和推动民营企业打好污染防治攻坚战，为民营企业实现绿色低碳转型升级提供了有力支撑。

在顶层设计方面，积极贯彻落实习近平总书记在民营企业座谈会、全国生态环境保护大会上的重要讲话精神，支持服务民营企业绿色发展、打好污染防治攻坚战，与生态环境部联合印发《关于支持服务民营企业绿色发展的意见》，从总体要求和支持民营企业提高绿色发展水平、营造公平竞争市场环境、提升环境服务保障水平、完善环境经济政策措施、加强民营企业绿色发展组织领导六个方面，提出了 18 项支持服务民营企业绿色发展的重点举措。与生态环境部联合召开由双方主要负责同志出席的支持服务民营企业绿色发展座谈会，持续深化两部门合作，共同支持服务民营企业绿色发展。

在调查研究方面，连续四年开展问卷调查研究，针对民营企业参与污染防治攻坚战情况、疫情对民营企业生产经营和环境治理的影响、民营企业绿色低碳发展等主题开展问卷调查，基本实现了全国 31 个省（区、市）和所有行业全覆盖，突出京津冀及周边地区、长三角地区、汾渭平原等重点区域和钢铁、有色、建材等重点行业，问卷调查对象数量呈逐年上升态势，2021 年已突破万家企业。

在宣传教育方面，全国工商联系统、生态环境系统积极发挥桥梁纽带和助手作用，通过联合调研、教育培训、政策宣传，开展了一系列非公有制经济代表人士培训班、小微企业经营者培训班、民营经济人士典型示范案例宣传、民营企业家污染防治专题培训班、绿色发展线上主题讲座，广泛开展绿色低碳培训，积极推动民营经济人士绿色低碳发展宣教工作落实落地。

然而，面对复杂多变的国内外形势，面对疫情冲击和"三重压力"，民营企业发展中的困难和问题也明显增多，稳定民营经济发展对稳定宏观经济大盘尤为重要，亟需组织开展民营企业绿色发展调查研究，加强不同区域、不同行业、不同领域民营企业绿色发展跟踪分析，深入了解民营企业在推进减污降碳、产业绿色转型升级、助推乡村振兴时面临的实际困难和政策需求，研判民营企业绿色发展态势，提出支持服务民营企业绿色发展的对策建议和政策措施，对工商联引导民营企业深入打好污染防治攻坚战、助力实现碳达峰碳中和目标具有重要意义。

（一）民营企业绿色发展问卷调查基本结论

2022年5月，全国工商联开展民营企业绿色低碳发展问卷调查研究，并组织各省、自治区、直辖市和新疆生产建设兵团工商联，及各有关直属商会积极联系和组织民营企业进行问卷填报，共收回有效问卷10623份，其中工业类填报5800份，非工业类填报4823份。调查企业覆盖全国31个省（区、市），主要集中在黄河流域、中部以及沿海省份，工业企业调查问卷数量占比近六成，六大高耗能行业问卷数量占工业企业比重的22.9%。

经过对问卷结果的分析显示：受访工业企业的盈利情况、员工数量、研发投入强度同比上升情况明显好于非工业企业。约三成的工业企业和高耗能企业资产负债率超过60%，财务风险相对较高。绝大部分民营企业认同生态环境政策制度有利于企业发展，建立了环境管理制度和可持续发展目标，并认为其治污水平已达到行业平均及以上水平。同时，工业企业反映一般固体废物、噪声、危险废物污染问题日益突出，北方及部分地区的工业园区建设仍有较大空间，资金成本、技术限制仍然是民营企业在推进绿色低碳发展面临的主要问题和困难，希望获得更多的税费减免和财政补贴支持政策。建议探索建立环保激励企业绿色低碳发展的体制机制，积极引导民营企业主动推动绿色低碳发展。

1. 问卷调查地区和行业分布

受访企业主要集中在黄河流域、中部以及沿海省份。根据企业所属地区的统计结果显示，浙江（811份）、河南（716份）、江西（661份）、河北（622份）、安徽（617份）五个省份在填报问卷数中的占比相对较高，分别为7.7%、6.8%、6.3%、5.9%、5.9%；四川（585份）、贵州（451份）、重庆（325份）等10个省（市）的填报份数占比在3%~5.6%。广东（309份）、青海（198

份）、海南（105 份）等 11 个省（市）填报份数占比在 1%~3%；上海（86 份）、福建（66 份）、西藏（64 份）等五个省份填报份数的占比不超过 1%。

受访企业中六成为工业企业，六大高耗能行业比重保持稳定。受访工业企业中占比最高行业为其他制造业，占比为 12.6%。农副食品加工业、非金属矿物制品业、橡胶和塑料制品业等七个行业企业占比均在 4%~8% 左右。六大高耗能行业企业占工业企业的 22.9%，其中建材、化工行业占比分别为 7.3%、6.8%，钢铁和有色行业占比为 2.8%，石化行业占比约为 2.2%，电力行业占比 1.5%。

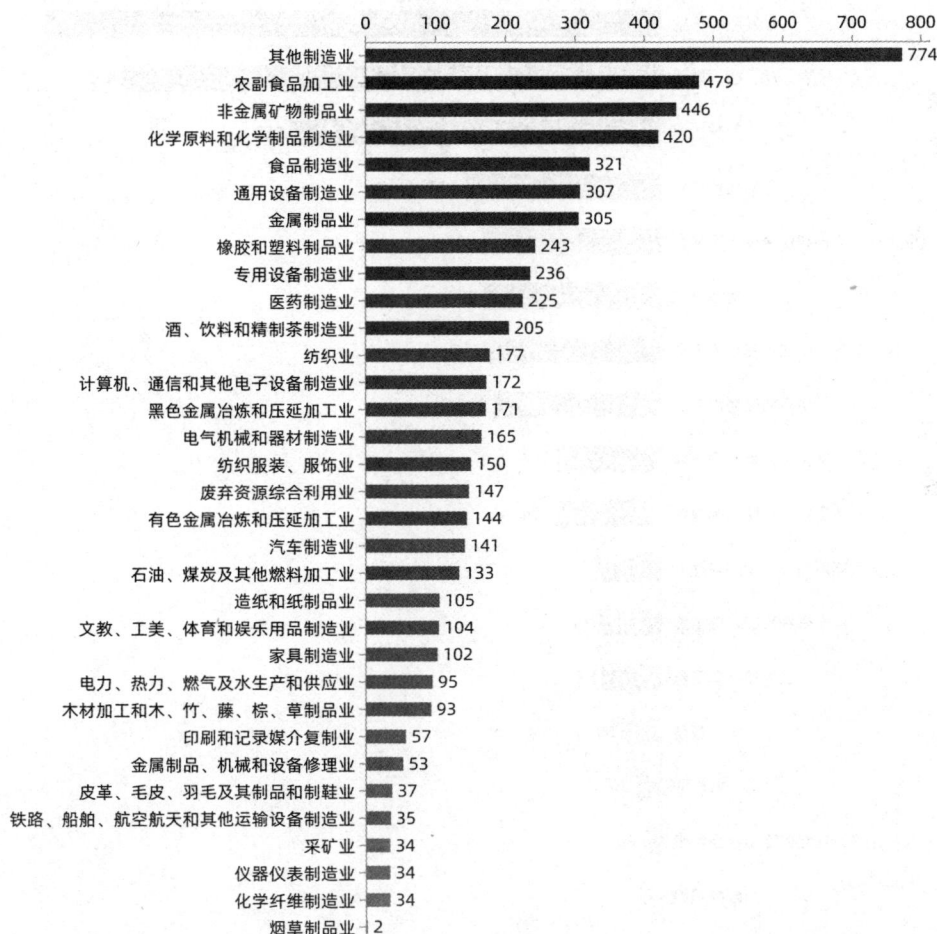

行业	份数
其他制造业	774
农副食品加工业	479
非金属矿物制品业	446
化学原料和化学制品制造业	420
食品制造业	321
通用设备制造业	307
金属制品业	305
橡胶和塑料制品业	243
专用设备制造业	236
医药制造业	225
酒、饮料和精制茶制造业	205
纺织业	177
计算机、通信和其他电子设备制造业	172
黑色金属冶炼和压延加工业	171
电气机械和器材制造业	165
纺织服装、服饰业	150
废弃资源综合利用业	147
有色金属冶炼和压延加工业	144
汽车制造业	141
石油、煤炭及其他燃料加工业	133
造纸和纸制品业	105
文教、工美、体育和娱乐用品制造业	104
家具制造业	102
电力、热力、燃气及水生产和供应业	95
木材加工和木、竹、藤、棕、草制品业	93
印刷和记录媒介复制业	57
金属制品、机械和设备修理业	53
皮革、毛皮、羽毛及其制品和制鞋业	37
铁路、船舶、航空航天和其他运输设备制造业	35
采矿业	34
仪器仪表制造业	34
化学纤维制造业	34
烟草制品业	2

图 2-1 工业填报类企业小类行业分布

受访企业中四成为非工业企业，批发零售等中小微企业比重高。批发和零售业、农林牧渔业、建筑业占比较高，分别为 21.3%、18.6%、12.8%。住宿和餐饮业、信息传输、软件和信息技术服务业、房地产业等七个行业受访企业数量占比在 3%~6% 左右；水利、环境和公共设施管理业，科学研究和技术服务业，卫生和社会工作，教育业四个行业的受访企业数量占比在 1%~3% 左右；金融业，公共管理、社会保障和社会组织，国际组织三个行业受访企业占比低于 1%。

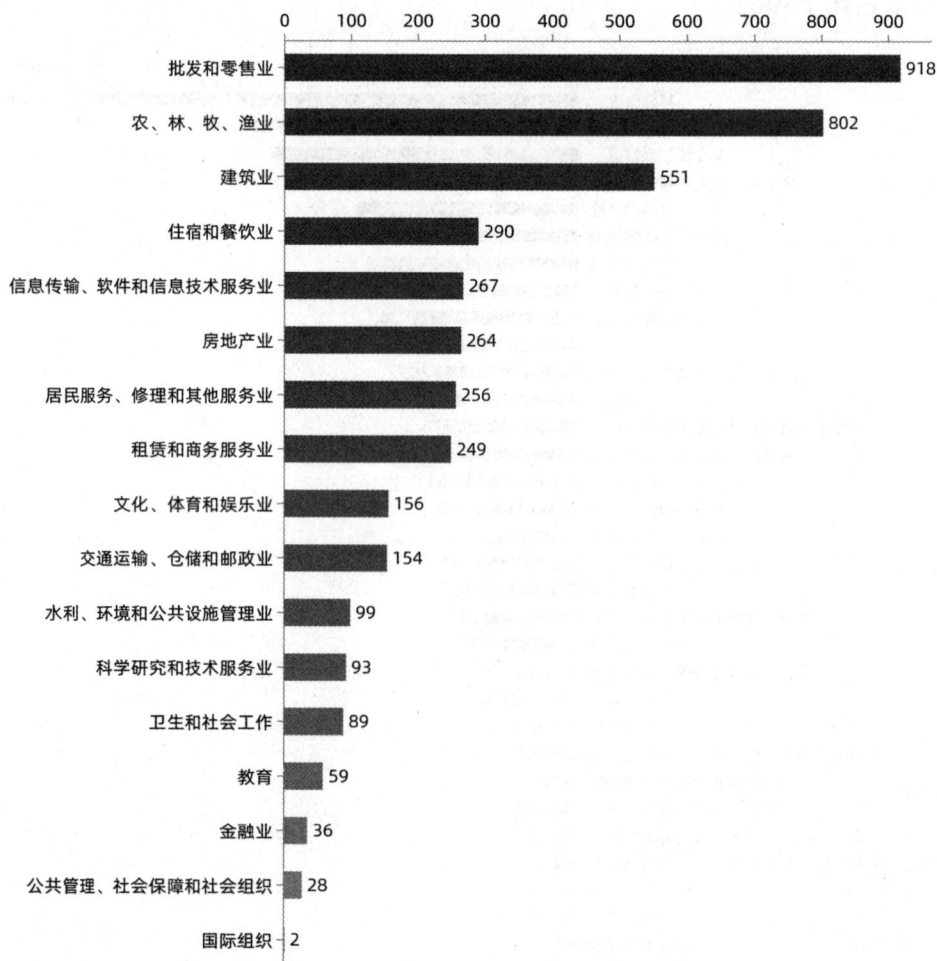

图 2-2 非工业填报类企业小类行业分布

2. 高耗能行业企业的盈利能力和节能环保投入强度均高于工业平均水平，有利于高耗能行业加快绿色转型

2021 年，42.6% 的高耗能行业企业盈利能力（利润总额 / 主营业务收入）稳步提升（同比上升 5% 及以上），高出整体工业企业约 5.5 个百分点。41.9% 的高耗能行业企业节能环保投入明显增加（同比上升 5% 及以上），高出整体工业企业约 7.4 个百分点。在所有工业企业中，高耗能企业在加大节能环保投入的情况下，其盈利能力仍稳步提升，说明高耗能行业推动绿色低碳转型发展初显成效。

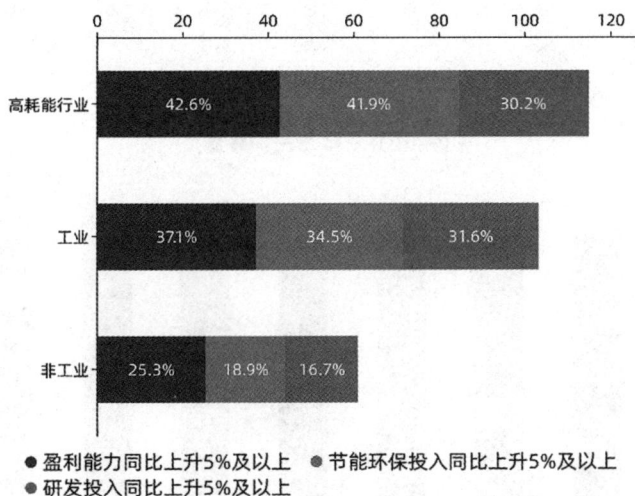

图 2-3 2021 年工业、非工业、高耗能企业生产经营和节能环保投入变化情况

3. 工业企业基本建立了环境信息公开和风险管理制度，其中京津冀地区和长江经济带企业制度建设取得积极成效

2021 年，约八成以上的高耗能行业和工业企业建立了环境风险防控制度和环境信息公开制度。从区域分布来看，长三角地区、京津冀及周边地区工业企业建立环境信息公开制度的比例分别为 85.3%、85.1%，高于全国平均水平约 1 个百分点。长三角地区、京津冀及周边地区的工业企业建立了环境风险防控制度的比例分别为 94.1%、93.1%，高于全国平均水平 3 个百分点以上。绝大部分工业企业在环境信息披露和应急事故处置方面具有较高的主动性，为下一步深化环境信息披露以及降低环境风险事故危害提供了较好的基础。

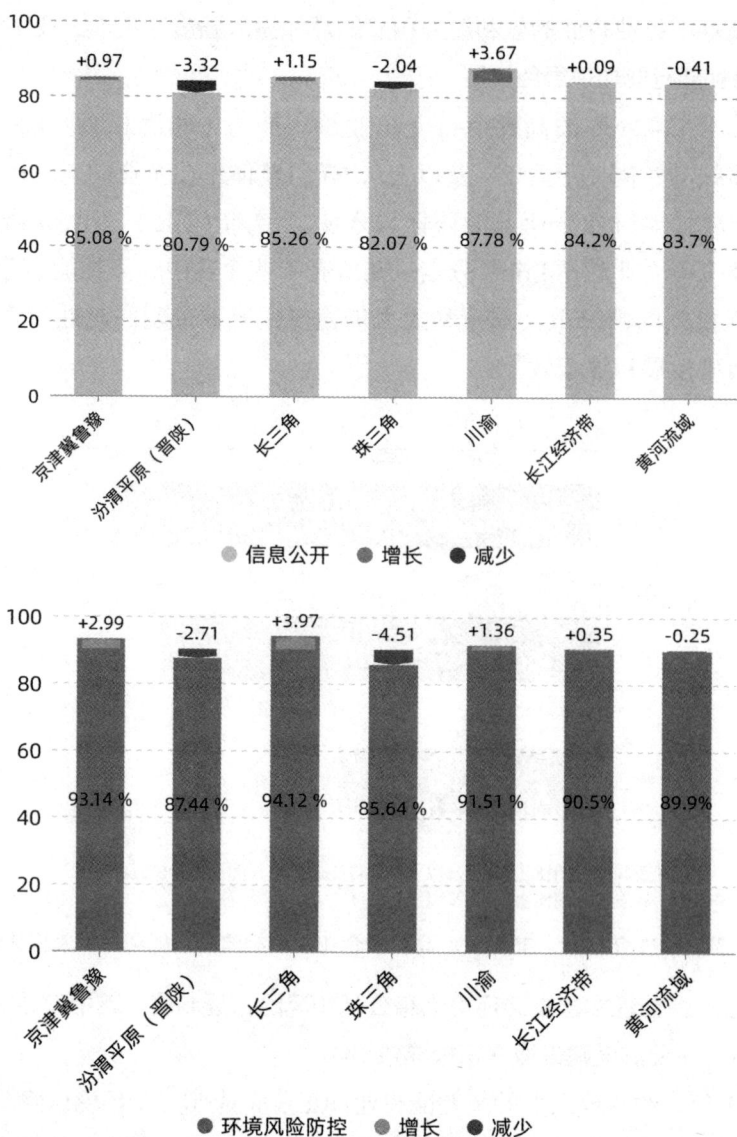

图 2-4 2021 年重点区域工业企业环境信息公开制度和环境风险防控制度建设与全国平均水平对比

4. 南方地区工业园区企业入住率较高，汾渭平原等北方地区工业园区入驻率和基础设施建设仍有较大提升空间

2021 年，高耗能行业企业和工业企业的园区入驻率分别为 66.6% 和 62.6%。从地区分布看，仅长江经济带、沿海地区的部分省份工业园区企业

入驻率超过工业行业平均水平，汾渭平原、黄河流域的工业企业园区入住率最低分别为 47%、56.4%，低于全国平均水平 15.6 和 6.2 个百分点。从工业园区基础设施看，工业企业所入驻园区建有统一的污水、危险废物等集中处理设施的比例为 72.3%，高耗能行业所入驻园区比例为 73.5%。南方地区工业园区集中处理设施比例普遍比北方地区高 15 个百分点；汾渭平原、黄河流域的集中设施比例分别为 64.6%、66.7%，低于全国平均水平 7.7、5.6 个百分点。

5. 工业企业在污染治理和水资源节约利用方面比较自信，实际成效仍有较大提升空间

2021 年，约 80% 的工业企业废气、废水、一般固体废物排放量同比未有改善，仅有 17.5% 的工业企业废气排放量和 14.4% 的工业企业废水排放量实现同比下降 5% 及以上。约 70% 的工业企业废水重复利用率低于40%，工业企业污染治理和水资源节约利用仍有较大提升空间。调查显示，有 93.4% 的工业企业认为其治污水平已经达到行业平均甚至领先水平，较2020 年增加约 40 个百分点，与企业污染减排成效形成了明显反差，反映出企业对污染治理成效的自我评价较高，相对乐观。

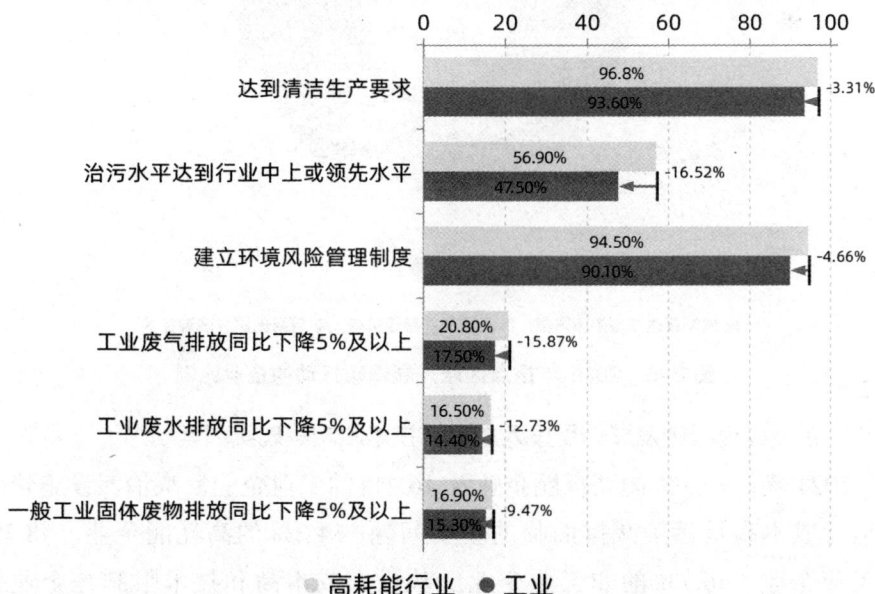

图 2-5　2021 年工业和高耗能行业企业治污水平和污染物排放同比变化情况

6. 高耗能企业编制"双碳"方案和开展降碳行动积极性较高

2021年，高耗能行业中有35.1%的企业编制了"双碳"实施方案，53.5%的企业设立了专门负责节能降碳的相关职能部门并积极应用减碳技术，分别高于工业企业6.8和12.2个百分点。其中钢铁、有色、电力行业中有超过40%的企业已编制"双碳"实施方案，高出工业行业平均水平约10个百分点。从技术应用来看，有48.1%的工业企业应用了减碳技术，其中化工、钢铁、有色、电力四个高耗能行业中的企业应用减碳技术比例超过50%以上。从重点区域看，京津冀及周边地区、汾渭平原编制"双碳"实施方案、设立节能降碳专门部门并应用减碳技术的工业企业比例均高出全国平均水平3个百分点左右，反映出上述区域工业企业节能降碳的主动性更高。

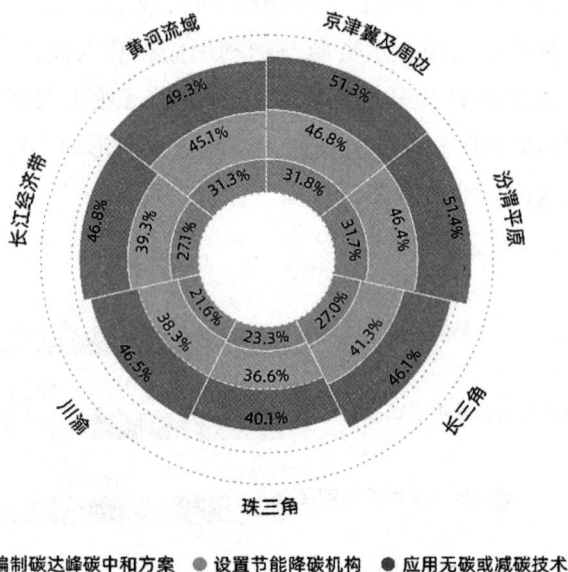

● 编制碳达峰碳中和方案　● 设置节能降碳机构　● 应用无碳或减碳技术

图2-6　2021年重点区域开展降碳行动的企业比例

7. 企业绿色低碳发展仍受投入成本、技术限制等现实因素制约

2021年，49.1%的高耗能企业及46.4%的工业企业反映治污设施建设和运行成本高是污染减排面临的主要问题；64.2%的高耗能企业、58.7%的工业企业、46.7%的非工业企业反映投入成本高和技术限制是企业推进绿色低碳发展面临的最大困难。从重点行业看，60.9%的建材企业、

59.4% 的钢铁企业、55.8% 的有色金属企业反映治污设施建设和运行成本高是污染减排面临的主要问题，分别高出平均水平 14.5、13、9.4 个百分点。72.5% 的钢铁、70.6% 的化纤、66.4% 的化工企业反映投入成本高和技术限制是推进绿色发展面临的主要困难，分别高出平均水平 13.8、11.9、7.7 个百分点。考虑到三成以上的工业企业资产负债率在 60% 以上，财务风险较高，可能对企业继续加大节能环保资金投入、推动绿色低碳发展带来一定限制。

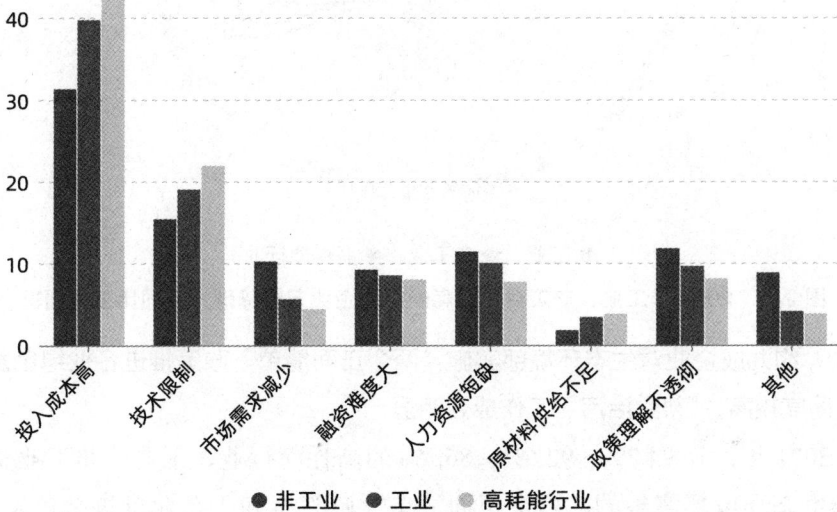

图 2-7 2021 年工业、非工业、高耗能行业企业绿色发展面临困难

8. 工业企业低碳发展之路任重道远，部分区域低碳管理仍需加强

从企业节能降碳水平看，约 80% 的工业企业化石能源消费比重、清洁能源消费比重、单位产品综合能耗和碳排放量同比未显向好态势，低碳发展成效有待进一步提升。从重点区域来看，京津冀及周边地区、长三角地区的单位产品能耗下降的企业比例较低，分别为 12.6%、12.7%，低于全国平均水平约 2 个百分点，低于珠三角地区约 10 个百分点。川渝地区、珠三角地区编制"碳达峰、碳中和"方案的企业比例较低分别为 21.6%、23.3%，低于全国平均水平 6.7 和 5.0 个百分点。

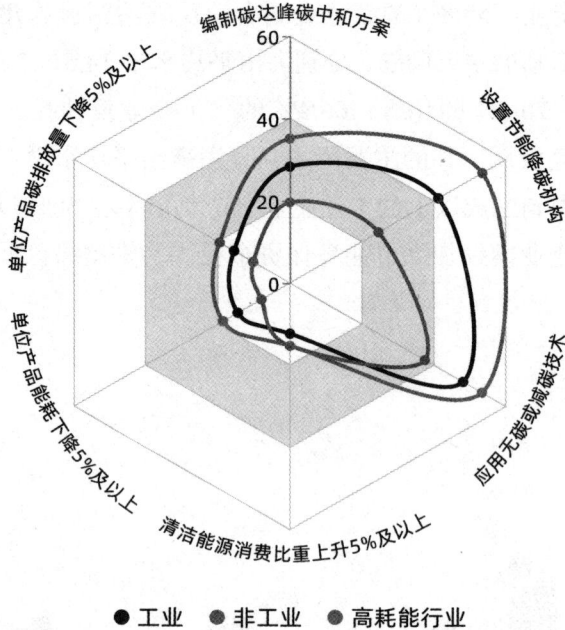

● 工业　● 非工业　● 高耗能行业

图 2-8　2021 年工业、非工业、高耗能行业企业节能降碳水平同比变化情况

9. 约九成企业对生态环境部实施"两个正面清单"政策推进企业绿色发展的认同度较高，"帮企治污"工作成效明显

2021 年，有 94.7%、92.6%、86.3% 的高耗能行业、工业、非工业企业认为生态环境部实施的"两个正面清单"政策有利于企业推进绿色发展，其中山东、安徽、上海、浙江等省份认同率排名靠前。同时调查结果显示，2021 年仅有 12% 的高耗能行业企业和 13.1% 的工业企业反映不知道如何选择合适的环保设备和治污方案，同比均下降约 10 个百分点，反映出"百城千县万名专家进万企"活动成效显著，有力解决了一批企业在生态环境治理过程中的技术难题。

10. 大部分企业对财政补贴和技术帮扶政策需求强烈

2021 年，约 65% 的企业反映未享受过生态环境部门出台的有关支持民营企业发展的资金支持政策，65.5% 的工业企业反映税费减免和财政补贴是当前最希望得到的政策支持。运输设备制造、纺织、印刷、皮革行业企业对税费减免和财政补贴的政策需求最强，高出全国平均水平 14.5、8.5、8.2、7.5 个百分点。从重点区域看，川渝地区、汾渭平原、珠三角地区工业企业对税费减免政策需求较高，超出全国平均水平约 2 个百分点；黄河流域工业企业对财政补贴政策需求较高，超出全国平均水平约 4 个百分点。

（二）参与调查民营企业生产经营情况

1. 生产情况

（1）主营业务收入

约六成企业主营业务收入超 2000 万元，其中七成工业企业迈入规模以上水平，八成高耗能行业企业收入超 2000 万元，约是非工业企业的二倍。 2021 年，57.1% 的受访企业实现主营业务收入超 2000 万元。工业企业中，实现主营业务收入超 2000 万元的企业数量占比 71%。高耗能工业企业中该占比高达 78.8%，非高耗能工业企业中该占比为 68.6%，非工业企业中该占比为 36.7%。14.0% 的企业主营业务收入达到 4 亿元以上，非工业企业中该比例为 8.1%。

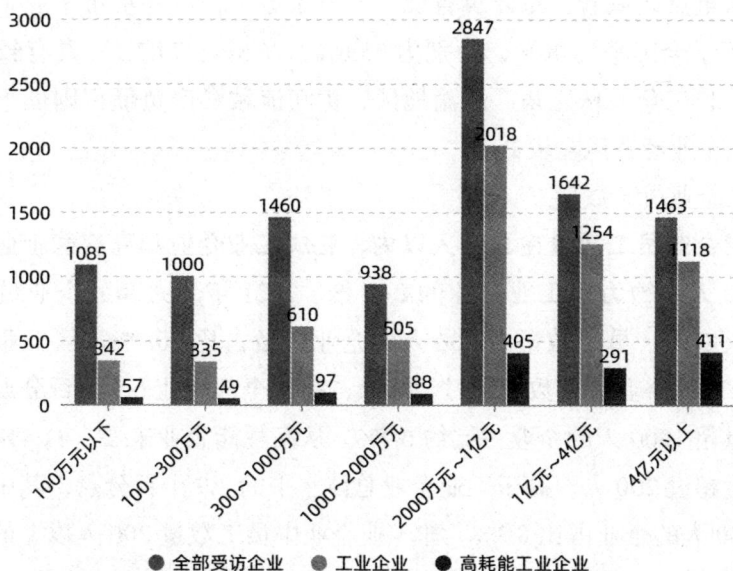

图 2-9　2021 年不同行业受访企业主营业务收入情况

从重点区域看，长三角地区工业企业收入规模最大，规模以上工业企业占比 82.7%。川渝地区、京津冀鲁豫、珠三角、长江经济带规模以上企业占比次之，分别为 74.2%、73.3%、72.6%、72.5%。汾渭平原、黄河流域工业企业收入规模较低，均为 70% 以下。长三角地区非工业企业收入规模最大，规模以上工业企业占比为 52.9%。长江经济带、京津冀鲁豫、川渝地区次之，分别为 41.9%、41.1%、40.1%。汾渭平原、黄河流域、珠三角地区规模以上非工业企业则不足 40%。

（2）资产负债率

七成以上企业资产负债率稳定在 60% 以内，约三成的工业企业和高耗能企业资产负债率超过 60%，财务风险需引起重视。 其中，31.5% 的企业资产负债率位于 0 至 20% 之间，21.9% 的企业资产负债率位于 20% 至 40% 之间，21.8% 的企业资产负债率位于 40% 至 60% 之间，多数企业的财务风险稳定在合理范围内，资产负债率高于 60% 的企业数量为 24.9%。从工业企业看，26.6% 的企业资产负债率高于 60%，较全部受访企业高 1.7 个百分点。从高耗能企业看，28.5% 的企业资产负债率高于 60%，较工业企业总体水平高 1.5 个百分点，较全部受访企业高 3.2 个百分点，面临着相对较高的财务风险。从重点区域看，京津冀鲁豫、汾渭平原、长江经济带工业企业资产负债率高于全国平均水平，分别为 75.6%、76.5%、74.7%，具有较高的财务风险，长三角、珠三角、川渝地区、黄河流域资产负债率则低于全国平均水平，企业经营风险较低。

（3）企业员工数量

八成企业员工数量在 200 人以内，三成工业企业和高耗能企业就业数量超 200 人，约为非工业企业的 2~3 倍。 2021 年，大部分企业员工数量在 200 人以内，员工数量超 200 人的企业数量占比 20.7%。从工业企业来看，27.2% 的企业员工数量超过 200 人，高于全部企业 6.5 个百分点，其中员工数量超 1000 人的企业占比约 6.4%。从高耗能企业来看，31.4% 的企业员工数量超过 200 人，高于工业企业总体水平的 3.9 个百分点，其中员工数量超 1000 人的企业占比 8.3%。非工业企业中员工数量 200 人以上的占比仅 10.7%，从业人员规模较小。从重点区域看，京津冀鲁豫、长三角、珠三角、川渝地区、长江经济带工业企业员工数量超过 200 人的比例高于全国平均水平，分别为 32.8%、31.7%、36.3%、27.3%、26.7%，就业规模较大。汾渭平原、黄河流域员工数量超 200 人的比例则低于全国平均水平，企业从业人员规模相对较低。

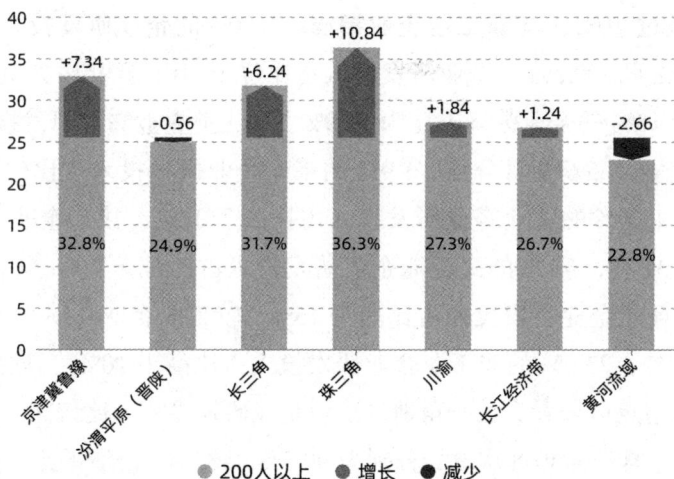

图 2-10　2021 年重点区域员工数量 200 人以上工业企业占比与全国平均水平对比情况

（4）盈利能力同比变化

约三成企业盈利能力与 2020 年相比保持基本不变，其中工业行业和高耗能行业中约四成企业的盈利能力稳步提升，非工业企业盈利能力表现较弱。 从受访民营企业盈利能力（利润总额/主营业务收入）来看，2021 年 38.14%、45.2%、34.73% 的受访工业企业、非工业企业、高耗能行业企业的盈利能力同比 2020 年保持在基本不变（±5%）的水平。非工业行业企业的盈利能力表现出"两头低、中间高"的特点，利润总额与主营业务收入上升 5% 及以上的企业占比为 25.3%，低于工业行业 11.8 个百分点；下降 5% 及以上的企业占比为 29.5%，高出工业行业 4.7 个百分点。而高耗能行业企业盈利能力同比上升 5% 及以上的企业占比数量为 42.6%，高出工业行业 37.1% 约 5.5 个百分点，盈利能力优于工业行业平均水平。从重点区域看，长三角地区的工业企业盈利能力最好，为 43.0%；川渝地区次之为 42.1%；京津冀鲁豫、汾渭平原、黄河流域、长江经济带工业企业盈利较上年提高 5% 的企业比例均超过 35%。长三角地区非工业企业的盈利能力最高，较上年盈利能力提升 5% 的企业为 32.7%；珠三角非工业企业次之为 30.4%；京津冀鲁豫、汾渭平原、黄河流域地区非工业企业较上年盈利超 5% 的企业不足 25%。

2. 研发投入强度

（1）研发经费投入

约四成企业研发经费投入超过 5%，其中约二成工业企业和高耗能企业

研发投入超过 10%，与非工业企业相当。18.4% 的企业研发投入占比位于 5% 至 10% 之间，9.2% 的企业研发投入占比位于 10% 至 15% 之间，研发投入占比高于 15% 的企业数量占比为 12.9%。从工业企业看，研发投入占比比全部受访企业高 5.6 个百分点，8.9% 的工业企业研发投入占比位于 10% 至 15% 之间，12.6% 的工业企业研发投入占比高于 15%，接近企业平均水平。从高耗能企业看，6.1% 的高耗能企业研发投入占比位于 10% 至 15% 之间，10.1% 的高耗能企业研发投入占比高于 15%，较工业企业总体水平低 2.5 个百分点。此外，23.0% 的非工业企业研发投入占比高于 10%，具有较高的创新活力。从重点区域看，长三角地区工业企业研发投入占比最高，为 50.7%；京津冀鲁豫、珠三角地区次之，分别为 49.5%、48.7%；汾渭平原、川渝地区、黄河流域地区工业企业研发投入占比低于全国工业企业平均水平。

（2）研发人员占比

约三成受访企业研发人员占比超过 15%，研发力量有待加强，其中高耗能企业低于工业企业平均水平，非工业企业亦不到二成。47.8% 的受访企业研发人员不足 5%，研发人员占比高于 15% 的企业数量占比为 25%。从工业企业看，30.1% 的企业研发人员占比高于 15%，高于全部受访企业 5.6 个百分点。从高耗能企业看，28.4% 的企业研发人员占比高于 15%，较工业企业总体水平低 10.3 个百分点。此外，仅 17.4% 的非工业企业研发人员占比高于 15%，非工业企业研发力量亦有限。从重点区域看，长三角地区工业企业研发人员占比最高，为 74.8%，京津冀鲁豫、珠三角地区次之，分别为 69.6%、67.7%，汾渭平原、黄河流域地区工业企业研发人员占比低于全国工业企业平均水平，分别为 54.4%、56.8%。

（3）研发投入强度同比变化

约六至七成企业投入强度同比去年保持基本不变，其中工业行业和高耗能行业中约三成企业研发投入强度持续上升，是非工业类企业投入强度的二倍左右。与企业盈利能力同比变化情况相似，2021 年企业研发投入强度同比 2020 年保持基本不变的企业占比数量最多，工业行业、非工业行业、高耗能行业的占比分别为 62%、76.9%、63.4%。其中，工业行业、高耗能行业的研发投入强度上升 5% 及以上的企业占比数量相对较高，分别为 31.6%、30.2%，高出非工业行业 16.7% 约 14 个百分点；三大行业的研发投入强度下降 5% 及以上的企业数量相对较少，均为 6.4% 左右。

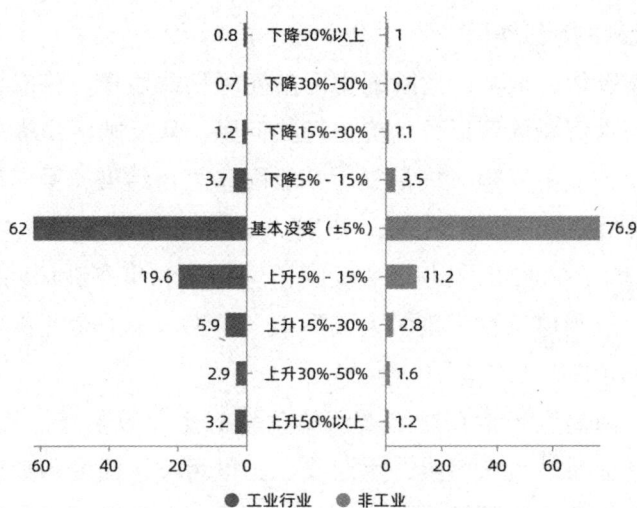

图 2-11　2021 年工业、非工业企业研发投入强度同比变化情况

从重点区域看，长三角企业研发投入较上年提升水平最高，其中工业企业研发投入占比较上年提升 5% 以上的企业为 34.6%，非工业企业为 18.9%；川渝地区次之，工业企业为 34.6%，非工业企业为 18.1%；汾渭平原地区工业企业研发投入较上年提升比例较低，为 28.0%，珠三角地区非工业研发投入较上年提升比例较低，较上年增长 5% 以上的企业比例仅为 10.3%。

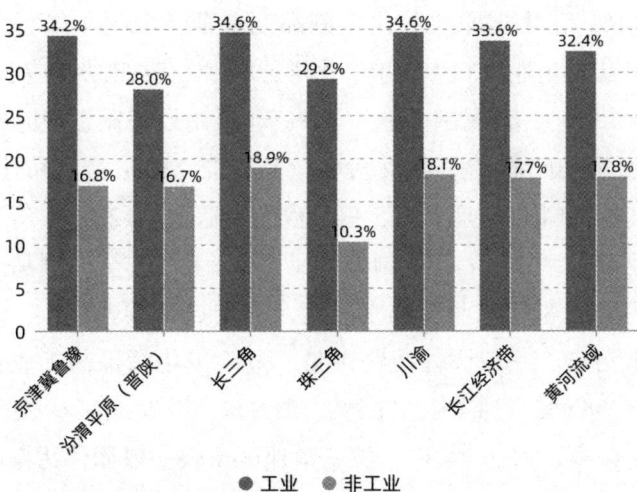

图 2-12　2021 年重点区域企业研发投入强度同比变化情况

（三）参与调查民营企业污染减排情况

1. 企业反映的污染类型

一般固体废物、噪声、危险废物污染问题日益显现，已成为民营企业反映除大气和水污染问题以外的突出污染问题。从反映污染类型的企业数量来看，工业企业中反映大气污染、一般固体废物污染、噪声污染、水污染、危险废物污染的占比较高，分别为29.9%、24.6%、17.4%、16.6%、12.3%，仅2.8%、0.8%的工业企业反映土壤污染和生态破坏问题；非工业企业中反映一般固体废物污染、大气污染、噪声污染的企业占比较高，分别为13.7%、10.1%、9.6%。

除传统"两高"行业反映各类污染问题的企业较多外，其他制造业、通用设备制造业反映大气污染、水污染、土壤污染、固废和危废污染等各类污染问题的企业占比数量也较高。从行业看，化学原料和化学制品制造业（11.4%）、非金属矿物制品业（11.2%）、其他制造业（10.4%）等行业大气污染问题的企业反映率较高；化学原料和化学制品制造业（11.0%）、农副食品加工业（9.1%）、食品制造业（9.2%）、其他制造业（7.2%）等行业水污染问题的企业反映率较高；化学原料和化学制品制造业（15.6%）、农副食品加工业（8.1%）、其他制造业（8.1%）等行业土壤污染问题的企业反映率较高；其他制造业（10.2%）、非金属矿物制品业（7.6%）、通用设备制造业（7.1%）、化学原料和化学制品制造业（6.9%）等行业一般固体废弃物污染问题的企业反映率较高；化学原料和化学制品制造业（14.2%）、其他制造业（7.9%）、金属制品业（7.7%）、通用设备制造业（6.2%）等行业危险废弃物污染问题的企业反映率较高；非金属矿物制品业（18.8%）、石油煤炭及其他燃料加工业（12.5%）、食品制造业（12.5%）等行业生态破坏问题的企业反映率较高；其他制造业（13.5%）和非金属制品业（12.7%）等行业噪声污染问题的企业反映率较高。从重点区域看，长三角地区反映大气污染、水污染、一般固体废物污染、危险废物污染的工业企业占比最高，分别占比34.6%、20.4%、31.2%、21.4%，川渝地区反映噪声污染的工业企业占比最高，占比24.4%；长三角地区反映一般固体污染的非工业企业占比较高为15.5%。

2. 节能环保投入强度

（1）节能环保投入

近四成受访企业节能环保投入超过 5%，其中工业企业较非工业企业的节能环保投入更高。 50.7% 的受访企业节能环保投入占比位于 0 至 2% 之间，13.1% 的受访企业节能环保投入占比位于 5% 至 10% 之间，节能环保投入超过 10% 的受访企业占比为 22.5%。从工业企业看，14.3% 的工业企业节能环保投入占比位于 5% 至 10% 之间，22.1% 的工业企业节能环保投入占比高于 10%，接近全部受访企业平均水平。规模以上工业企业中，23.3% 的主营业务收入 2000 万至 1 亿元的企业节能环保投入占比超过 10%，高于行业平均水平，节能环保投入相对较高。

从高耗能行业企业看，15.2% 的高耗能企业节能环保投入占比位于 5% 至 10% 之间，25.0% 的高耗能企业节能环保投入占比高于 10%，其中，石油、化工、建材、有色等高耗能行业有 10% 以上的企业节能环保投入位于 10% 至 15% 之间，节能环保投入占比高于行业平均水平。此外，23.0% 的非工业企业节能环保投入占比高于 10%。其中，建筑业，住宿和餐饮业，信息传输、软件和信息技术服务业，租赁和商务服务业，科学研究和技术服务业等行业均有一成以上企业节能环保投入达到 10%~15%。从重点区域看，汾渭平原、黄河流域工业企业节能环保投入占主营业务收入超过 5% 的企业比例均高于全国平均水平，分别为 41.7%、40.8%。京津冀鲁豫地区占比超 5% 的企业最少，仅 32.7%。长三角、珠三角、川渝地区、长江经济带地区工业企业节能环保投入占比大于 5% 的比例低于全国平均水平。

（2）节能环保投入强度同比变化

约六至七成企业节能环保投入强度同比 2020 年保持基本不变，其中工业行业和高耗能行业中约三至四成企业的投入强度持续上升，是非工业类企业投入强度的二倍左右。 2021 年，工业行业和非工业行业的节能环保投入同比 2020 年保持基本不变的企业占比数量分别为 62%、77.2%，与企业盈利、研发投入的特点相似。高耗能行业企业的节能环保投入普遍上升，同比 2020 年上升 5% 及以上的企业占比数量为 41.9%，分别高出工业行业 34.5% 和非工业行业 18.9% 约 7.4、23 个百分点。规模以上工业企业节能环保投入较上年增长幅度较大，其中二至三成企业较上年增长 50% 以上。总体上看，三大行业分类的企业节能环保投入强度相比研发投入强度较高，下降 5% 及以上的企业占比相对较低，均在 3.5% 左右，低于研发投入强度约 50%。同时，高耗能行业的节能环保投入强度上升 5% 及以上的企业占比高出研发投入强度约 11.8 个百分点。从重点区域看，汾渭平原工业企业的节能环保投入占比最高，较上年增长超过 5% 的企业比例为 39.7%。长三角、黄河流域次之，分别为 36.7%、37.4%。京津冀鲁豫地区工业企业节能环保投入占比最低，为 31.2%。长三角地区的非工业企业的节能环保投入占比最高，较上年增长 5% 以上的比例为 20.9%。珠三角地区非工业企业的节能环保投入占比最低，增长 5% 以上的企业比例仅为 11.2%。

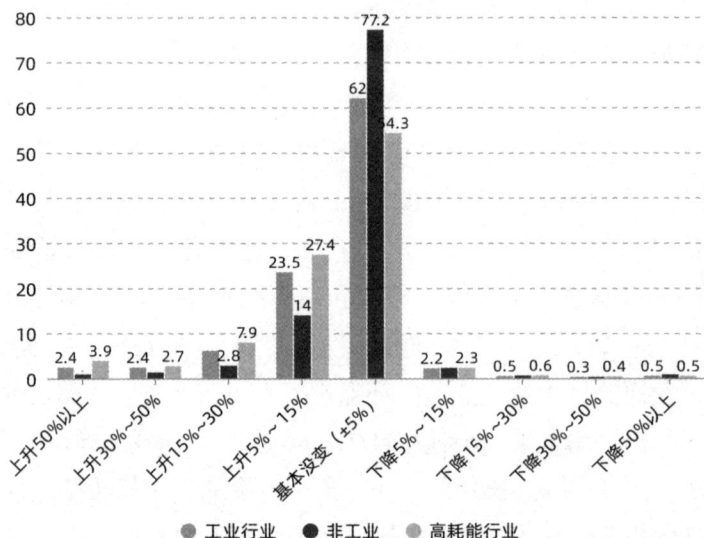

图 2-13　2021 年工业、非工业和高耗能企业节能环保投入强度同比变化情况

3. 治污设施运行费用

（1）工业废气治理设施运行费用

约八成受访工业企业废气治理设施运行费用在 50 万元以内，一成左右企业超过 100 万元，九成以上的工业企业的废气治理设施运行费用占主营业务收入的比例小于 5%。80.7% 的工业企业废气治理设施运行费用在 50 万元以下，其中农副食品加工业、纺织服装、服饰业、家具制造业、专用设备制造业、仪器仪表制造业、金属制品、机械和设备修理业等非高耗能行业中该比例均达到 90% 以上，承担着较低的治污成本。而石油、煤炭及

其他燃料加工业、化学原料和化学制品制造业、非金属矿物制品业、黑色金属冶炼和压延加工业、有色金属冶炼和压延加工业等高耗能企业该比例仅为50%~60%。13.6%的受访工业企业废气治理设施运行费用超过100万元，其中石油、化工、有色等高耗能行业该比例均达到10%以上，承担着较高的废气治理成本。从工业废气治理费用收入占收入和利润的比例来看，90%以上工业企业和高耗能行业企业的废气治理费用占主营业务收入或利润总额的比例小于5%。从企业营业收入规模来看，主营业务收入超过2000万元的工业企业（规模以上工业企业）废气治理设施运行费用相对较高，例如，运行费用在100—500万元间的企业中，规模以上工业企业占比超过九成。从重点区域看，汾渭平原工业企业废气治理设施运行费用高于100万的比例最高为18.5%；长三角地区次之为17.7%；京津冀鲁豫地区比例最低为14.4%；珠三角地区、川渝地区、长江经济带、黄河流域地区废气治理设施运行费用超过100万元的比例均高于全国平均水平。

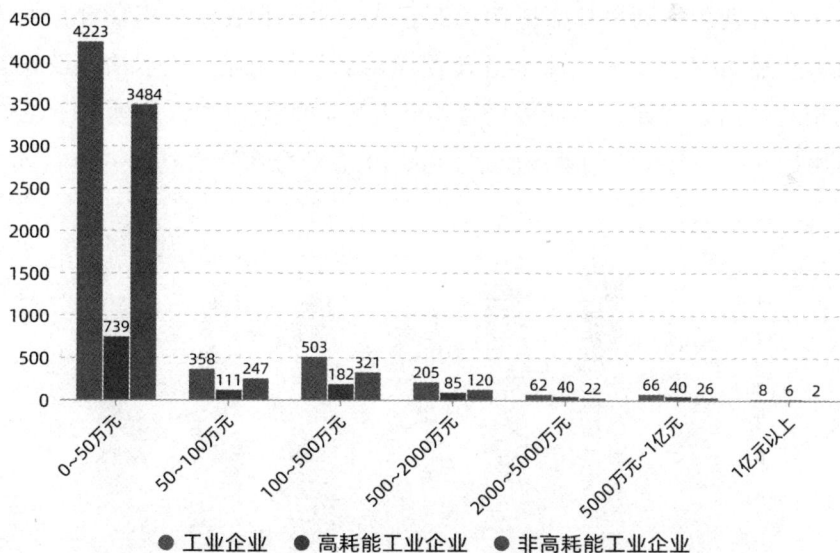

图2-14　2021年不同行业受访企业废气治理设施运行费用情况

（2）工业废水治理设施运行费用

与废气治理设施运行费用类似，超八成受访工业企业废水治理设施运行费用在50万元以内，约一成企业超过100万元，规模以上企业承担着较高成本，但运营费用总体较低。83.6%的工业企业废水治理设施运行费用在

50 万元以下，其中纺织服装、服饰业、家具制造业、印刷和记录媒介复制业、橡胶和塑料制品业、通用设备制造业等非高耗能行业中该比例均达到90% 以上，承担着较低的水环境治理成本。而石油、煤炭及其他燃料加工业、化学原料和化学制品制造业、黑色金属冶炼和压延加工业、有色金属冶炼和压延加工业等高耗能行业企业该比例仅为 50%~60%。12.4% 的受访工业企业废水治理设施运行费用超过 100 万元。从重点区域看，汾渭平原工业企业废水治理设施运行费用高于 100 万元的比例最高为 16.0%；长三角地区次之为 14.7%；京津冀鲁豫地区比例最低为 11.1%，低于全国平均水平；珠三角地区、川渝地区、长江经济带、黄河流域地区废气治理设施运行费用超过 100 万元的比例均高于全国平均水平。从工业废水治理费用占收入和利润的比例来看，90% 以上工业企业和高耗能行业企业的废水治理费用占主营业务收入的比例小于 5%，77% 的工业企业废水治理费用占利润总额的比例低于 5%。其中食品、饮料、金属加工业、造纸业、"两高"行业的工业废水治理费用占利润总额比例较高。从企业营业收入规模来看，主营业务收入超过 2000 万元的工业企业（规模以上工业企业）废水治理设施运行费用相对较高，例如，运行费用超 100 万元间的企业中，规模以上工业企业占比近九成，与废气治理设施运行费用的企业分布特点基本一致。

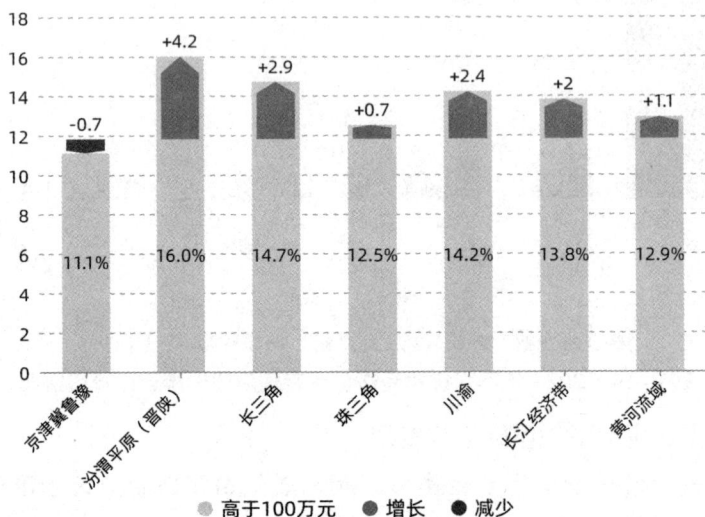

图 2-15　2021 年重点区域废水治理运行费用高于 100 万元工业企业占比与全国平均水平对比情况

4.企业污染物排放情况

（1）工业废水排放量

约一成受访工业企业废水排放量超过 1 万吨，非高耗能行业企业废水排放量相对较高。11.3% 的企业废水排放量高于 1 万吨，循环用水仍有提升空间。从细分行业来看，食品制造业，酒、饮料和精制茶制造业，纺织业，造纸和纸制品业，医药制造业，化学纤维制造业，汽车制造业等非高耗能行业废水排放量超过 1 万吨的比例均在 15% 以上，化学原料和化学制品制造业、黑色金属冶炼和压延加工业、有色金属冶炼和压延加工业等高耗能行业企业废水排放量超过 1 万吨的比例超 10%。从重点区域看，长三角地区工业企业废水排放量超过 100 吨的企业占比最多为 32.9%，珠三角地区、川渝地区、长江经济带地区比例次之，均高于全国平均水平。而京津冀鲁豫、汾渭平原、黄河流域地区工业企业废水排放量超过 100 吨的企业比例则低于全国平均水平，其中汾渭平原废水排放量超过 100 吨的企业比例最低。

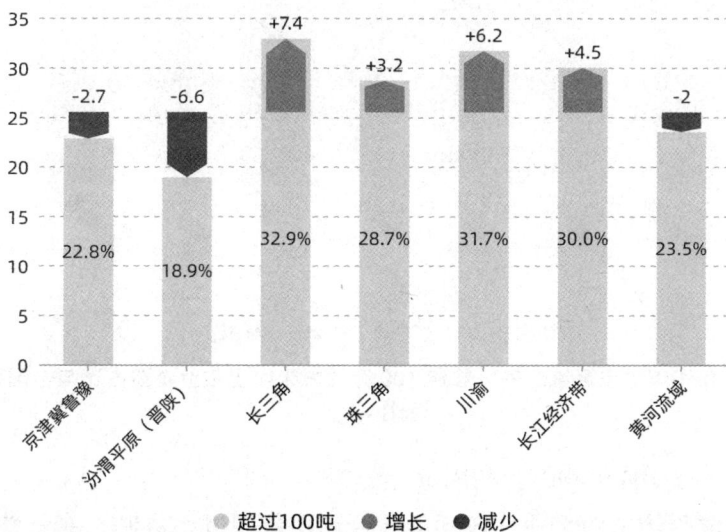

图 2-16　2021 年重点区域废水排放量 100 吨以上工业企业占比与全国平均水平对比情况

（2）工业废气排放量

约七成受访工业企业废气排放量低于 1 万立方米，但其中高耗能行业企业废气排放量较高，二至四成规上高收入企业废气排放超过 1000 万立方米。66.2% 的受访企业工业废气排放量不足 1 万立方米，反映了民营企业的废气排放控制情况整体较好。从企业规模看，废气排放量超过 1000 万立方米的规模以上高收入企业（主营业务收入 1 亿元以上）数量占比约 17%~38%。从细分行业来看，石油、煤炭及其他燃料加工业，化学原料和化学制品制造业，黑色金属冶炼和压延加工业，有色金属冶炼和压延加工业等高耗能行业企业废气排放量超过 1 亿立方米的企业比例均在 15% 以上，明显高于工业行业平均水平。从重点区域看，几大区域工业企业废气排放量超过 100 万立方米的比例均高于全国平均水平，其中珠三角工业企业比例最高为 26.7%；京津冀鲁豫次之为 22.6%；川渝地区比例最低为 18.0%；长三角、汾渭平原废气排放量超过 100 万立方米的比例高于 20.0%。

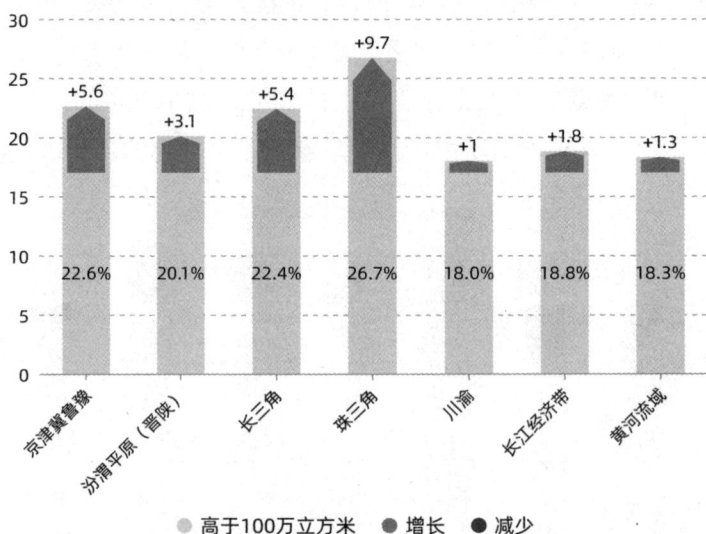

图 2-17　2021 年重点区域废气排放量 100 万立方米以上工业企业占比与全国平均水平对比情况

（3）一般固体废物综合利用量

约二成受访工业企业一般固废综合利用量超过 100 吨，高耗能行业企业一般固废综合利用量相对较高。 57.3% 的受访企业工业一般固废综合利用量不足 1 吨，仅 9.6% 受访企业一般固废综合利用量高于 1000 吨，民营工业企业整体固废综合利用水平有待提高。从企业规模看，主营业务收入在 2000 万元至 4 亿元的企业一般固废综合利用量超过 1000 吨的数量占比仅 5%~10%，主营业务收入超过 4 亿元的规模以上企业固废利用超 1000 吨的也仅 28.9%。从细分行业来看，石油、煤炭及其他燃料加工业，化学原料和化学制品制造业，非金属矿物制品业，黑色金属冶炼和压延加工业，有色金属冶炼和压延加工业等高耗能行业企业一般固废综合利用量超过 1000 吨的比例均 15%~30%，一般工业固废的综合利用量较高。从重点区域看，汾渭平原地区工业企业一般固废综合利用量超过 100 吨的比例最高为 23.9%；长三角地区次之为 23.6%；珠三角、川渝、长江经济带、黄河流域地区亦均高于全国平均水平；京津冀鲁豫地区工业企业一般固废综合利用量超过 100 吨的比例最低为 14.3%。

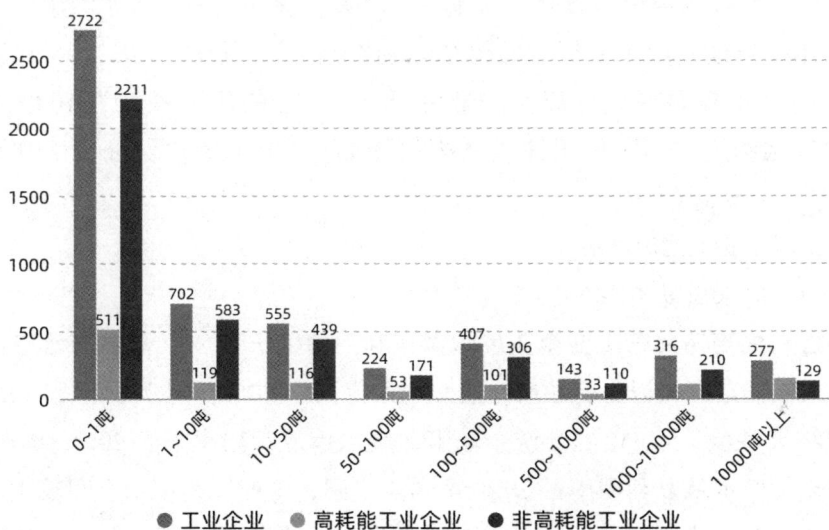

图 2-18　2021 年不同行业受访企业一般固体废物利用情况

（4）污染物排放同比变化

约七至八成企业污染物排放同比 2020 年保持基本不变，约一至二成企业污染物排放同比下降，是同比上升企业的二至三倍。83.7% 的非工业企业污染物排放量同比 2020 年保持基本不变水平，高出工业行业约 4.2 个百分点；有 14.1% 的企业污染物排放量同比下降 5% 及以上。2021 年工业废气和废水排放量同比 2020 年保持在基本不变水平的企业占比分别为 77%、79.5%；下降 5% 及以上的企业占比为 17.5%、14.4%。从一般工业固体废物排放量来看，比例分布与工业废水和废气排放量类似，工业行业、六大高耗能行业保持基本不变水平的企业占比分别为 77.5、75.6%，且排放量同比下降的企业占比数量高于上升企业占比数量约 8 个百分点。从企业规模来看，规模以上工业企业较上年废水、废气、一般固体废物排放量下降的比例近一成，与行业平均水平相当。

高耗能行业中约二成企业的工业废水和废气排放量同比下降，略高于工业行业平均水平。从工业废水排放量来看，高耗能行业废水排放量下降 5% 及以上的企业占比为 16.5%，高出工业行业 2.1 个百分点。从工业废气排放量来看，六大高耗能行业工业废气排放量同比 2020 年下降 5% 及以上的企业占比为 20.8%，高出工业行业 17.5% 约 3.3 个百分点，且下降趋势相比废水排放量更为显著。从重点区域看，珠三角地区废水、废气、一般固体废物排放量较上年降低超 5% 的比例最高，分别为 18.2%、16.9%、17.2%；京津冀鲁豫地区废水排放降低 5% 以上的比例最低为 10.0%；长三角地区的废气、一般固体废物排放降低 5% 以上的比例最少，分别为 10.3%、10.5%。

5. 工业企业治污水平

（1）废水重复利用率

近六成受访民营工业企业废水重复利用率低于 40%，总体节水空间较大，三至四成规模以上企业废水重复利用率高于 80%，用水效率相对较高。调查结果显示，54.3% 的受访企业工业废水重复利用率小于 20%，5.5% 的受访企业废水重复利用率在 20% 至 40% 之间，工业节约用水空间较大。从细分行业看，木材加工和木竹藤棕草制品业、造纸和纸制品业、化学纤维制造业、橡胶和塑料制品业、废弃资源综合利用业等非高耗能行业企业废水重复利用率高于 80% 的比例达到 30% 以上，石油煤炭及其他燃料加工业、化学原料和化学制品制造业、非金属矿物制品业、黑色金属冶炼和压延加工业、有色金属冶炼和压延加工业等高耗能企业废水重复利用率高于 80% 的比例超过 35%，明显高于行业平均水平。此外，约三至四成主营业务收入超 2000 万元的民营企业废水重复利用率超过 80%，用水效率明显高于规模以下企业。从重点区域看，汾渭平原废水重复利用率高于 40% 的比例最高为 42.1%；珠三角地区次之为 41.4%；川渝地区、长江经济带、黄河流域地区废水重复利用率高于 40% 的比例高于全国平均水平；京津冀鲁豫、长三角地区比例最低，分别为 34.9%、35.7%，低于全国平均水平。

（2）危险废物合规处置率

约六成受访民营工业企业危险废物合规处置率高于80%，其中石油、化工、钢铁等高耗能企业危险废物合规处置率低于行业平均水平。 63.4% 的受访企业工业危险废物合规处置率高于80%，总体上工业企业危险废物处置率较高。从细分行业看，医药制造业、化学纤维制造业、金属制品业、通用设备制造业、专用设备制造业、汽车制造业等行业企业危险废物合规处置率高于80%的比例达到70%以上，高于行业平均水平。化学原料和化学制品制造业、黑色金属冶炼和压延加工业、有色金属冶炼和压延加工业高于80%的比例高于75%。从企业规模上看，规模以上企业危险废物合规处置率普遍较高，处置率大于80%的企业占六至八成。从重点区域看，长三角地区危险废物合规处置率高于40%的比例最高为73.1%；其次川渝地区为65.6%；黄河流域最低为60.1%，但重点区域的危险废物合规处置率超过40%的比例均高于全国平均水平。

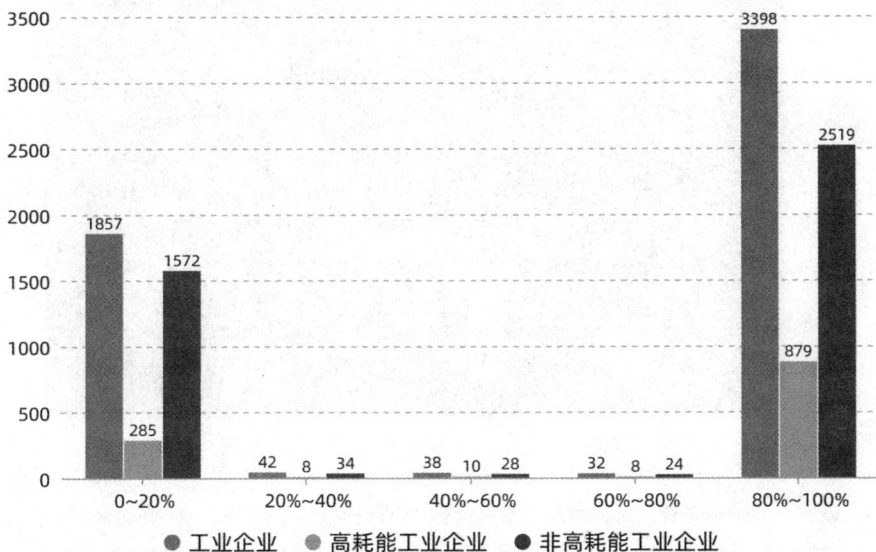

图2-19　2021年不同行业受访企业危险废物合规处置情况

（3）企业自认治污水平

超半数高耗能行业企业认为其治污水平已达到行业中上及领先水平，三成省份的工业企业认为其已达到行业治污中上及领先水平。 2021年，有

93.4%的工业受访企业认为其治污水平已经达到平均甚至领先水平，同比2020年增加了约40%的企业，其中45.9%的企业达到行业平均水平。而高耗能行业中有56.9%的企业认为其治污水平已达到行业中上及领先水平，高出工业平均水平47.5%约9.3个百分点。

从地区分布来看，其污染治理水平达到行业中上及领先水平的占比超过工业企业平均水平47.5%的省份共11个，主要分布在长江经济带及沿海省份，其中福建、河南、河北的工业企业比例最高，分别为59%、56.1%、55.1%；黑龙江比例最低为18.8%；在大气污染防治重点区域中，仅山西、陕西未达到工业行业平均水平。从重点区域看，长三角地区比例最高为14.67%；汾渭平原企业比例最低为13.92%；京津冀鲁豫、黄河流域、长江经济带、川渝地区、珠三角地区比例均高于14%。

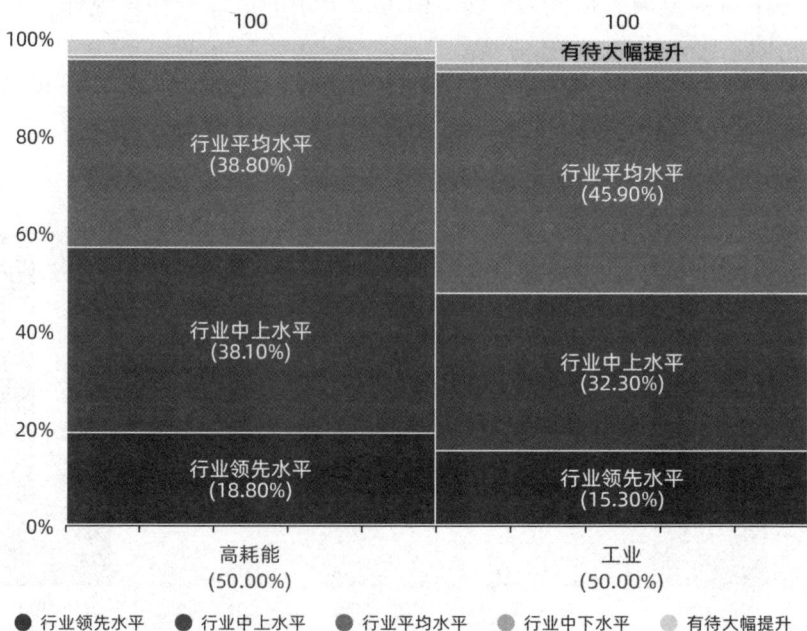

图 2-20 2021 年工业、高耗能企业污染治理自我认知水平同比变化情况

（4）达到清洁生产要求

有九成以上的工业企业认为其生产工艺与装备达到清洁生产要求。 2021年，有93.6%的工业企业认为生产工艺与装备指标已经满足了清洁生产要求。31个工业行业中，仅食品制造业，酒、饮料和精制茶制造业，家具制

造业，文教、工美、体育和娱乐用品制造业，铁路、船舶、航空航天和其他运输设备制造业，计算机、通信和其他电子设备制造业六个行业中有80%左右的工业企业认为其生产工艺与装备要求达到清洁生产要求，比例相对较低，而其余25个行业的企业比例均达到90%以上。

从地区分布来看，吉林省的工业企业满足清洁生产的比例仅为55.1%，东北三省和西北地区等九个省份的比例在80%~90%，其余22个省份企业比例均达到90%以上。从重点区域看，长三角地区的比例最高为95%，汾渭平原地区工业企业比例最低为91.5%，总体来看，重点区域的大部分工业企业认为其生产工艺与装备达到清洁生产要求。

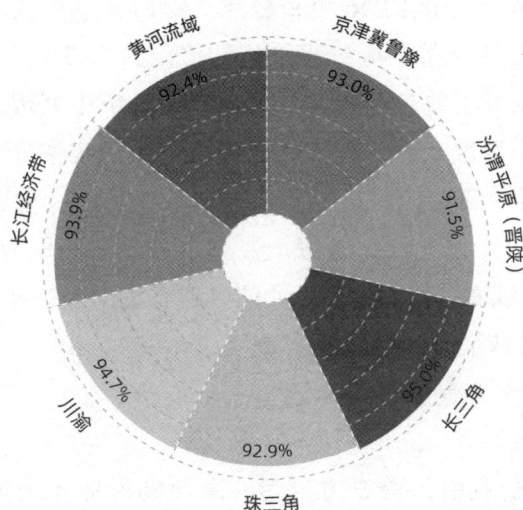

图2-21 重点区域工业企业符合清洁生产要求比例

6. 工业园区企业入驻情况

（1）园区入驻率

高耗能行业工业园区企业入驻率较高，重点区域中的汾渭平原地区工业园区企业入驻率相对较低。 2021年，工业园区企业入驻率为62.6%，其中六大高耗能行业企业入驻率为66.6%。从企业规模看，规模以上工业企业入住工业园区的比例较高，达到60%以上。从行业入园情况来看，有色金属冶炼和压延加工业、化学原料和化学制品制造业、黑色金属冶炼和压延加工业等高耗能行业入园比例较高，分别为83.3%、78.4%、

71.9%。从地区分布来看，仅长江经济带、沿海地区的部分省份的工业园区企业入驻率超过了行业平均值，其中天津、福建、安徽、江西、江苏五省份的工业园区入驻率达到了70%以上；陕西、山西、青海、黑龙江、西藏、海南、吉林等省份工业园区企业入驻率低于50%。从重点区域看，长三角地区的工业园区入驻率最高为69.4%；长江经济带次之为65.3%；黄河流域、汾渭平原的工业园区入驻率相对较低，分别为56.4%、47.0%。

（2）工业园区基础设施建设水平

全国超七成工业园区建有统一的污染集中处理设施，且南方地区的比例较高，高出北方地区约15个百分点。受访工业企业所入驻园区建有统一的污水、危险废物等集中处理设施的比例为72.3%，六大高耗能行业为73.5%，规模以上工业企业入驻园区建有统一集中处理设施的比例超过70%。从地区分布情况来看，南方地区的工业园区集中处理设施比例普遍高于北方地区15个百分点；其中福建、安徽、江西、重庆的集中设施比例达到了80%以上；黑龙江、青海、吉林排名末分别为53.1%、51.9%、33.3%。从重点区域看，川渝地区工业园区建有集中统一处理设施的比例最高为78.4%，而汾渭平原比例最低。

7. 企业治污方式和制度

（1）第三方治污

超六成工业企业引入第三方治污，高耗能行业企业第三方治污比例略高于工业行业平均水平，但其中石化、电力行业比例相对较低。2021年，工业企业引入第三方全过程服务企业治污的占比为61.5%，是非工业企业的比例27.5%的三倍左右。六大高耗能行业第三方治污的企业比例为63%，其中钢铁行业第三方治污比例最高为75.4%，仅次于工业行业中的造纸、汽车制造业；仅电力行业（51.6%）未达到工业行业平均水平。从企业规模看，规模以上工业企业引入第三方治污的比例超过60%，高于行业平均水平。

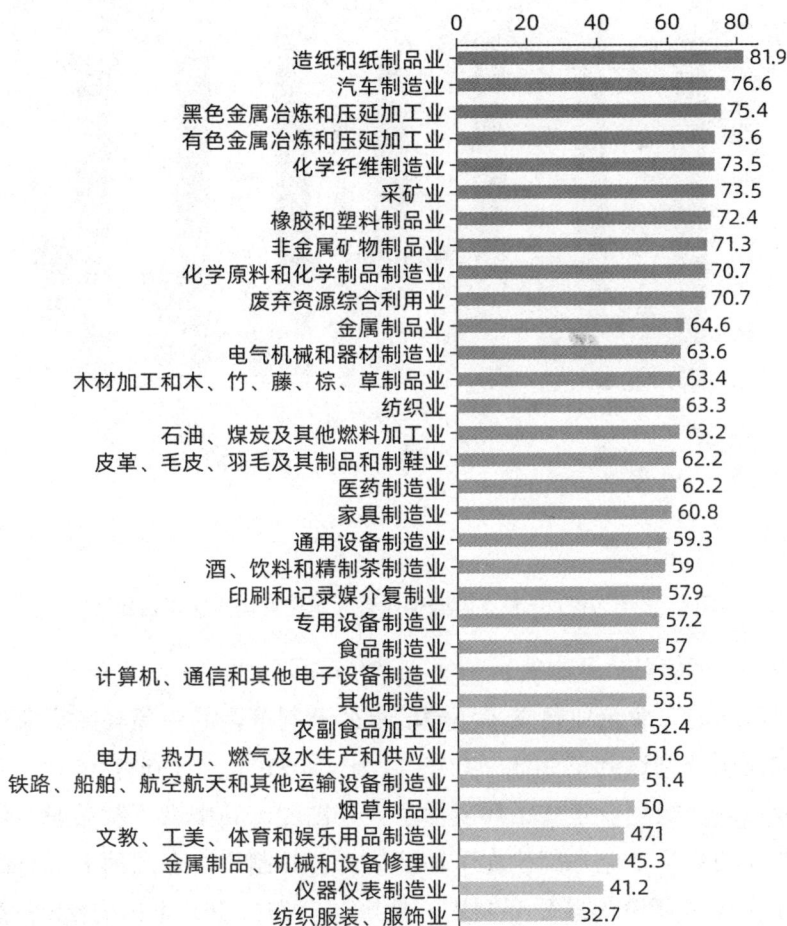

图 2-22　2021 年工业行业引入第三方治污服务的企业占比情况

重点区域中，京津冀鲁豫地区和汾渭平原地区工业企业引入第三方治污比例相对较低。川渝地区、长三角地区、珠三角地区（广东）工业企业引入第三方治污的比例分别为 65.2%、64.2% 和 61.9%，分别高于工业平均 3.7、2.7 和 0.4 个百分点；京津冀鲁豫地区、汾渭平原（晋陕）引入第三方治污比例分别为 60%、59.2%，低于全国工业平均 1.5 和 2.3 个百分点；长江经济带引入第三方治污比例分别为 63.1%，高于全国工业平均水平 1.6 个百分点；黄河流域引入第三方治污比例为 60.5%，较全国工业平均水平低 1 个百分点。

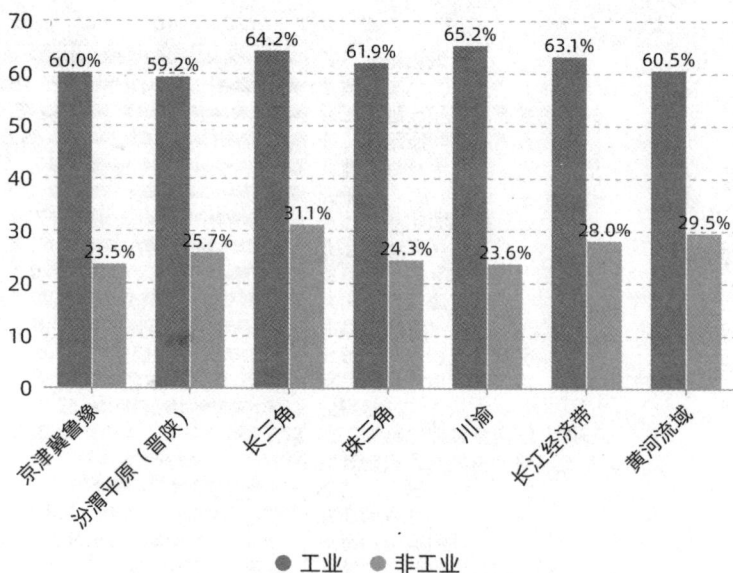

图2-23　2021年重点区域企业引入第三方治污服务占比情况

（2）环境信息公开制度

超八成的工业企业建立了环境信息公开制度，其中高耗能行业和重点区域的比例分别达到了90%、80%以上。2021年，分别有84.1%、91.2%的工业、高耗能企业建立了环境信息公开制度，其中烟草制品业、化学纤维制造业的受访企业全部建立了环境信息公开制度。全国约七成省份的工业企业建立了环境信息公开制度，从区域分布来看，全国有21个省份工业企业建立环境信息公开制度的比例超过了80%，其中福建比例最高达到了95.5%，吉林最低仅为34.8%。从重点区域看，川渝地区、长三角地区、京津冀鲁豫地区、珠三角地区、汾渭平原（晋陕）地区工业企业建立环境信息公开制度的比例分别为87.8%、85.3%、85.1%、82.1%、80.8%。长江经济带信息公开比例为84.2%，高于平均水平，黄河流域信息公开比例为83.7%，相对较低。

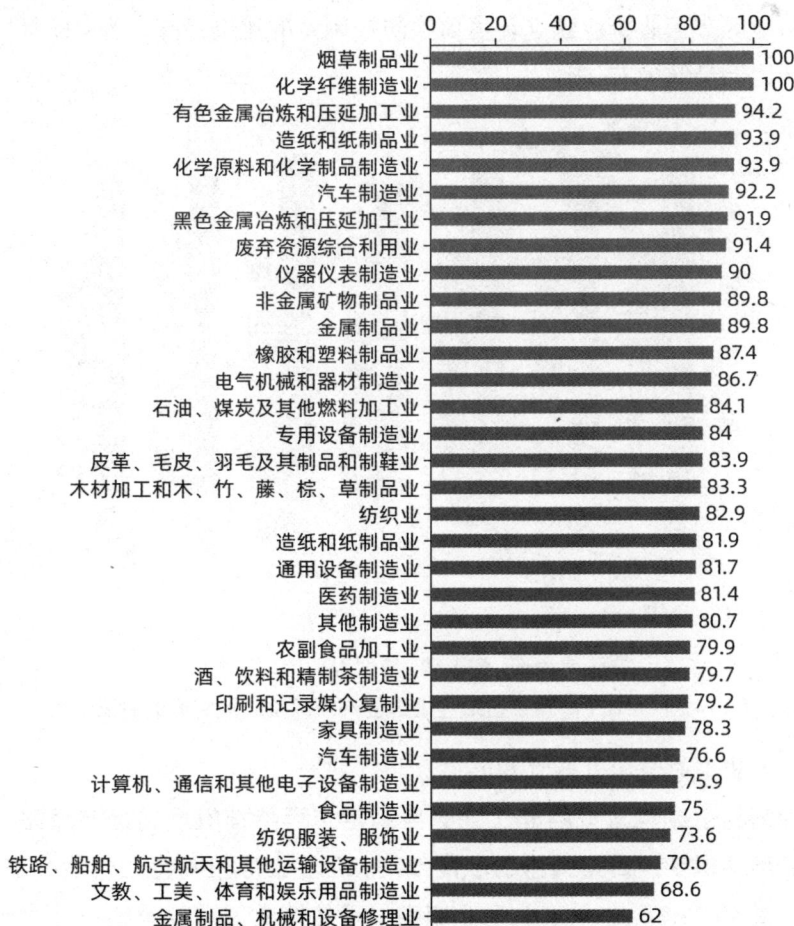

图 2-24　2021 年工业行业建立环境信息公开制度的企业占比情况

（3）环境风险防控制度

超九成的工业企业建立了环境风险防控制度或环境应急事故紧急处理程序，其中汾渭平原和珠三角地区企业比例低于90%。2021年，有90.1%的工业企业建立了环境风险防控制度或环境应急事故紧急处理程序，高出非工业民营企业67.3%约22.8个百分点，其中高耗能行业比例为94.5%。重点区域中，仅汾渭平原地区（晋陕）、珠三角地区未达到全国平均水平，分别为87.4%、85.6%；黄河流域89.9%的企业建立了环境风险防控制度或环境应急事故紧急处理程序，稍低于全国平均水平。京津冀鲁豫、长三角、川渝地区分别为93.14%、94.12%、91.51%，均高于全国平均水平；京津冀鲁豫、长三角地区非工业企业建立环境风险防控制度的比例最高，为71.7%，珠三角地区比例最低为63.6%。

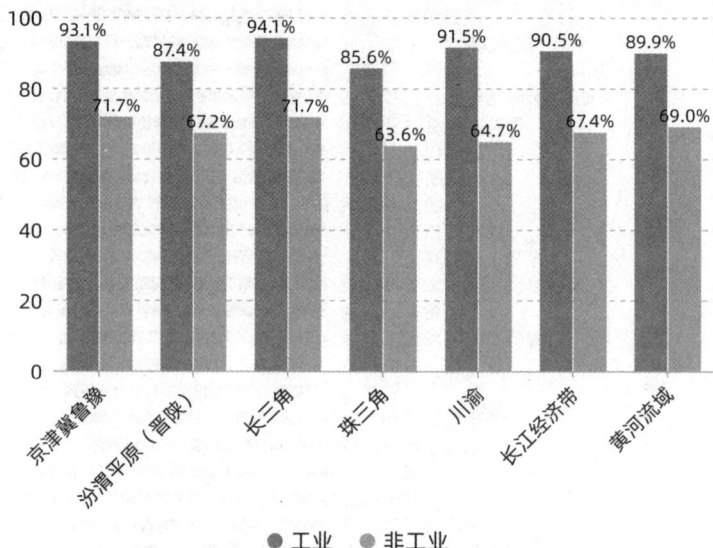

图2-25　2021年重点区域企业建立环境风险防控制度的占比情况

（4）非工业企业可持续发展目标与计划

全国约七成和五成的非工业企业制定了可持续发展目标及战略，设置了负责环境保护、污染减排的职能部门，但企业愿景与行动仍然存在差距。2021年，约73.7%的非工业企业制定了可持续发展目标及战略，全国仅北京、山东、新疆、西藏、河南五省份的企业比例超过了80%，湖南、天津、吉林等地区的企业比例低于60%。2021年，仅43.7%的非工业企业设置了环保相关的职能部门，其中西藏、福建、山东的企业比例超过了50%，分别为61.1%、57%、57.1%，天津的企业比例最低仅为28.6%。从制定可持续发展目标及战略与设置负责环保职能部门的差值来看，仅福建指标比例之间的差距较小为25%。从重点区域看，京津冀鲁豫地区非工业企业制定可持续发展目标与计划的比例最高为76.8%，珠三角地区比例为66.7%；黄河流域非工业企业设置环境保护相关职能部门的比例最高为45.9%，珠三角地区比例最低为35.3%。

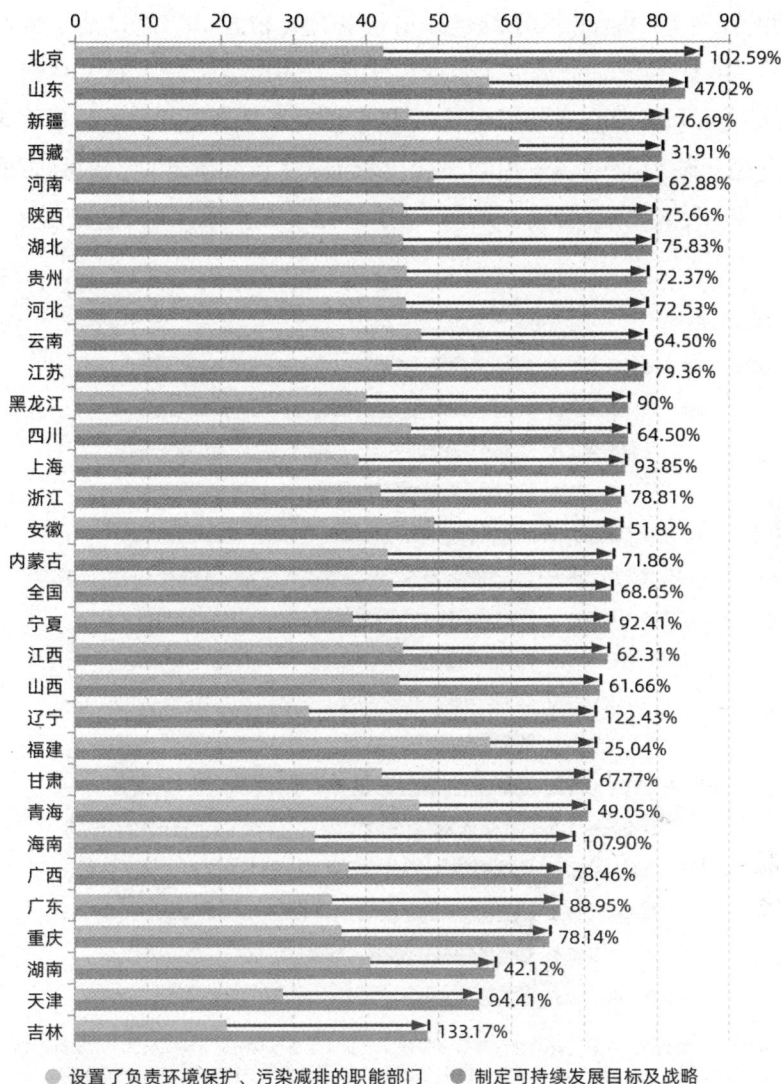

图2-26 2021年各省非工业企业制定可持续发展目标及战略、设置环保减排部门的比例及差值

（5）企业绿色管理

约六成的非工业企业至少采用了一项绿色管理工具，其中占比较高的为质量体系认证、绿色供应链管理和清洁生产审核。2021年，非工业企业采用的绿色管理工具的措施比例分别为获得一项及以上质量、环境管理体系以及职业健康安全体系认证（14.8%）、采用5S/6S定置管理（7.4%）、采用

物流优化管理（9.1%）、采用绿色供应链管理（17.6%）、通过清洁生产审核（13.3%），也有37.9%的非工业企业未采用上述绿色管理工具。从行业分布情况来看，水利行业企业的绿色管理措施较多，占比最高的是质量管理体系认证；交通运输行业更多采用物流优化管理；住宿和餐饮业、农林牧渔业更多采用的是绿色供应链管理；房地产业和金融业较多采用清洁生产审核。

单位：%

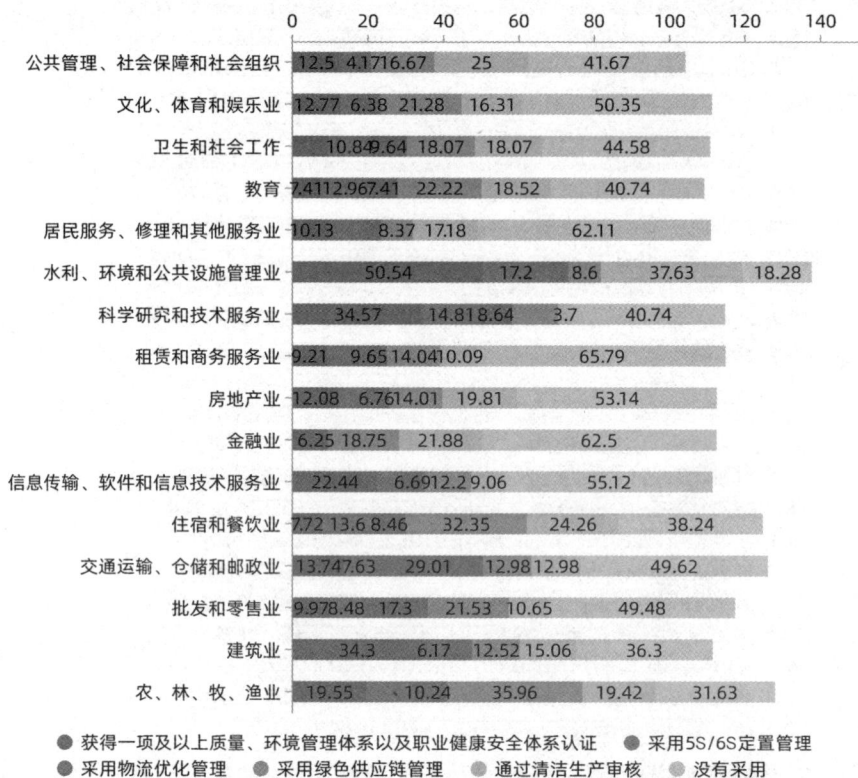

图 2-27　2021 年非工业细分行业所采用的绿色管理工具措施比例

超六成的企业采用了绿色供应链管理体系。全国有 64.8% 工业企业应用了绿色供应链管理体系，其中企业占比较高的行业分别为化学纤维制造业（86.7%）；企业占比超过 70% 的行业有五个，分别是纺织业，皮革、毛皮、羽毛及其制品和制鞋业，造纸和纸制品业，计算机、通信和其他电子设备制造业，仪器仪表制造业；高耗能行业的企业比例为 63.3%。从区域来看，全国有七成省份的工业企业应用绿色供应链管理体系比例达到 60% 以上；其中西藏、福建、江西、青海等省份工业企业采用绿色供应链的占比较高，分别为90%、86.4%、78.4%、75.9%；吉林、黑龙江的企业占比最低，分别为39.1%、37.5%。从重点区域看，京津冀鲁豫、长三角、珠三角、川渝地区采用绿色供应链管理体系的比例在62%左右，低于全国工业企业平均水平（64.9%），汾渭平原、长江经济带、黄河流域在65%左右，高于全国工业企业平均水平。

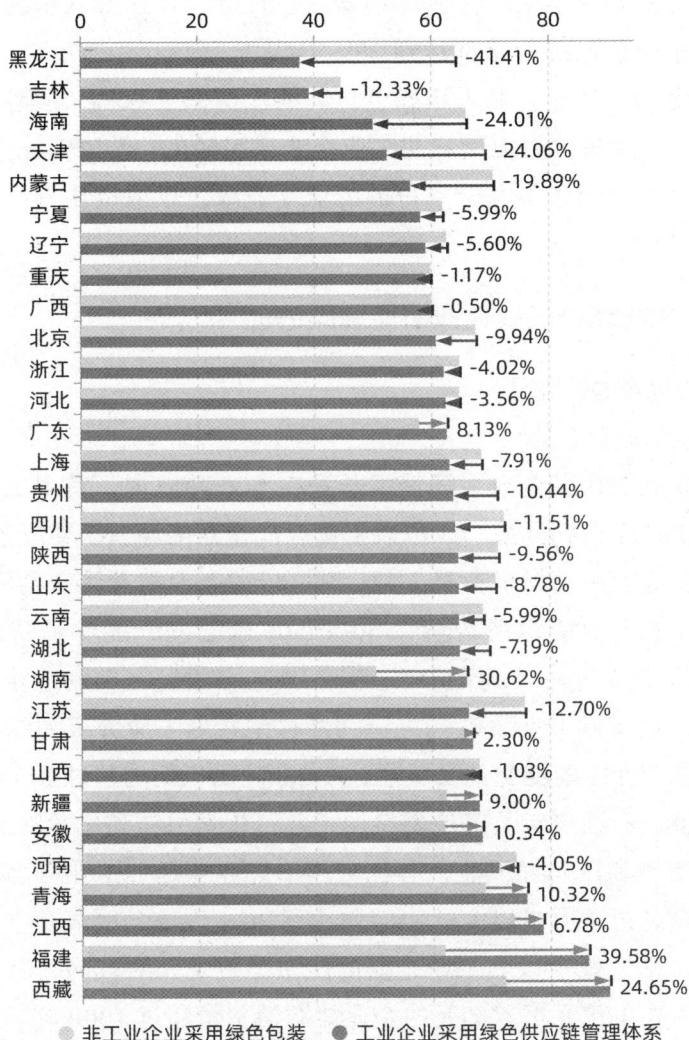

图2-28　2021年各省工业企业采用绿色供应链管理体系和非工业企业采用绿色包装的比例差值分布

约七成省份的非工业企业采用绿色包装，高于工业企业采用绿色管理的比例约 10%。2021 年，全国有 66.7% 的非工业企业采用了无害化包装或者是绿色包装。从行业分布来看，农、林、牧、渔业，水利、环境和公共设施管理业采用绿色包装的企业占比较高，分别为 84.9%、80.6%；交通运输、仓储和邮政业和房地产业的企业占比最低分别为 48.9%、48.3%。从区域来看，全国有 87% 的省份非工业企业采用绿色包装的比例达到 60% 及以上；其中内蒙古、江苏、江西等八个省份的非工业企业采用绿色包装的比例达到 70% 及以上；仅吉林、湖南、广东、重庆四个省份的非工业企业采用绿色包装的比例低于 60%。从各省工业企业绿色供应链管理体系比例和非工业企业采用绿色包装的对比情况来看，仅广东、湖南、福建等九个省份的工业企业绿色供应链比例高于非工业企业比例。

（四）参与调查民营企业节能降碳情况

1. 企业能源消费情况

（1）能源消费总量

近八成受访民营企业能源消费总量在 500 吨以内，其中工业企业约七成，非工业企业约九成。二成以上高耗能企业能源消费量超过 1 万吨。53.8% 的企业能源消费量不足 1 吨，14.1% 的企业能源消费量在 50 吨以内，11.8% 的企业能源消费量在 50 至 500 吨之间，能源消费总量超过 1000 吨的受访企业占比为 16.5%。从工业企业看，医药制造业、化学纤维制造业、汽车制造业、电气机械和器材制造业、废弃资源综合利用业等非高耗能工业企业能源消费量超过 1000 吨的比例均超过 25%，接近工业企业均值。石油煤炭及其他燃料加工业、化学原料和化学制品制造业、黑色金属冶炼和压延加工业、有色金属冶炼和压延加工业等高耗能企业能源消费量超过 1 万吨以上的比例均达到 20% 以上，明显高于全部受访企业平均水平。规模以上工业企业的能源消费量相对较高，其中四成左右营业收入在 1 亿元至 4 亿元的企业能源消费量超过 1000 吨，六成左右营业收入在 4 亿元以上的企业能耗超过 1000 吨。从重点区域看，长三角工业企业能源消费总量超过 500 吨的比例最高为 33.9%，汾渭平原次之

为 32.9%，长江经济带工业能源消费总量相对较低，超 500 吨的比例低
于 30%。

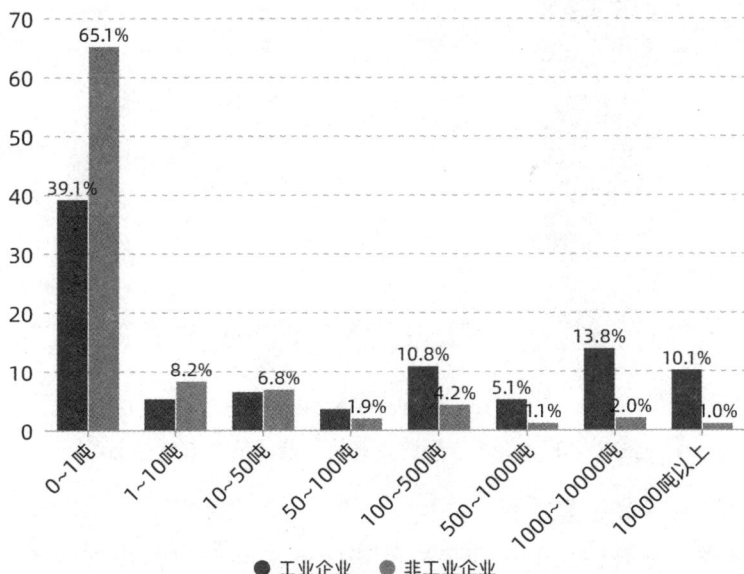

图 2-29　2021 年受访企业能源消费情况

（2）化石能源消费比重

约九成以上受访民营企业化石能源消费比重不足 25%，化石能源为主
的能源消费结构得到有效改善，高耗能行业化石能源消费有待优化。94.1%
的企业化石能源占比小于 25%，但仍有 4.1% 的受访企业化石能源占比超过
50%。石油煤炭及其他燃料加工业、化学原料和化学制品制造业、非金属矿
物制品业、黑色金属冶炼和压延加工业、有色金属冶炼和压延加工业等高
耗能行业均有 10% 以上企业化石能源消费占比超过 50%，高于行业平均水
平。94.1% 的非工业企业化石能源消费占比小于 25%。从重点区域看，汾渭
平原、珠三角、川渝、黄河流域地区工业企业化石能源消费占比超过 50%
的企业比例均高于全国平均水平。京津冀鲁豫、长三角、长江经济带地区
化石能源消费占比过半的企业均低于全国平均水平，其中，京津冀鲁豫地
区比例最低为 4.3%。

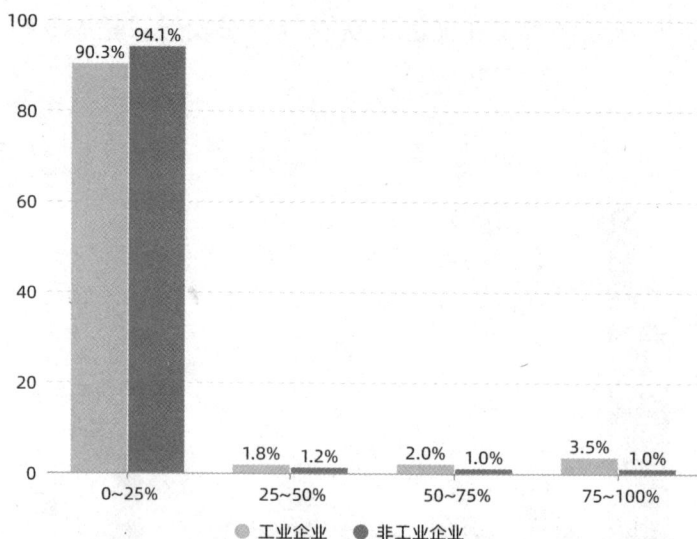

图 2-30　2021 年受访企业化石能源消费占比情况

（3）煤炭消费比重

约九成以上受访民营企业煤炭消费比重不足 25%，煤炭消费主导的能源结构总体改善，但仍有一成以上高耗能行业企业煤炭消费占比超 50%，非工业企业煤炭消费占比较低。93.4% 的企业煤炭消费占比小于 25%，仅 5.1% 的受访企业煤炭占比超过 50%。造纸和纸制品业、化学纤维制造业、

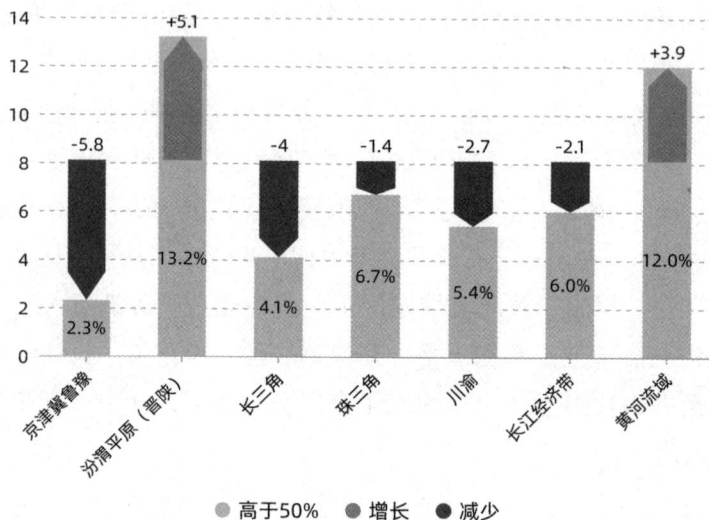

图 2-31　2021 年重点区域工业企业煤炭消费占比与全国平均水平对比情况

废弃资源综合利用业、采矿业等非高耗能行业中煤炭消费占比大于 50% 的比例超 7%，高于工业平均水平；石油、化工、建材、钢铁、有色、电力等六大高耗能行业均有 10% 以上企业煤炭消费占比超过 50%，节能减排空间较大。94.6% 的非工业企业煤炭消费占比小于 25%，煤炭消费占比远低于行业平均水平。从重点区域看，汾渭平原、黄河流域地区工业企业煤炭消费占比超过 50% 的企业比例均高于全国平均水平，能源结构有待优化；京津冀鲁豫、长三角、珠三角、川渝地区、长江经济带地区煤炭消费占比过半的企业均低于全国平均水平，其中京津冀鲁豫地区比例最低为 2.3%。

（4）油品消费比重

约九成以上受访民营企业油品消费比重不足 25%，其中非工业企业油品消费占比较高。93.2% 的企业油品消费占比小于 25%，仅 4.0% 的企业油品占比超过 50%。其中，铁路、船舶、航空航天和其他运输设备制造业，其他制造业等非高耗能行业中油品消费占比大于 50% 的比例超 4.0%，接近工业平均水平；石油、煤炭及其他燃料加工业，非金属矿物制品业等高耗能行业企业油品消费占比超过 50% 的比例超 5%，高于行业平均水平。从重点区域看，长三角、珠三角、川渝地区、长江经济带工业企业油品消费占比超过 50% 的企业比例均高于全国平均水平。京津冀鲁豫、汾渭平原、黄河流域地区油品

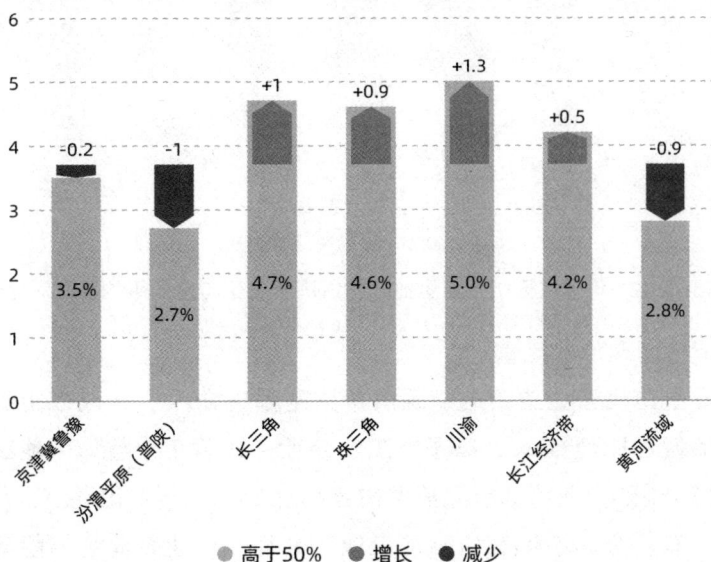

图 2-32 2021 年重点区域工业企业油品消费占比与全国平均水平对比情况

消费占比过半的企业均低于全国平均水平，其中汾渭平原比例最低为 2.7%。

（5）天然气消费比重

约一成以上受访民营企业天然气消费比重超过 25%，其中一成以上工业企业天然气消费占比超 50%，非工业企业天然气消费相对较低。12.6% 的企业天然气消费占比超过 25%，8.9% 的企业天然气占比超过 50%。其中，石油煤炭及其他燃料加工业、化学原料和化学制品制造业、非金属矿物制品业、黑色金属冶炼和压延加工业、有色金属冶炼和压延加工业等高耗能行业亦超 10% 企业天然气消费占比超过 50%。仅 6.7% 的非工业企业天然气消费占比高于 25%，其中住宿和餐饮业（17.8%）、教育业（8.5%）天然气消费占比相对较高。从重点区域看，各区域工业企业天然气消费超过 50% 的企业比例均高于全国平均水平，其中川渝地区比例最高为 19.2%，长三角地区比例最低为 11.1%。

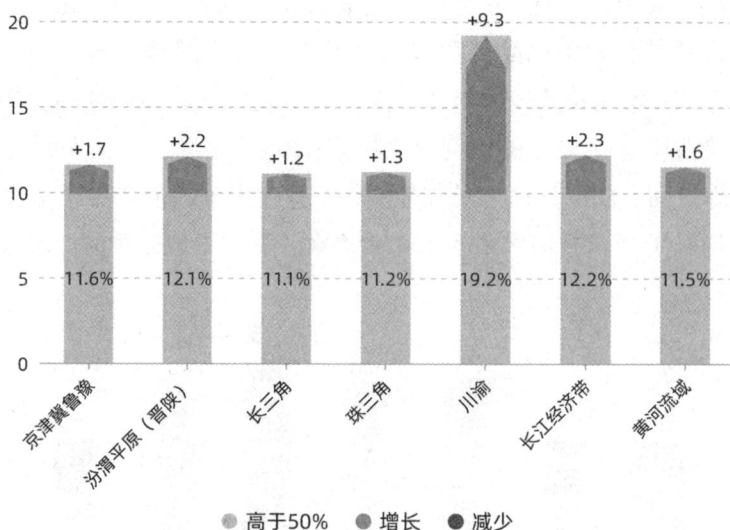

图 2-33　2021 年重点区域工业企业天然气消费占比与全国平均水平对比情况

（6）清洁能源消费比重

近二成受访民营企业清洁能源消费比重超过 25%，一成以上工业企业清洁能源消费占比超 50%，高于非工业企业，民营企业整体用能结构逐渐清洁化。17.1% 的企业清洁能源消费占比超过 25%，其中化学原料和化学制品制造业、有色金属冶炼和压延加工业等高耗能行业企业清洁能源消费占比超过 50% 的比例超 20%，反映了高耗能企业逐渐清洁化的用能结构。从重点区域看，京津冀鲁豫、长三角、川渝地区、长江经济带、黄河流域地区清洁能源消费比重超过 50% 的比例均高于全国平均水平；汾渭平原地区、珠三角地区的工业企业清洁能源消费比重超过 50% 的比例低于全国平均水平，其中珠三角地区比例最低为 13.0%。

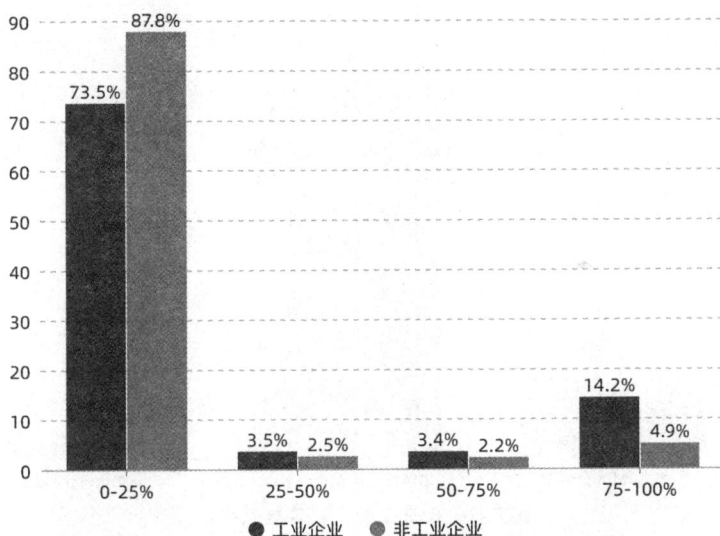

图 2-34　2021 年受访企业清洁能源消费占比情况

（7）清洁能源消费比重同比变化

约八成企业清洁能源消费比重同比保持不变，但也有 60%~80% 的工业行业和省份的清洁能源消费比重同比保持上升的企业比例超过了 10%。2021年，77.8%、82.4%、86.0% 的高耗能、工业和非工业企业清洁能源消费比重同比 2020 年保持基本不变的水平。有 21 个行业清洁能源消费比重同比 2020 年上升 5% 及以上的企业比例超过了 10%；15.3% 高耗能行业企业的清洁能源消费比重同比上升，高出工业行业平均水平 12.1% 约 3 个百分点；其中，电力、热力、燃气及水生产和供应业的清洁能源消费比重上升 5% 及以上的企业比例最高为 24.2%。仅化学纤维业的清洁能源消费比重同比下降 5% 及以上的企业比例最高且超过 10%，且皮革、毛皮、羽毛及其制品和制鞋业，电气机械和器材制造业的清洁能源消费同比下降的企业比例低于 1.5%，基本无下降企业。

从区域分布情况来看，有 24 个省份的工业清洁能源消费比重同比上升5% 及以上的企业比例超过了 10%，其中宁夏和西藏的比例最高分别为 24.0%、

26.0%；青海、福建、新疆三省份的工业清洁能源消费比重同比下降5%及以上的企业比例超过了10%，分别为12.7%、11.4%、10.4%。从重点区域来看，长三角、珠三角地区、长江经济带、黄河流域的清洁能源消费比重上升的企业比例超过了全国平均水平（12.3%），分别为13.4%、16.83%、12.8%和14.1%。

单位：%

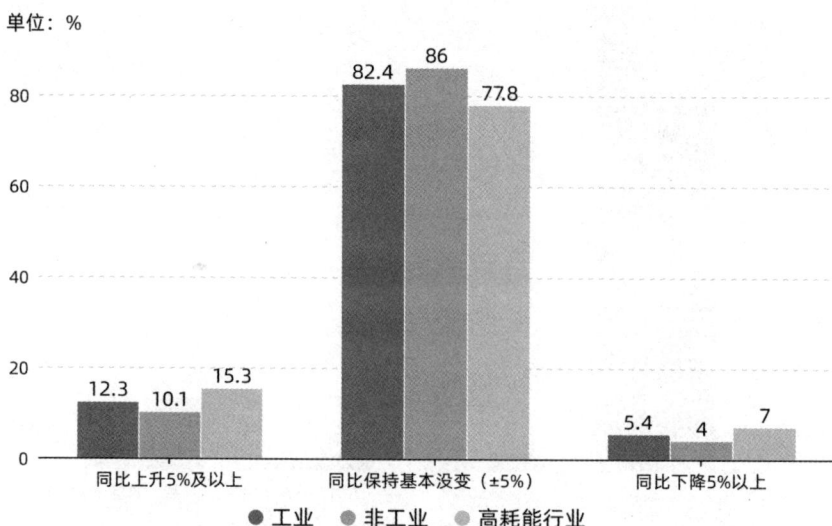

图2-35　2021年工业和高耗能行业企业化石能源消费同比变化情况

（8）化石能源消费比重同比变化

约八成工业企业化石能源消费比重同比保持不变，但有25%~30%左右的行业和省份的工业化石能源消费比重同比下降的比例超过10%。 2021年，有81.2%、84.6%的高耗能行业和工业的企业化石能源消费比重同比2020年保持基本不变水平；其中高耗能行业中有10.3%的企业化石能源消费比重下降5%及以上，高出工业行业平均水平8.7%约3个百分点。从细分行业来看，化学原料和化学制品制造业、非金属矿物制品业、有色金属冶炼和压延加工业等八个行业的化石能源消费比重下降的企业比例超过了10%。电力、热力、燃气及水生产和供应业采矿业，化学纤维制造业，医药制造业等五个行业的化石能源消费比重上升的企业比例超过了10%。从区域分布来看，山西、福建、江西、湖南、广东、贵州、西藏、甘肃、青海九省份的工业企业化石能源消费比重降低5%及以上的比例较高超过了10%及以上，其中珠三角地区（广东）最高为14.4%，京津冀鲁豫地区最低为7%；北京、西藏、甘肃、宁夏四个省份的工业企业化石能源消费比重上升 5% 及以上的比例较高超过了 10% 及以上，其中宁夏最高为 20.9%。重点区域中，黄河流域、长三角地区的比例较高，分别为 9% 和 7.42%，高于全国平均水平（6.8%）。

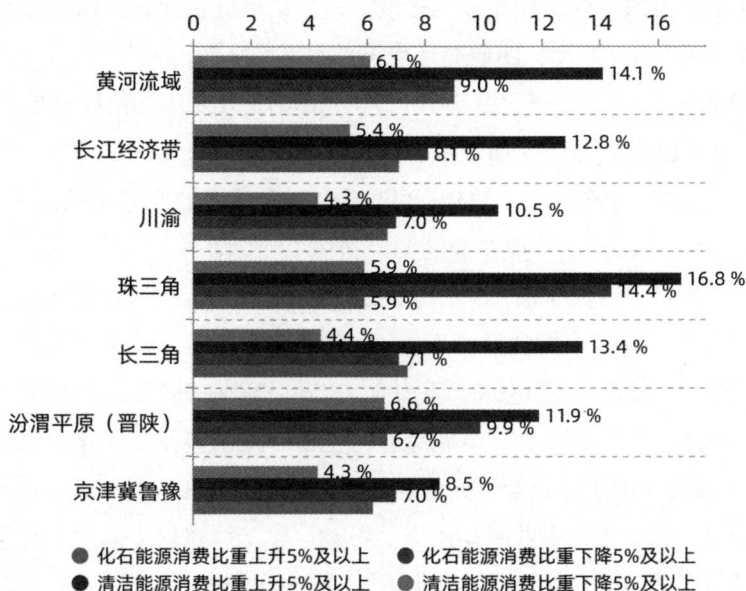

图 2-36 2021 年重点区域企业化石能源、清洁能源消费同比变化情况

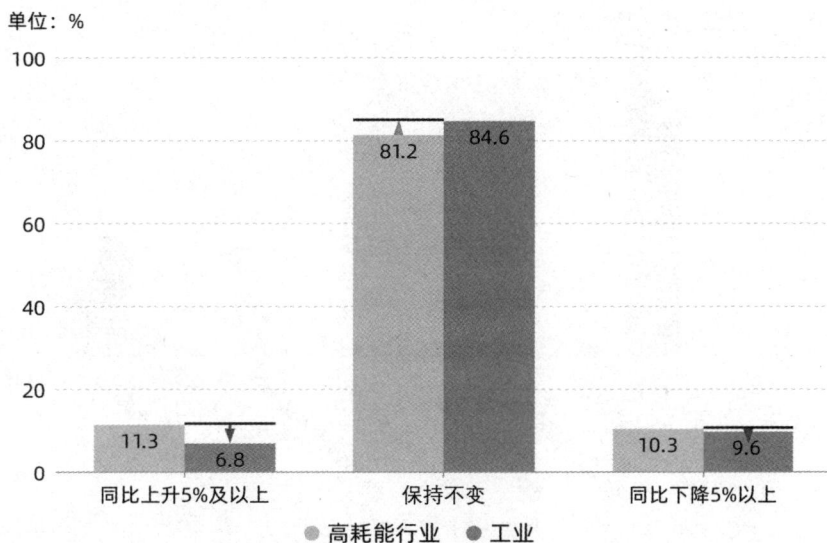

图 2-37 工业、非工业和高耗能行业企业清洁能源消费同比变化情况

2. 企业节能降碳水平

（1）万元增加值综合能耗

约六至七成受访民营企业万元增加值综合能耗不足 0.1 吨标准煤／万元，其中工业企业约五成，非工业企业约七成。六大高耗能企业三至四成万元综合能耗高于 1 吨标准煤／万元，明显高于受访企业平均水平。66.7% 的企业万元增加值综合能耗不足 0.1 吨标准煤／万元，9.0% 的企业万元增加值综合能耗在 1 吨标准煤／万元以内，万元增加值综合能耗超过 1 吨标准煤／万元的受访企业占比为 24.3%。从工业企业看，53.9% 的工业企业万元增加值综合能耗不足 0.1 吨标准煤／万元，14.3% 的工业企业能源消费在 1 吨标准煤／万元以内，万元增加值综合能耗超过 1 吨标准煤／万元的受访企业占比为 26.7%，较全部受访企业高 2.4 个百分点。其中，农副食品加工业，食品制造业，酒、饮料和精制茶制造业，烟草制品业，纺织业，纺织服装、服饰业，皮革、毛皮、羽毛及其制品和制鞋业，木材加工和木、竹、藤、棕、草制品业，化学纤维制造业，废弃资源综合利用业等 14 个非高耗能工业企业万元增加值综合能耗超过 1 吨标准煤／万元的比例均超过 25%，高于工业企业平均水平。石油、化工、建材、钢铁、有色、电力六大高耗能企业万元增加值综合能耗超过 1 吨标准煤／万元以上的比例均达到 30% 及以上，远高于全部受访企业平均水平。规模以上工业企业中，万元增加

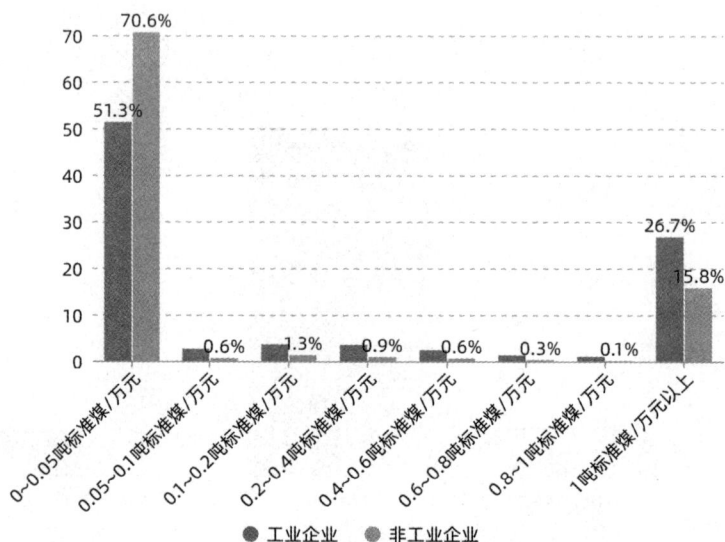

图 2-38　2021 年受访企业万元增加值综合能耗分布情况

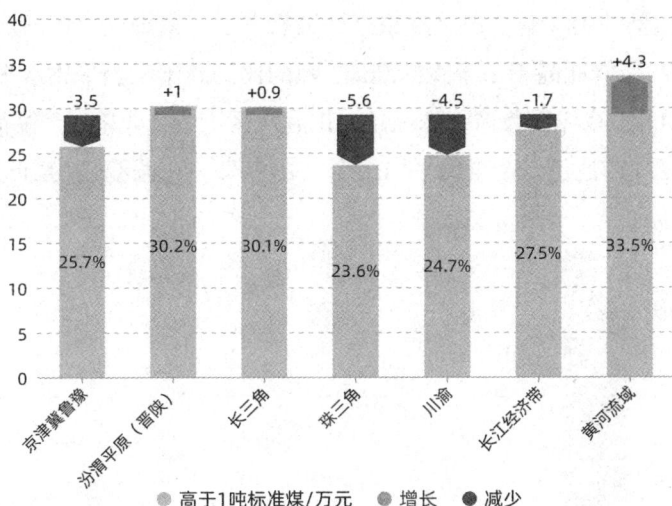

图 2-39　2021 年重点区域万元增加值综合能耗 1 吨标准煤 / 万元以上工业企业占比与全国平均水平对比情况

值综合能耗高于 1 吨标准煤 / 万元约三至四成，综合能耗高于规模以下工业企业。从重点区域看，汾渭平原、长三角、黄河流域工业企业万元增加值能耗高于 1 吨标准煤 / 万元的比例高于全国平均水平，其中黄河流域比例最高为 33.5%，京津冀鲁豫、珠三角、川渝、长江经济带地区万元增加值能耗高于 1 吨标准煤 / 万元的比例低于全国平均水平，其中珠三角地区的比例最低为 23.6%。

（2）单位产品能耗

约七成受访民营企业单位产品能耗不足 1 千克标准煤 / 吨，其中工业企业约六成，非工业企业约七成，规模以上工业企业单位产品能耗显著高于行业平均水平。72.3% 的企业单位产品能耗不足 1 千克标准煤 / 吨，16.6% 的企业单位产品能耗在 50 千克标准煤 / 吨以内，7.1% 的企业单位产品能耗在 50 至 500 千克标准煤 / 吨之间，单位产品能耗超过 1000 千克标准煤 / 吨的受访企业占比仅为 2.3%。从工业企业看，酒、饮料和精制茶制造业，纺织服装、服饰业，医药制造业，化学纤维制造业，采矿业等非高耗能工业企业单位产品能耗超过 1000 千克标准煤 / 吨的比例均超过 5%，高于工业企业平均水平。化学原料和化学制品制造业、有色金属冶炼和压延加工业等高耗能企业单位产品能耗超过 1000 千克标准煤 / 吨以上的比例超过 9%，单位产品能耗超过行业平均水平三倍以上。营业收入 1 亿元以上的规模以上工业企业中，单位产品能耗超过 100 千克标准煤／吨的比例约为二至三成。从重点区域看，长三角地区、黄河流域地区工业企业单位产品能耗高于 1 千克标准煤／吨的比例高于全国平均水平，分别为 40.7% 和 38.1%，京津冀鲁豫、珠三角、川渝地区工业企业单位产品能耗高于 1 千克标准煤／吨的比例低于全国平均水平，其中珠三角地区比例最低为 29.0%。

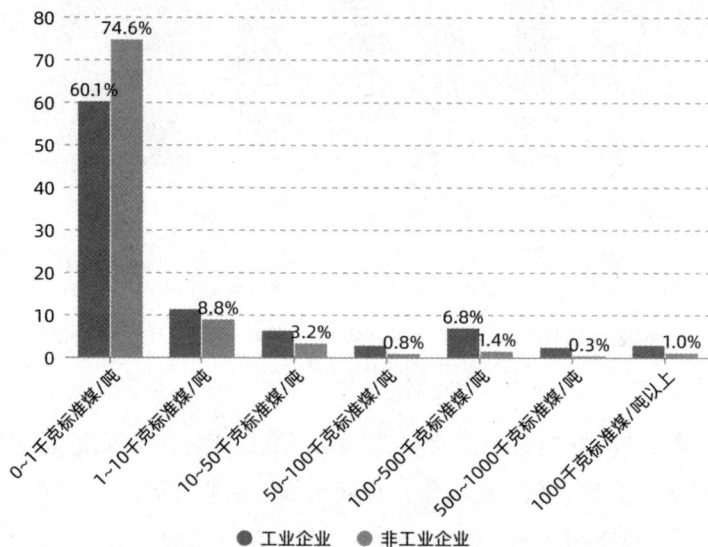

图 2-40 中各柱子标注：0~1千克标准煤/吨 工业企业 60.1%，非工业企业 74.6%；1~10千克标准煤/吨 非工业企业 8.8%；10~50千克标准煤/吨 非工业企业 3.2%；50~100千克标准煤/吨 非工业企业 0.8%；100~500千克标准煤/吨 工业企业 6.8%，非工业企业 1.4%；500~1000千克标准煤/吨 非工业企业 0.3%；1000千克标准煤/吨以上 1.0%

● 工业企业 ● 非工业企业

图 2-40　2021 年受访企业单位产品能耗情况

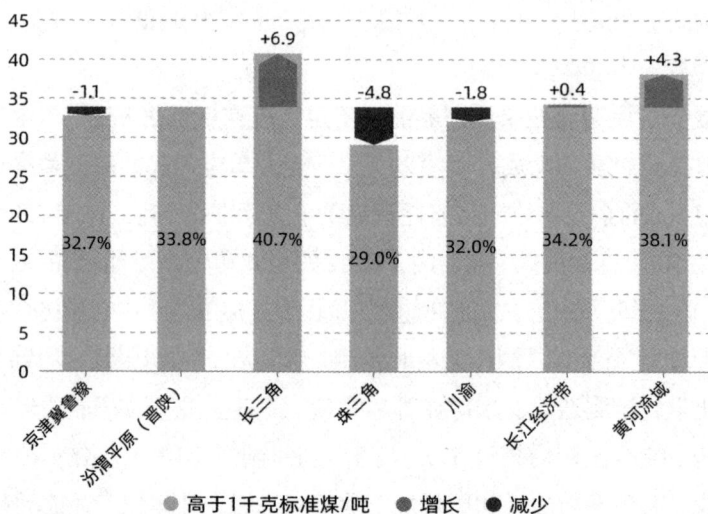

图 2-41 各区域数据：京津冀鲁豫 32.7%（-1.1）；汾渭平原（晋陕）33.8%；长三角 40.7%（+6.9）；珠三角 29.0%（-4.8）；川渝 32.0%（-1.8）；长江经济带 34.2%（+0.4）；黄河流域 38.1%（+4.3）

● 高于1千克标准煤/吨 ● 增长 ● 减少

图 2-41　2021 年重点区域单位产品能耗 1 千克标准煤／吨以上工业企业占比与全国平均水平对比情况

（3）万元增加值水耗

半数以上受访民营企业万元增加值水耗小于 1 立方米 / 万元，总体水耗较低。其中工业企业水耗较非工业更高，具有相对较大的节水空间。64.4% 的企业万元增加值水耗少于 1 立方米 / 万元，27.2% 的企业万元增加值水耗在 50 立方米 / 万元以内，万元增加值水耗超过 100 立方米 / 万元的企业占比为 6.6%，反映了民营企业整体较低的耗水水平。从工业企业看，其中，酒、饮料和精制茶制造业，计算机、通信和其他电子设备制造业，采矿业，造纸和纸制品业，汽车制造业等非高耗能工业企业万元增加值水耗超过 100 立方米 / 万元的比例均超过 7%，石油煤炭及其他燃料加工业、化学原料和化学制品制造业等高耗能企业万元增加值水耗超过 100 立方米 / 万元以上的比例亦达到 7% 及以上，高于工业平均水平。64.0% 的非工业企业万元增加值水耗小于 1 立方米 / 万元，整体水耗处于较低水平。其中，农、林、牧、渔业与住宿和餐饮业企业万元增加值水耗高于 1000 立方米 / 万元的企业超5%，水耗水平相对较高。从重点区域看，长三角、长江经济带、黄河流域地区工业企业万元增加值水耗高于 1 立方米 / 万元的比例高于全国平均水平，分别为 41.9%、41.0%、41.1%，京津冀鲁豫、汾渭平原、珠三角、川渝地区的比例低于全国平均水平，其中京津冀鲁豫地区最低为 33.4%。

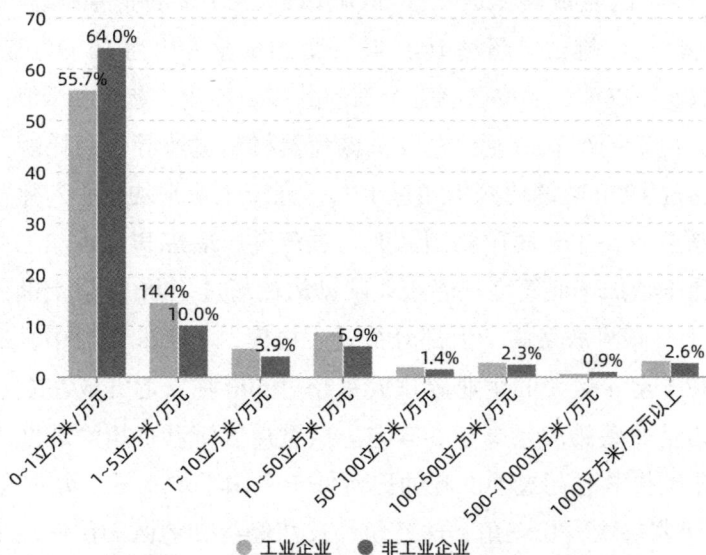

图 2-42　2021 年受访企业万元增加值水耗情况

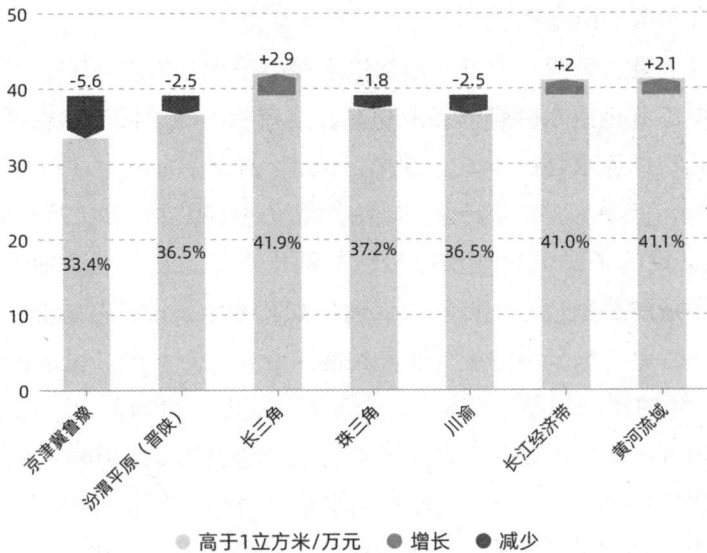

图 2-43　2021 年重点区域万元增加值水耗 1 立方米／万元以上工业企业占比与全国平均水平对比情况

（4）碳排放量总量

八成受访民营企业碳排放总量在 10 吨以内，其中工业企业约六成，非工业企业约九成，高耗能企业碳排放量居于前列。70.8% 的企业碳排放量不足 1 吨，14.2% 的企业碳排放量在 50 吨以内，5.0% 的企业碳排放量在 50 至 500 吨之间，碳排放量超过 1000 吨的受访企业占比为 10.1%。从工业企业看，纺织业，皮革、毛皮、羽毛及其制品和制鞋业，造纸和纸制品业，医药制造业，化学纤维制造业，电气机械和器材制造业等非高耗能工业企业碳排放量超过 1000 吨的比例均超过 15%，高于工业平均水平。化学原料和化学制品制造业、非金属矿物制品业、黑色金属冶炼和压延加工业、有色金属冶炼和压延加工业等高耗能企业碳排放量超过 1000 吨以上的比例均达到 20% 以上，碳排放量高于大部分行业。规模以上工业企业中，二成以上营业收入在 1 至 4 亿元的企业碳排放量超过 500 吨，近五成左右营业收入超 4 亿元的企业碳排放量高于 500 吨。从重点区域看，川渝地区、黄河流域工业企业碳排放量超过 500 吨的比例低于全国平均水平，分别为 14.0%、13.7%；京津冀鲁豫、长三角、珠三角、长江经济带地区的比例高于全国平均水平，其中长三角地区最高为 20.6%。

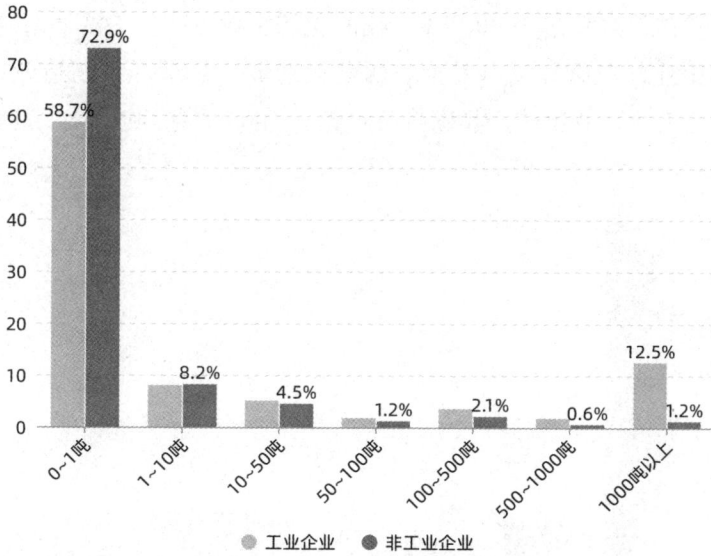

图 2-44　2021 年受访企业碳排放情况

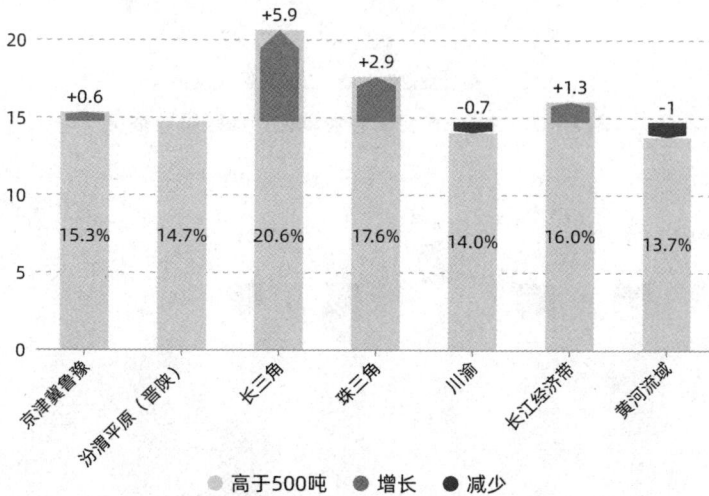

图 2-45　2021 年重点区域碳排放量 500 吨以上工业企业占比与全国平均水平对比情况

（5）单位产品碳排放量

近八成受访民营企业单位产品碳排放量不足 1 千克 / 吨，其中工业企业约七成，非工业企业约八成，高耗能企业单位产品碳排放量较高。79.4% 的企业单位产品碳排放量不足 1 千克 / 吨，13.8% 的企业单位产品碳排放量在50 千克 / 吨以内，3.5% 的企业单位产品碳排放量在 50 至 500 千克 / 吨之间，单位产品碳排放量超过 1000 千克／吨的受访企业占比仅为 3.2%。从工业企业看，纺织业、造纸和纸制品业、医药制造业、化学纤维制造业、采矿业等非高耗能工业企业单位产品碳排放量超过 1000 千克／吨的比例均超过 5%，

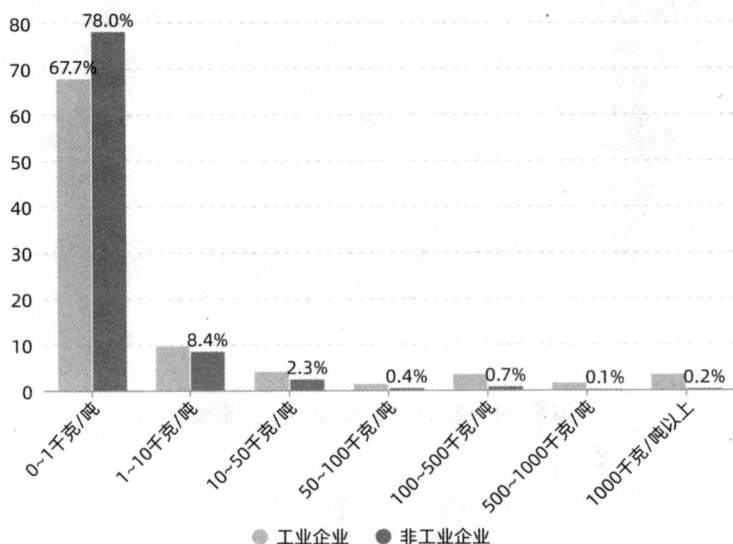

图 2-46　2021 年受访企业单位产品碳排放情况

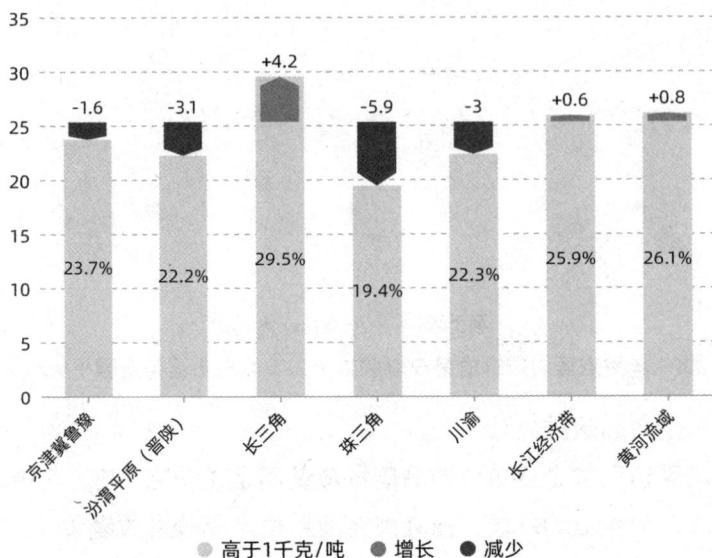

图 2-47　2021 年重点区域单位产品碳排放 1 千克／吨以上工业企业占比与全国平均水平对比情况

高于工业企业平均水平。化学原料和化学制品制造业、黑色金属冶炼和压延加工业、有色金属冶炼和压延加工业等高耗能企业单位产品碳排放量超过1000千克/吨以上的比例约10%及以上，单位产品碳排放量超过行业平均水平三倍以上。规模以上工业企业中，一成以上营业收入超4亿元的企业单位产品碳排放量高于1000千克/吨。从重点区域看，长三角地区、长江经济带、黄河流域地区工业企业单位产品碳排放高于1千克/吨的比例高于全国平均水平，其中长三角地区比例最高为29.5%，京津冀鲁豫、汾渭平原、珠三角、川渝比例低于全国平均水平，其中珠三角地区比例最低为19.4%。

（6）无碳或减碳技术应用

约四成企业应用了无碳或减碳技术，化工、钢铁、有色、电力行业和京津冀鲁豫地区的工业企业应用无碳或减碳技术的比例超过了50%。2021年有37.5%、48.1%的非工业、工业应用了无碳或减碳技术；53.3%的高耗能企业应用了无碳或减碳技术，其中化学原料和化学制品制造业，黑色金属冶炼和压延加工业，有色金属冶炼和压延加工业，电力、热力、燃气及水生产和供应业四个行业的企业应用无碳或减碳技术的比例超过50%以上；皮革、毛皮、羽毛及其制品和制鞋业应用无碳或减碳技术的企业比例最高为64.9%，仅铁路、船舶、航空航天和其他运输设备制造业低于20%。从区域分布情况来看，仅北京、河北、山西、山东、河南、福建五省份中有

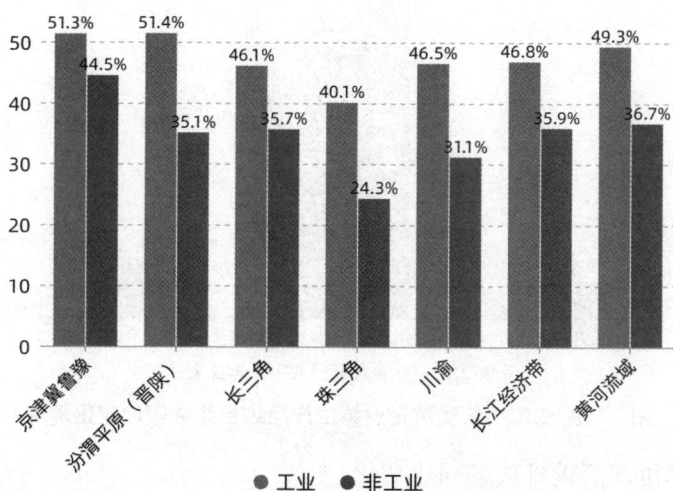

图2-48　2021年重点区域应用无碳或减碳技术的企业占比情况

超过 50% 的工业企业应用了无碳或减碳技术。从重点区域看，京津冀鲁豫、汾渭平原地区应用减碳技术的企业比例分别为 51.3%、51.4%，高于其他区域；珠三角地区减碳技术应用比例最低为 40.1%，低于全国平均水平。

（7）单位产品综合能耗同比变化

约八成工业行业的单位产品能耗保持基本不变水平，但也有 80% 左右行业和省份的单位产品能耗同比下降的企业比例超过 10%，其中高耗能行业企业单位产品综合能耗同比下降的企业比例高于工业行业平均水平。 2021 年，有 72.7%、77.9%、86.0% 的高耗能、工业和非工业企业单位产品综合能耗同比 2020 年保持在基本不变的水平；其中有六个工业行业单位产品综合能耗同比上升 5% 及以上的企业比例超过了 10%，有 28 个工业行业单位产品综合能耗同比下降 5% 及以上的企业比例超过了 10%。18.6 的高耗能行业企业的单位产品综合能耗同比下降了 5% 及以上，高于工业行业平均水平 14.5% 约 4 个百分点，其中电力行业的单位产品综合能耗同比上升和下降 5% 及以上的企业比例较高，分别为 14.7%、11.6%。从区域分布情况来看，有八个省份的工业单位产品综合能耗同比上升了 5% 及以上的企业比例超过 10%，有 25 个省份的工业单位产品综合能耗同比下降 5% 及以上的企业比例超过 10%。珠三角地区单位综合能耗同比下降 5% 以上的比例最高，为 22.3%，长三角地区最低为 12.7%。

单位：%

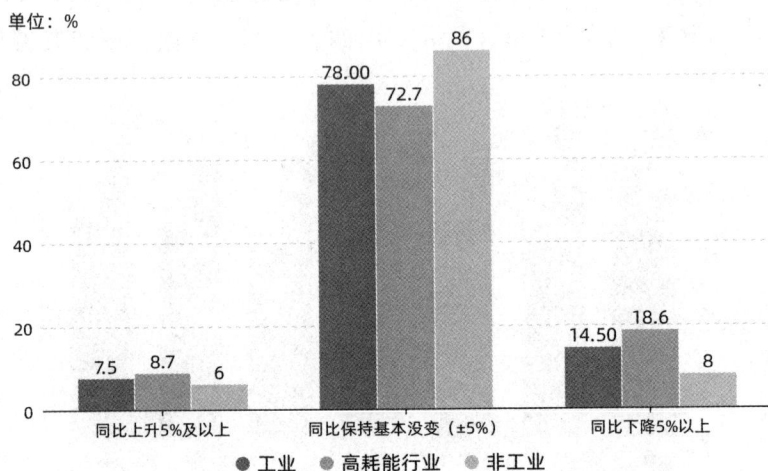

图 2-49　2021 年受访企业单位产品综合能耗同比变化情况

（8）单位产品碳排放量同比变化

约八成工业行业的单位产品碳排放量保持基本不变水平，但也有 80%

左右的省份和工业行业单位产品碳排放量同比下降的企业比例超过了 10%，其中高耗能行业企业单位产品碳排放量同比下降比例高于工业行业，且化工、建材、钢铁、有色单位产品碳排放量同比下降的企业比例接近 20%。2021年，有 75.5%、80.8%、86.9% 的高耗能、工业和非工业企业单位产品碳排放量同比 2020 年保持在基本不变的水平；其中仅电力、热力、燃气及水生产和供应业单位产品碳排放量同比上升 5% 及以上的企业比例超过了 10%，有 28 个工业行业单位产品碳排放量同比下降 5% 及以上的企业比例超过了 10%。19.5% 的高耗能行业企业的单位产品碳排放量同比下降了 5% 及以上，高于工业行业平均水平 15.5% 约 4 个百分点，其中化学原料和化学制品制造业，非金属矿物制品业，黑色金属冶炼和压延加工业，有色金属冶炼和压延加工业，造纸和纸制品业，木材加工和木、竹、藤、棕、草制品业单位产品碳排放量同比下降了 5% 及以上的企业比例在 20% 左右。从区域分布情况来看，仅宁夏的工业单位产品碳排放量同比上升了 5% 及以上的企业比例超过10%，有 25 个省份的工业单位产品碳排放量同比下降 5% 及以上的企业比例超过 10%，其中青海、西藏、云南、福建的企业比例超过 20%。从企业规模看，规模以上工业企业约一成较 2020 年单位产品碳排放发生了下降，高于行业平均水平。从重点区域看，汾渭平原地区工业企业同比下降 5% 及以上的企业比例最高为 19.5%，京津冀鲁豫地区比例最低为 12.7%。

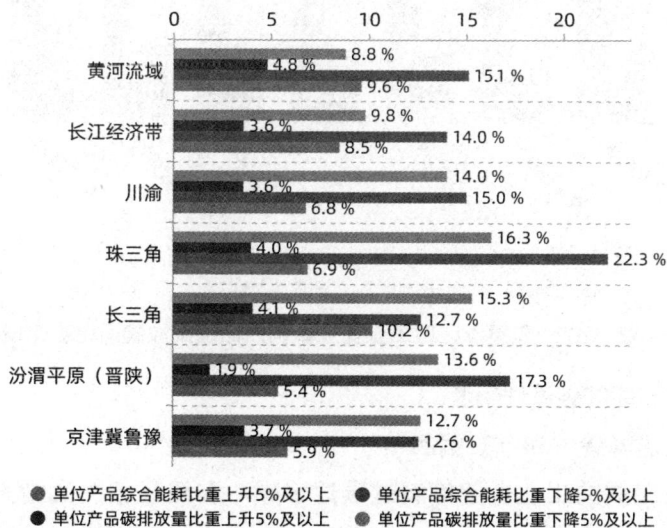

图 2-50 2021 年重点区域工业企业单位产品综合能耗同比变化情况

单位：%

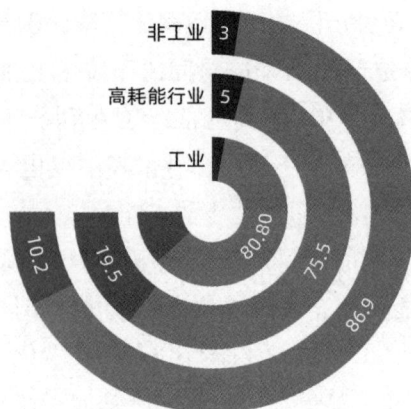

● 同比上升5%及以上　● 同比保持基本没变（±5%）　● 同比下降5%以上

图 2-51　2021 年受访企业单位产品碳排放量同比变化情况

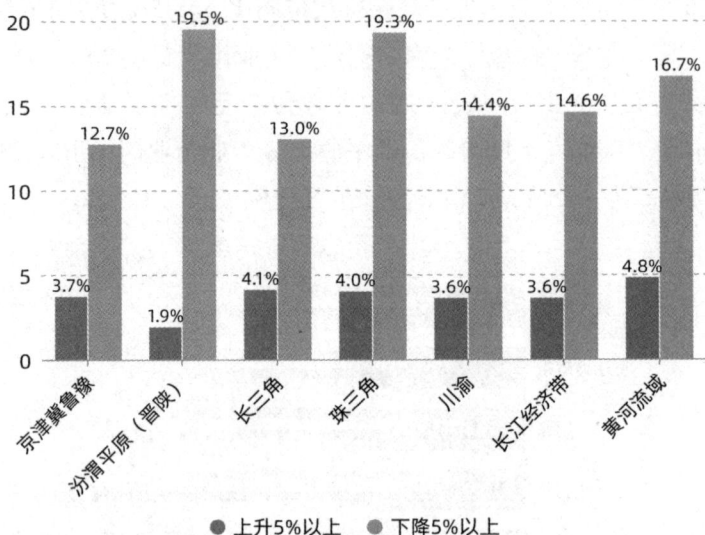

● 上升5%以上　● 下降5%以上

图 2-52　2021 年重点区域工业企业单位产品碳排放量同比变化情况

3. 企业节能降碳管理制度

（1）碳达峰碳中和方案编制

全国约三成的工业企业编制过碳达峰碳中和路径相关实施方案，同时有 11 个省份编制过有关方案的企业比例超过 30%，钢铁、有色行业中有

超过40%的企业编制过有关方案。2021年，有35.1%、28.3%、19.6%的高耗能、工业、非工业企业编制过碳达峰碳中和路径实施相关方案。造纸和纸制品业，黑色金属冶炼和压延加工业，有色金属冶炼和压延加工业，电力、热力、燃气及水生产和供应业中有超过40%的企业编制过碳达峰碳中和路径实施相关方案，高出工业行业平均水平约10个百分点。从区域分布来看，全国有11个省份的工业企业编制过碳达峰碳中和路径实施相关方案的比例超过30%，其中福建省最高达56.8%，是全国工业行业平均水平的二倍左右，此外仅吉林省编制相关方案的工业企业比例（7.9%）低于10%。从企业规模来看，规模以上工业企业编制碳达峰碳中和路径实施相关方案的比例相对较高，但不足50%。从重点区域看，京津冀鲁豫地区编制碳达峰碳中和方案的企业比例最高为31.8%，汾渭平原、黄河流域次之为31.7%、31.3%，川渝地区编制该方案的比例最低，为21.6%；京津冀鲁豫地区非工业企业编制碳达峰碳中和方案的企业比例最高为22.3%，珠三角地区最低仅7.5%。

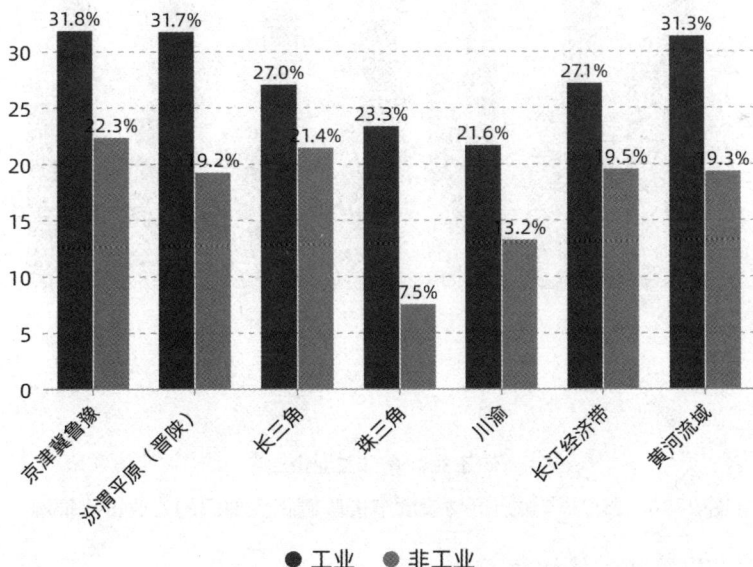

图2-53 2021年重点区域编制碳达峰碳中和方案的企业占比情况

（2）节能降碳机构部门设置

全国约四成工业企业设立了专门负责节能降碳相关的职能机构或部门，

其中石化、化工、钢铁、有色行业和京津冀鲁豫地区中超过 50% 的企业设置了有关部门。2021 年，有 53.5%、41.3%、24.6% 的高耗能、工业、非工业企业设立了专门负责节能降碳相关的职能机构或部门。其中，石油、煤炭及其他燃料加工业，化学原料和化学制品制造业，黑色金属冶炼和压延加工业，有色金属冶炼和压延加工业，化学纤维制造业，造纸和纸制品业，采矿业七个行业设置有关机构的比例超过 50%。从区域分布来看，山西、福建、山东、河南四省的工业企业设置节能降碳有关部门的比例超过 50%，仅吉林的企业比例低于 20%，为 14.5%。从重点区域看，京津冀鲁豫地区工业企业设置节能降碳机构或部门的比例最高为 46.8%，汾渭平原、黄河流域次之为 46.4%、45.1%，珠三角地区比例最低为 36.6%；京津冀鲁豫地区非工业企业设置节能降碳机构或部门的比例最高为 30.6%，珠三角地区最低为 15.9%。

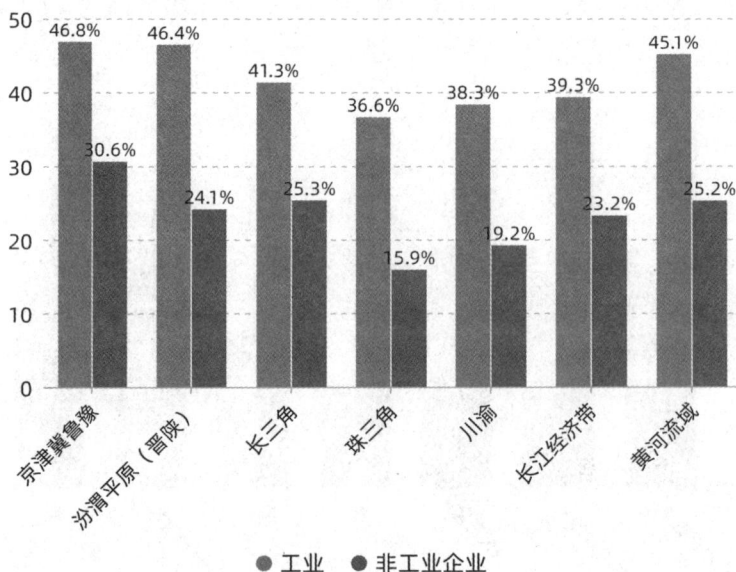

图 2-54 2021 年重点区域设立节能降碳相关部门的企业占比情况

（3）节能降碳宣传教育

全国有 67% 的工业企业定期参加或为员工开设节能降碳相关宣传教育培训，六大高耗能行业和京津冀鲁豫地区有约 70% 以上的工业企业开展宣传教育活动。2021 年，有 74.1%、67.2%、56.8% 的高耗能、工业、非工业企业定期参加或为员工开设节能降碳相关宣传教育培训。其中，有石油、煤炭及其他燃料加工业，化学原料和化学制品制造业，黑色金属冶炼和压延加工业，有色金属冶炼和压延加工业，电力、热力、燃气及水生产和供应业等 13 个工业行业中有 70% 以上的企业会定期开展宣传教育活动；仅金属制品、机械和设备修理业，印刷和记录媒介复制业开展宣传教育活动企业比例最低，未达 50%。从企业规模看，规模以上工业企业设立专门负责节能降碳相关职能机构或部门的比例超过 35%，高于受访企业平均水平；60%以上的规模以上工业企业定期参加或为员工开设节能降碳相关宣传教育培训，且营业收入越高，该比例越高；八至九成的规模以上工业企业办公、生产和仓储场所具有节能降耗措施，在日常管理生产中重视节能降耗。从区域分布来看，北京、山西、上海、福建、山东、河南、宁夏、新疆八省的工业企业定期参加或为员工开设节能降碳相关宣传教育培训的比例超过 70%，仅吉林的企业比例最低为 30.3%。从重点区域看，长三角地区工业企业定期为员工开设节能降碳相关宣传教育培训的比例最高为 68.3%，珠三角地区比例最低为 55.5%。

单位：%

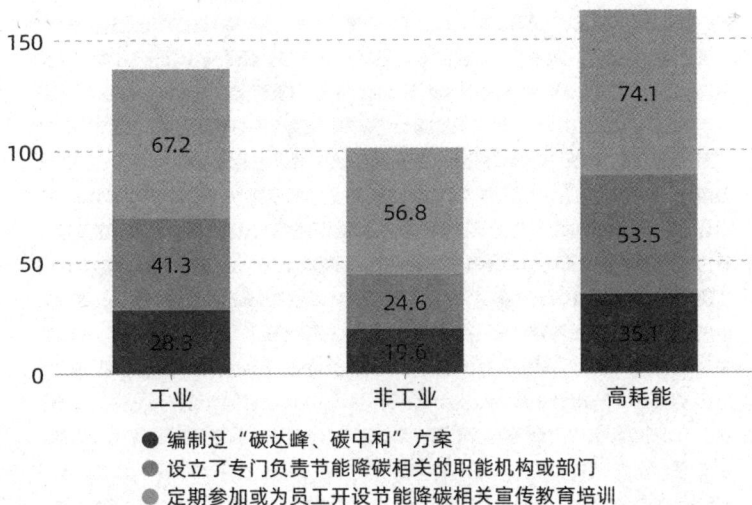

图 2-55　2021 年工业、非工业和高耗能企业节能降碳管理情况

- ● 编制过"碳达峰、碳中和"方案
- ● 设立了专门负责节能降碳相关的职能机构或部门
- ● 定期参加或为员工开设节能降碳相关宣传教育培训

（五）民营企业政策需求情况

1. 企业绿色发展政策认同情况

约九成企业对生态环境部实施的"两个正面清单"政策推进企业绿色发展的认同度较高。2021 年，有 94.7%、92.6%、86.3% 的高耗能行业、工业、非工业企业认为生态环境部实施的"两个正面清单"政策有利于企业推进绿色发展。从区域分布来看，吉林有 38.2% 的工业企业、湖南有 33.9% 的非工业企业认为生态环境部实施的"正面清单"政策对企业绿色发展的帮助

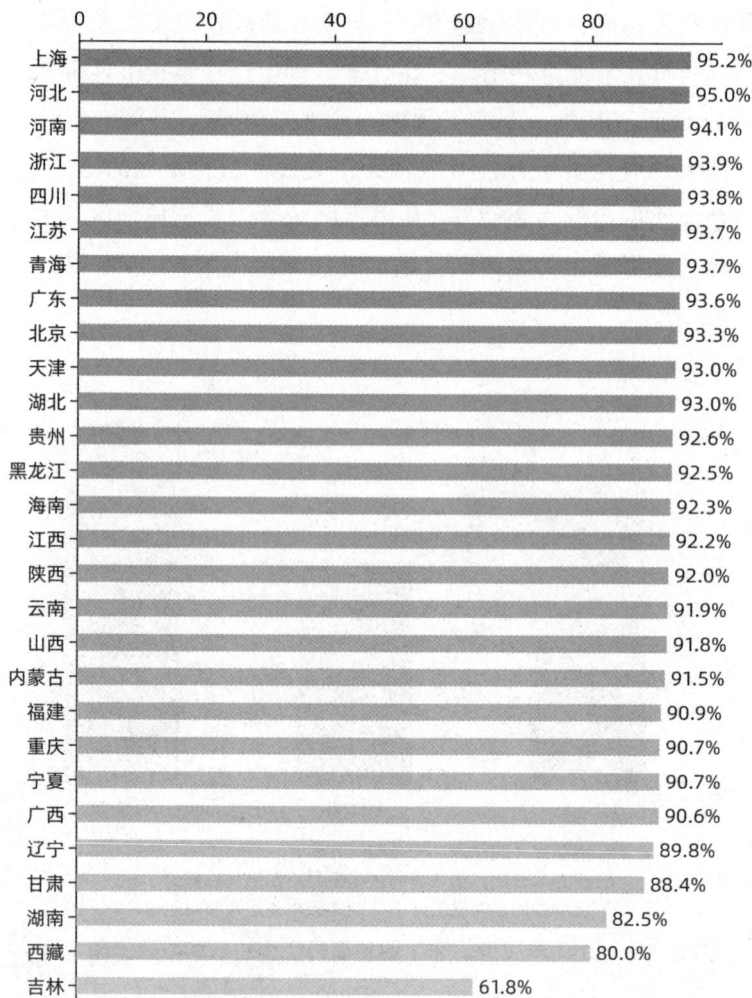

省份	占比
上海	95.2%
河北	95.0%
河南	94.1%
浙江	93.9%
四川	93.8%
江苏	93.7%
青海	93.7%
广东	93.6%
北京	93.3%
天津	93.0%
湖北	93.0%
贵州	92.6%
黑龙江	92.5%
海南	92.3%
江西	92.2%
陕西	92.0%
云南	91.9%
山西	91.8%
内蒙古	91.5%
福建	90.9%
重庆	90.7%
宁夏	90.7%
广西	90.6%
辽宁	89.8%
甘肃	88.4%
湖南	82.5%
西藏	80.0%
吉林	61.8%

图 2-56　2021 年各省受访企业对"两个正面清单"政策的认同度占比情况

较低，其余地区对该项政策的认同度都在 80%~95% 区间内。从重点区域看，整体上各区域对"两个正面清单"政策具有较高的认同度，其中珠三角地区工业企业认同比例最高为 93.6%，京津冀鲁豫地区非工业企业认同比例最高为 93.1%。

2. 企业绿色发展资金支持情况

约二至三成的企业享受过生态环境领域相关的发展资金支持政策，其中高耗能行业中享受资金支持的企业比例较高，超过 40%。2021 年，有 41.8%、34.8%、25.5% 的高耗能行业、工业、非工业企业享受过生态环境部门出台的有关支持民营企业发展的资金支持政策。从工业行业来看，有 11 个工业行业享受过资金支持政策的企业比例超过 40%，其中包括石化、化工、钢铁、有色、电力等高耗能行业。从区域分布来看，浙江、福建、江西、山东、宁夏五个省份的工业企业和黑龙江、江苏、福建、江西、山东、河南等七个省份的非工业企业享受过资金支持政策的比例分别超过 40% 和 30%。从重点区域看，汾渭平原工业企业享受生态环境资金支持的比例最高为 37.1%，珠三角地区比例最低为 25.2%，长三角地区非工业企业享受生态环境资金支持的比例最高为 28.1%，珠三角地区比例最低为 18.7%。

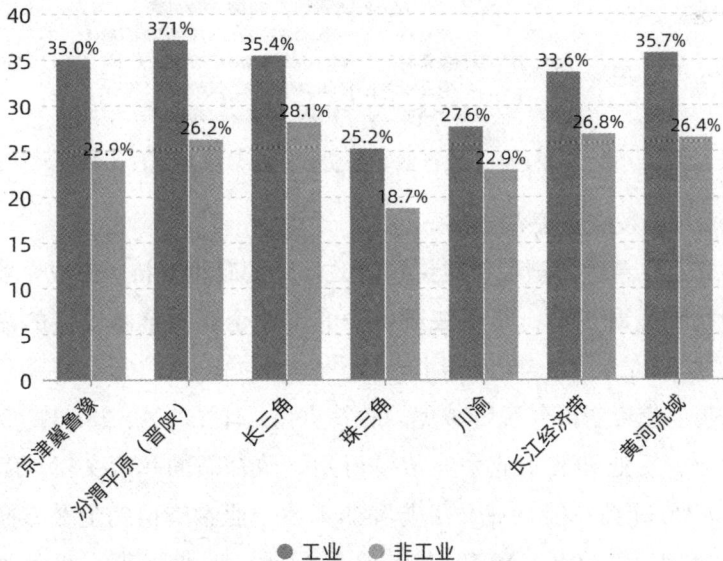

图 2-57　2021 年重点区域享受资金支持政策企业占比情况

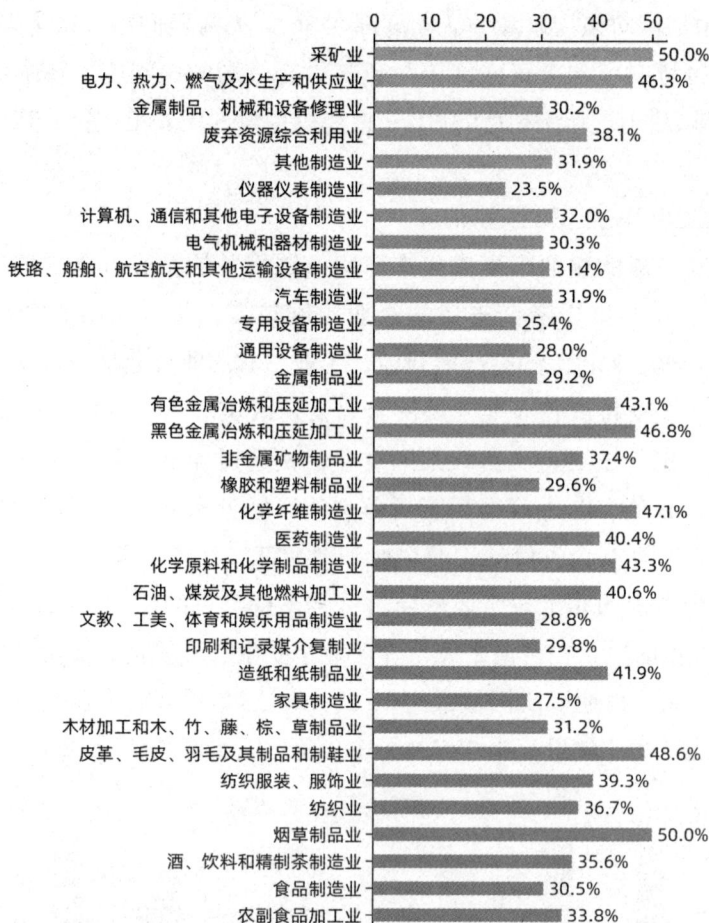

图 2-58　2021 年工业行业享受资金支持政策企业占比情况

3. 企业绿色发展政策需求情况

约六成企业希望得到税费减免和财政补贴的政策支持，三成企业希望得到技术帮扶和金融支持，其中三成省份的工业企业对金融支持的需求比例较高，超过 20%。2021 年，分别有 39.5%、36.7%、35.1% 高耗能行业、工业和非工业企业希望得到税费减免的政策支持；有 25.3%、28.8%、34.2% 的高耗能行业、工业和非工业企业希望得到财政补贴的政策支持；有 16.6%、16.6%、17.7% 的高耗能行业、工业和非工业企业希望得到金融方面的政策支持；有 14.0%、14.0%、10.6% 的高耗能行业、工业和非工业企业希望得到技术帮扶的政策支持；约 3% 的企业希望得到减少监管的政策支持。从重点区域看，京津冀鲁豫、汾渭平原、长三角、珠三角、川渝地区、长江经济带、黄河流域等工业企业对税费减免的需求均超过 30%，对财政补贴的需求均超过 25%，技术帮扶和金融支持需求均超过 10%。从企业规模上看，规模以上工业企业的政策需求主要集中在财政补贴与税收减免。其中希望得到财政补贴的规模以上工业企业比例超过 25%，希望获得税收减免的规模以上工业企业比例近四成；小规模企业的政策需求除上述两方面外，还希望获得金融支持，占比近二成。

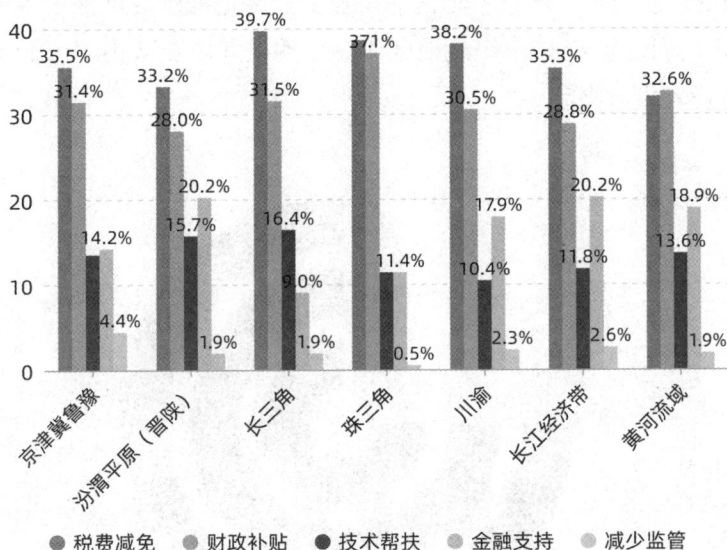

图 2-59 2021 年重点区域中工业企业绿色低碳发展的政策需求情况

（六）当前绿色发展制约问题

1. 企业绿色发展面临的困难

约五成的企业反映投入成本高和技术限制是推进绿色低碳发展的主要困难，其中非工业企业市场需求减少的问题反映率是工业企业的三倍。2021年，分别有 31.3%、15.4%、10.2%、11.4%、11.8% 的非工业企业反映投入成本高、技术限制、市场需求减少、人力资源短缺、政策理解不透彻是企业推进绿色低碳发展面临的最大困难；分别有 39.7%、19.0%、10.0%、9.6%的工业企业反映投入成本高、技术限制、人力资源短缺、政策理解不透彻是企业推进绿色低碳发展面临的最大困难；高耗能行业中有 42.3%、21.9% 的企业反映投入成本高、技术限制是最大困难，分别高出工业行业平均水平约 3 个百分点，政策理解不透彻等其余问题反映率均低于工业平均水平。从区域分布情况来看，各省企业反映问题率最高的是成本投入高和技术限制，其中北京有 6.7% 的企业反映原材料供给不足的问题，是工业平均水平的二倍；辽宁、吉林、上海、海南、西藏、青海、宁夏七个省份的企业反映融资难度大的比例超过 15%；北京、宁夏企业反映市场需求减少的比例超过 10%。从重点区域看，珠三角地区非工业企业绿色低碳发展困难主要是投入成本较高，占比为 39.3%；川渝地区 47.6% 的工业企业认为绿色低碳发展困难主要是投入成本高。

单位：%

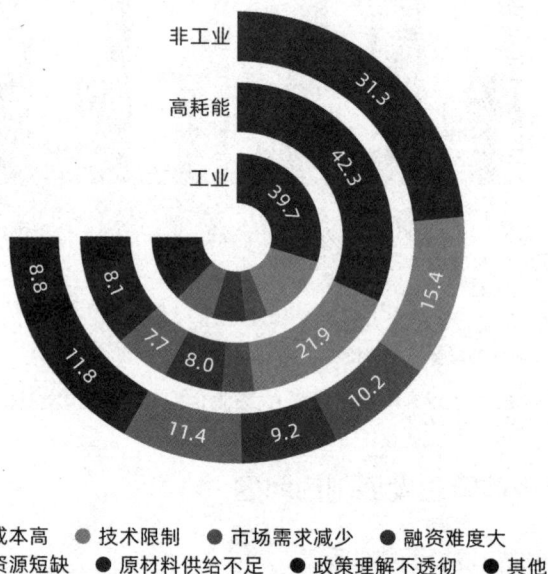

● 投入成本高　● 技术限制　● 市场需求减少　● 融资难度大
● 人力资源短缺　● 原材料供给不足　● 政策理解不透彻　● 其他

图 2-60　2021 年工业、非工业和高耗能企业绿色低碳发展困难的占比情况

2. 企业污染减排面临的困难

运行成本高是工业企业在污染减排面临的主要问题和困难，企业在治污方案和设备选择上的困难率明显下降。2021 年，有 46.4%、49.1% 的工业企业在污染减排中面临污染治理设施建设和运行成本高的问题。有 13.1% 和 10.2% 的工业企业和高耗能行业企业反映不知道如何选择合适的环保设备和治污方案，同比 2020 年分别下降了约 10 个百分点。木材加工和木、竹、藤、棕、草制品业，仪器仪表制造业中分别有 17.9% 和 16.7% 的企业反映环保管理制度不健全，容易出现超标排放并接受处罚。从重点区域看，珠三角地区的 53.3% 的工业企业污染减排面临的主要困难为污染治理设施建设和运行成本高，汾渭平原地区 20.9% 的工业企业面临着不知道如何选择合适的环保设备与治污方案的困难，长江经济带地区 10.1% 的工业企业面临环保管理制度不健全，容易出现超标排放的困难，京津冀鲁豫地区 36.2% 的工业企业表示污染减排方面没有困难。

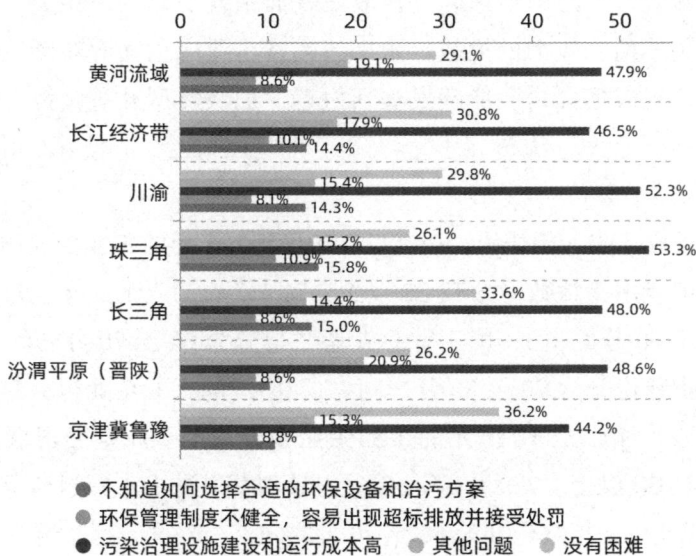

图 2-61　2021 年重点区域工业企业污染减排困难的占比情况

三、问卷调查企业绿色发展水平进步评价

为深入分析民营企业绿色发展水平的变化与特征，全国工商联民营企业绿色发展课题组基于本次问卷调查企业的自填数据，研究提出"企业绿色发展水平进步指数"（详见附录一）。该指数依据企业绿色发展等理论与实践，参考绿色工厂、绿色企业等有关国家和地方标准规范，从管理规划领导、生产经营状况、污染治理成效、节能降碳强度四个维度构建了企业

在推动绿色发展方面的实际成效和进步程度的评价指标体系，通过指数分析研判不同地区、不同行业、不同规模的民营企业绿色发展水平的进步程度及分布情况，为深入研究中国民营企业绿色发展进步水平提供研究基础。

（一）总体得分情况

民营企业绿色发展水平进步指数表明，2021 年主营业务收入在 1 亿元以上、汾渭平原等重点地区的企业绿色发展投入和实际成效显著改善，尤其是随着企业规模的增大，企业在绿色发展的管理规划和制度安排、生产经营和实际效益、污染治理和减污成效方面呈现明显的正相关，但在节能降碳方面仍然面临较大的挑战。未来，民营企业应主动应对碳达峰、碳中和的考验，积极把握绿色低碳发展新机遇，加快转型升级，努力实现绿色低碳发展。

1. 企业得分分布

从主营业务收入规模看，收入 2000 万至 1 亿元的工业企业中，约二成绿色发展进步水平指数得分在 60 以上。81.0% 的工业企业绿色发展进步水平指数低于 60 分，16.3% 的工业企业指数得分为 60 至 70 分之间，2.4% 的工业企业指数得分为 70 至 80 分之间，仅 0.3% 的工业企业得分超过 80 分；主营业务收入 1 亿至 10 亿元的工业企业中，二至三成绿色发展进步水平指数得分在 60 以上。75.8% 的工业企业绿色发展进步水平指数低于 60 分，22.0% 的工业企业指数得分为 60 至 70 分之间，1.9% 的工业企业指数得分为 70 至 80 分之间，仅 0.3% 的工业企业得分超过 80 分；主营业务收入 10 亿元以上的工业企业中，近三成绿色发展进步水平指数得分在 60 以上，绿色发展进步水平相对最高。69.0% 的工业企业绿色发展进步水平指数低于 60 分，28.3% 的工业企业指数得分为 60 至 70 分之间，仅 0.4% 的工业企业得分超过 80 分，整体来看我国民营工业企业的绿色发展水平仍有较大的提升空间。

2. 重点区域分布

从重点区域看，汾渭平原主营业务收入 10 亿元以上工业企业的绿色发展进步水平最高，超三成高于 60 分，川渝、黄河流域地区规模以上工业企业绿色发展进步水平仍有较大提升空间。具体来看，主营业务收入 2000 万至 1 亿元的工业企业中，珠三角、长江经济带工业企业绿色发展进步水平指数超过 60 分的企业占比最高为 22.2%；京津冀鲁豫、汾渭平原、长三角、川渝、黄河流域工业企业绿色发展进步水平指数超过 60 分的企业占比均低于全国平均水平；**主营业务收入 1 亿至 10 亿元的工业企业中，**汾渭平原工业企业绿色发展进步水平指数超过 60 分的企业占比最高为 31.2%，其余各重点区域低于平均水平，其中珠三角地区占比最低为 19.4%；**各大区域主营业务收入 10 亿元以上的工业企业绿色发展进步水平最高，**汾渭平原地区工业企业绿色发展进步水平指数超过 60 分的企业占比最高，为 50.6%，较全国平均水平高 11.5 个百分点；京津冀鲁豫、长三角、川渝、长江经济带、黄河流域工业企业绿色发展进步水平指数超过 60 分的企业占比均低于全国平均水平。

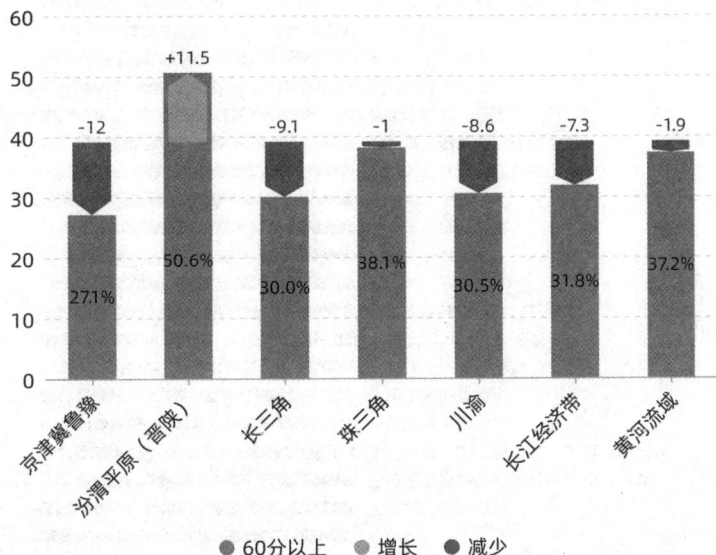

图 3-1　营收 10 亿元以上重点区域企业绿色发展进步水平指数与全国平均水平对比情况

3. 行业分布

从行业分布看，纺织业、化学纤维制造业等行业规模以上工业企业绿色发展进步水平相对较高，采矿、电力等行业绿色发展进步水平较低。具体来看，**主营业务收入 2000 万至 1 亿元的工业企业中，**所有行业绿色发展进步水平指数得分在 60 分以下的工业企业比例均超过 50%，其中采矿业、电力、热力、燃气及水生产和供应业所有企业得分均在 60 分以下；**主营业务**

收入 1 亿至 10 亿元的工业企业中，化学纤维制造业中 57.9% 的企业绿色发展进步水平指数得分超过 60 分；**主营业务收入 10 亿以上的工业企业中**，纺织业，纺织服装、服饰业，化学纤维制造业，废弃资源综合利用业等行业工业企业绿色发展进步水平指数较高，超过 60 分的企业占比均高于 50%，其中化学纤维制造业指数高于 60 分的比例最高达 71.4%

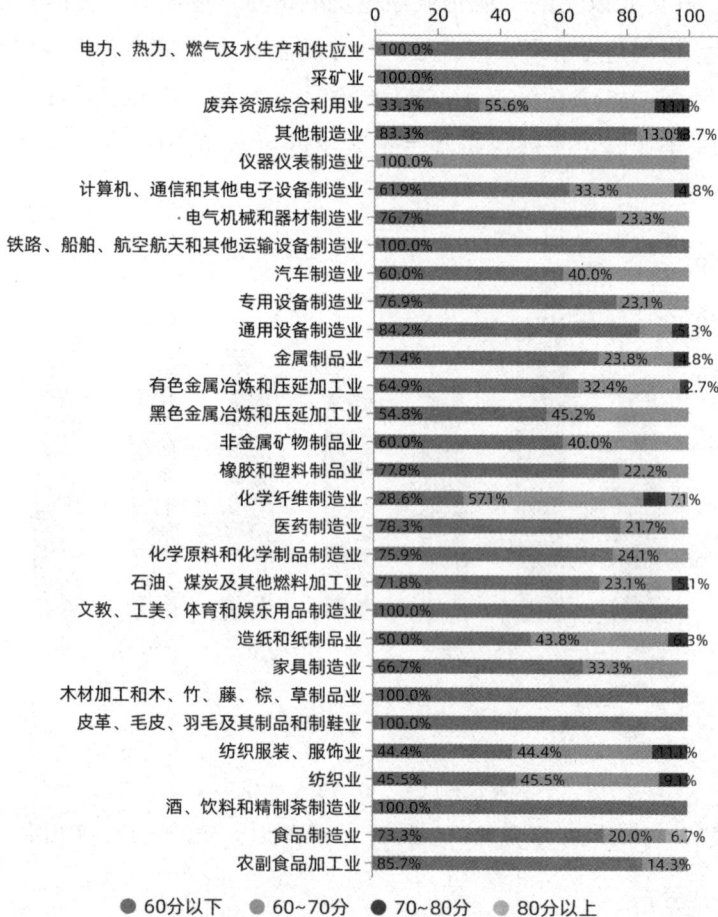

图 3-2　营收 10 亿元以上重点行业企业绿色发展进步水平指数情况

（二）管理规划领导

1. 企业得分分布

随着企业收入规模越大，管理规划领导得分各项指标得分超过 60 分的比重逐步增加，其中降碳制度、治污方式指标得分相对较低。具体而言，主营业务收入 2000 万至 1 亿元的工业企业中，降碳制度、减污制度、治污方式、宣传教育指标高于 60 分的比例分别为 21.7%、71.2%、38.5%、65.3%；**主营业务收入 1 亿至 10 亿元的工业企业中**，以上四项指标高于 60 分的比例分别为 29.7%、80.3%、50.5%、76.7%；**主营业务收入 10 亿元以上的工业企业中**，四项指标高于 60 分的比例均最高，分别为 46.3%、88.4%、63.2%、87.3%。综合来看，主营业务收入 10 亿以上的工业企业管理规划领导得分最高。

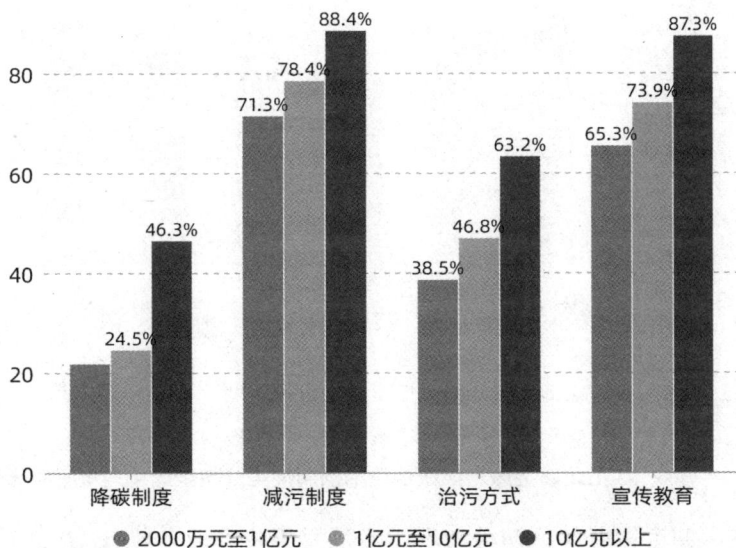

图 3-3　不同收入规模企业管理规划领导得分情况

2. 重点区域分布

从降碳制度得分的区域分布看，汾渭平原主营业务收入 10 亿元以上企业表现最突出，七成以上企业超 60 分，川渝、珠三角、长江经济带等地区规模以上工业企业降碳制度改进空间较大。具体来看，**主营业务收入 2000 万至 1 亿元的工业企业中**，汾渭平原工业企业降碳制度指标超过 60 分的企业占比最高为 24.8%，川渝、长江经济带工业企业降碳制度指标超过 60 分的企业占比低于平均水平，其中川渝地区最低为 18.5%；**主营业务收入 1 亿至 10 亿元的工业企业中**，汾渭平原工业企业降碳制度指标超过 60 分的企业占比最高为 39.6%，珠三角、川渝地区、长江经济带低于平均水平，珠三角地区占比最低为 23.7%；**主营业务收入 10 亿元以上的工业企业中**，汾渭平原降碳制度得分超过 60 分的企业占比最高为 71.9%，较全国平均水平高 22.3 个百分点，京津冀鲁豫、黄河流域得分超过 60 分的企业占比次之，分别为 51.2%、57.5%；长三角、川渝、长江经济带得分超过 60 分的企业占比低于全国平均水平。

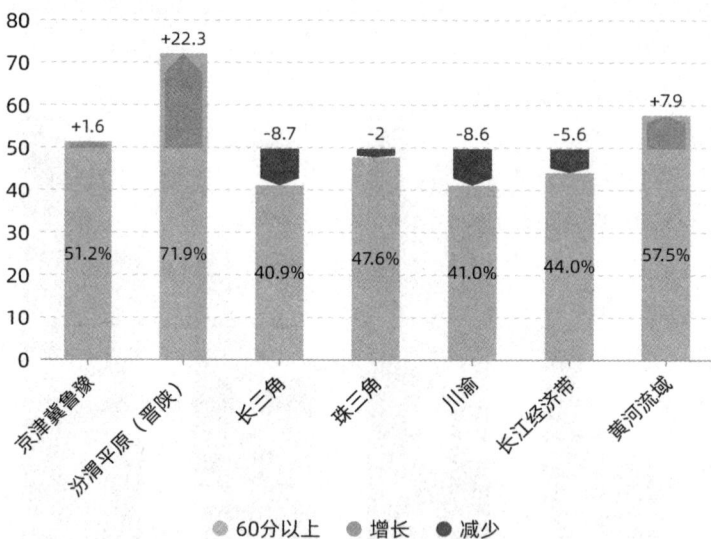

图 3-4　营收 10 亿元以上重点区域企业降碳制度得分与全国平均水平对比情况

从减污制度得分的区域分布看，汾渭平原主营业务收入 10 亿元以上企业表现最突出，九成以上企业超 60 分，川渝、黄河流域等地区规模以上工业企业减污制度改进空间较大。具体来看，**主营业务收入 2000 万至 1 亿元的工业企业中**，珠三角工业企业减污制度指标超过 60 分的企业占比最高为 75.9%，汾渭平原、黄河流域工业企业减污制度指标超过 60 分的企业占比低于平均水平，其中黄河流域最低为 61.7%；**主营业务收入 1 亿至 10 亿元的工业企业中**，各区域工业企业减污制度指标超过 60 分的企业占比均高于全国平均水平，川渝地区最高为 88.6%；**主营业务收入 10 亿元以上的工业企业中**，汾渭平原地区减污制度得分超过 60 分的企业占比最高为 96.7%，较全国平均水平高 10.7 个百分点，京津冀鲁豫、长三角、珠三角、长江经济带、黄河流域工业企业减污制度得分超过 60 分的企业占比均高于全国平均水平，分别为 88.5%、87.2%、90.5%、86.2%、91.4%；川渝地区工业企业得分超过 60 分的企业占比最低为 82.4%，低于全国平均水平 3.6 个百分点。

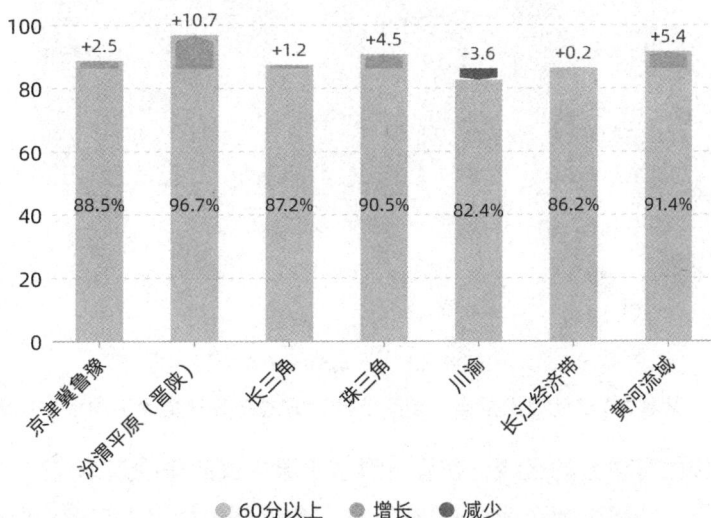

图 3-5　营收 10 亿元以上重点区域企业减污制度得分与全国平均水平对比情况

从治污方式得分的区域分布看，**汾渭平原主营业务收入 10 亿元以上企业表现最突出，七成以上企业超 60 分，黄河流域地区规模以上工业企业治污方式得分较低。** 具体来看，**主营业务收入 2000 万至 1 亿元的工业企业中，** 珠三角工业企业治污方式指标超过 60 分的企业占比最高为 53.7%，汾渭平原、黄河流域工业企业治污方式指标超过 60 分的企业占比低于平均水平，其中汾渭平原最低为 24.1%；**主营业务收入 1 亿至 10 亿元的工业企业中，** 川渝地区工业企业治污方式指标超过 60 分的企业占比最高为 54.5%，汾渭平原、黄河流域低于平均水平，黄河流域地区占比最低为 42.3%；**主营业务收入 10 亿元以上的工业企业中，** 汾渭平原治污方式得分超过 60 分的企业占比最高为 71.5%，较全国平均水平高 13.2 个百分点，京津冀鲁豫、长三角、川渝地区、长江经济带工业企业治污方式得分超过 60 分的企业均高于全国平均水平，分别为 58.9%、61.6%、71.0%、64.3%；珠三角、黄河流域工业企业得分超过 60 分的企业占比低于全国平均水平，分别为 57.1%、56.4%。

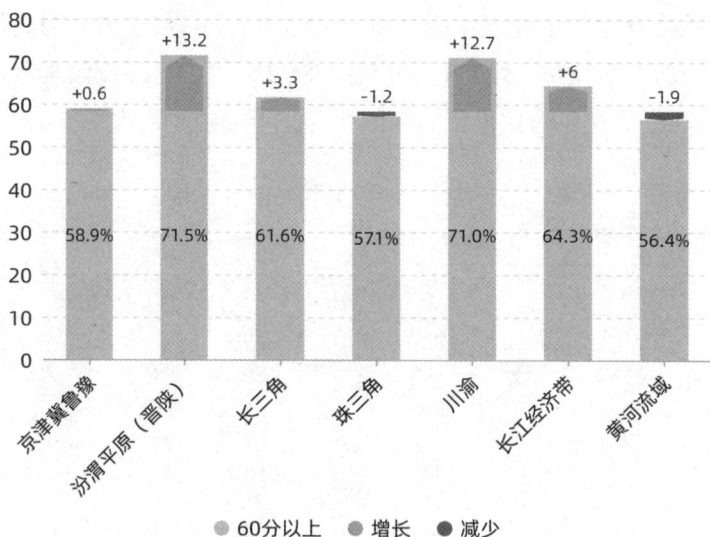

图 3-6　营收 10 亿元以上重点区域企业治污方式得分与全国平均水平对比情况

从宣传教育得分的区域分布看，汾渭平原主营业务收入 10 亿元以上企业表现最突出，几乎全部企业超 60 分，珠三角地区规模以上工业企业宣传教育得分相对较低。具体来看，主营业务收入 2000 万至 1 亿元的工业企业中，京津冀鲁豫地区工业企业宣传教育指标超过 60 分的企业占比最高为 72.8%，珠三角、川渝超过 60 分的企业占比低于平均水平，其中珠三角最低为 57.4%；

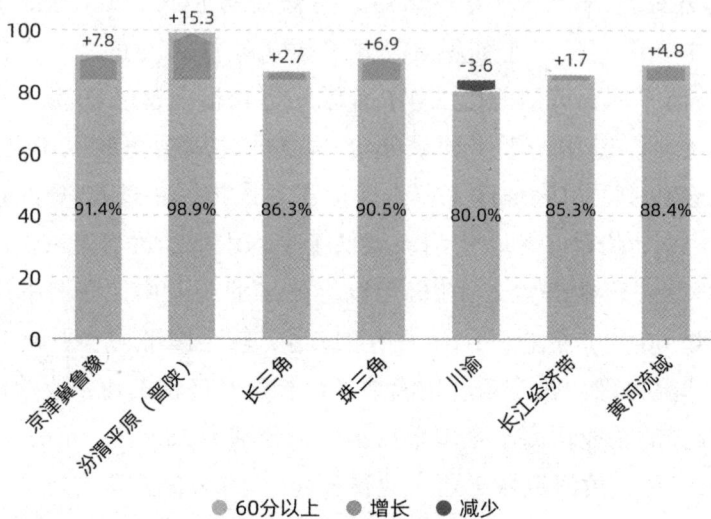

图 3-7　营收 10 亿元以上重点区域企业宣传教育得分与全国平均水平对比情况

主营业务收入 1 亿至 10 亿元的工业企业中，各区域工业企业宣传教育指标超过 60 分的企业占比均高于平均水平，汾渭平原最高为 83.3%；主营业务收入 10 亿元以上的工业企业中，汾渭平原宣传教育得分超过 60 分的企业占比最高为 98.9%，较全国平均水平高 15.3 个百分点，京津冀鲁豫、长三角、珠三角、长江经济带、黄河流域工业企业宣传教育得分超过 60 分的企业均高于全国平均水平，分别为 91.4%、86.3%、90.5%、85.3%、88.4%；川渝地区工业企业得分超过 60 分的企业占比最低，较全国平均水平低 3.6 个百分点。

3. 行业分布

从降碳制度得分的行业分布看，电力、钢铁、化工、石油等高耗能行业主营业务收入 10 亿元以上的工业企业表现较好，纺织业，文教、工美、体

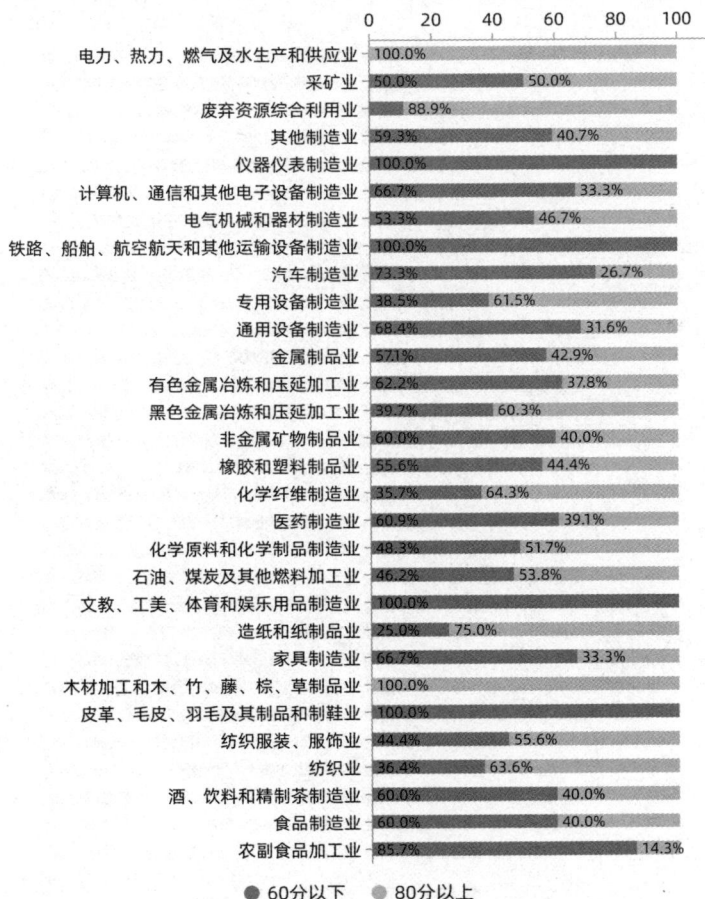

行业	60分以下	80分以上
电力、热力、燃气及水生产和供应业	100.0%	
采矿业	50.0%	50.0%
废弃资源综合利用业	88.9%	
其他制造业	59.3%	40.7%
仪器仪表制造业	100.0%	
计算机、通信和其他电子设备制造业	66.7%	33.3%
电气机械和器材制造业	53.3%	46.7%
铁路、船舶、航空航天和其他运输设备制造业	100.0%	
汽车制造业	73.3%	26.7%
专用设备制造业	38.5%	61.5%
通用设备制造业	68.4%	31.6%
金属制品业	57.1%	42.9%
有色金属冶炼和压延加工业	62.2%	37.8%
黑色金属冶炼和压延加工业	39.7%	60.3%
非金属矿物制品业	60.0%	40.0%
橡胶和塑料制品业	55.6%	44.4%
化学纤维制造业	35.7%	64.3%
医药制造业	60.9%	39.1%
化学原料和化学制品制造业	48.3%	51.7%
石油、煤炭及其他燃料加工业	46.2%	53.8%
文教、工美、体育和娱乐用品制造业	100.0%	
造纸和纸制品业	25.0%	75.0%
家具制造业	66.7%	33.3%
木材加工和木、竹、藤、棕、草制品业	100.0%	
皮革、毛皮、羽毛及其制品和制鞋业	100.0%	
纺织服装、服饰业	44.4%	55.6%
纺织业	36.4%	63.6%
酒、饮料和精制茶制造业	60.0%	40.0%
食品制造业	60.0%	40.0%
农副食品加工业	85.7%	14.3%

● 60分以下　　● 80分以上

图 3-8　10 亿以上重点行业降碳制度得分情况

育和娱乐用品制造业等行业降碳制度得分较低。具体来看，主营业务收入2000万至1亿元的工业企业中，降碳制度得分在60分以下的工业企业比例均超过50%；主营业务收入1亿至10亿元的工业企业中，所有行业均有半数以上企业得分低于60分；主营业务收入10亿元以上的工业企业中，电力、钢铁、化工、石油等高耗能行业工业企业降碳制度得分较高，超过80分的企业占比均高于50%，其中电力行业所有企业得分均高于80分。

从减污制度得分的行业分布看，木材加工、造纸、仪器仪表制造业等非高耗能行业主营业务收入10亿元以上的工业企业表现较好，采矿、电力等行业减污制度得分较低。具体来看，主营业务收入2000万至1亿元的工业企业中，除采矿、电力行业所有企业减污制度得分低于60分，其余行业

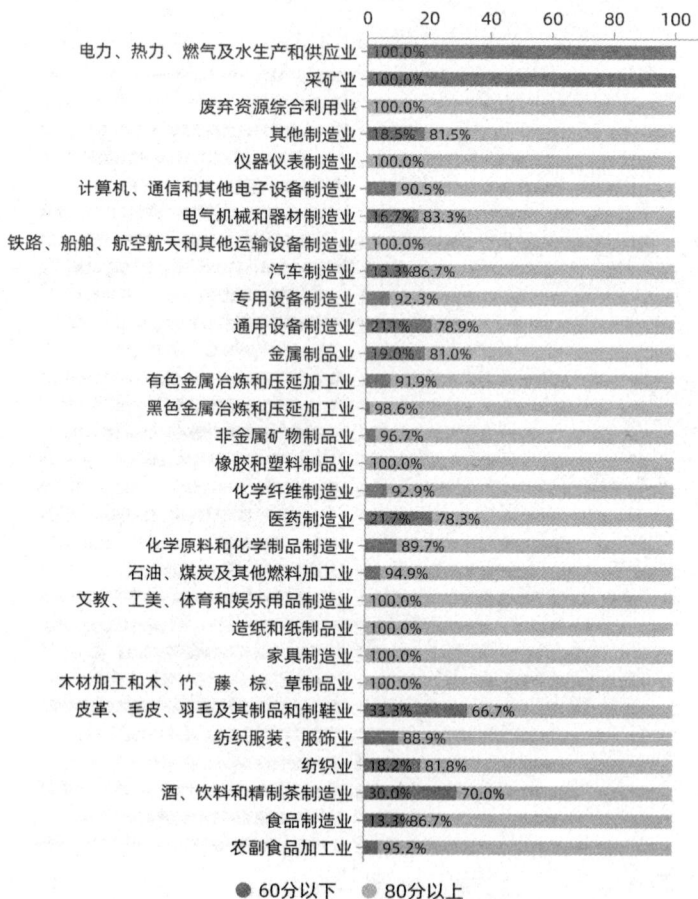

图3-9　营收10亿元以上重点行业企业减污制度得分情况

减污制度得分超 60 分的工业企业比例均超过 50%，其中石油、化工、钢铁、有色等高耗能行业企业占比均超过七成，化学纤维制造业所有企业得分在 60 分以上；**主营业务收入 1 亿至 10 亿元的工业企业中**，所有行业均有半数以上企业得分低于 60 分；**主营业务收入 10 亿元以上的工业企业中**，所有行业工业企业得分超过 60 分的企业占比均超过 50%，其中家具制造业，造纸和纸制品业，文教、工美、体育和娱乐用品制造业，橡胶和塑料制品业，废弃资源综合利用业等行业减污制度得分均高于 80 分。

从治污方式得分的行业分布看，家具制造业、造纸业等制造业主营业务收入 10 亿元以上的工业企业表现较好，采矿、电力等行业治污方式得分较低。具体来看，主营业务收入 2000 万至 1 亿元的工业企业中，有色行业

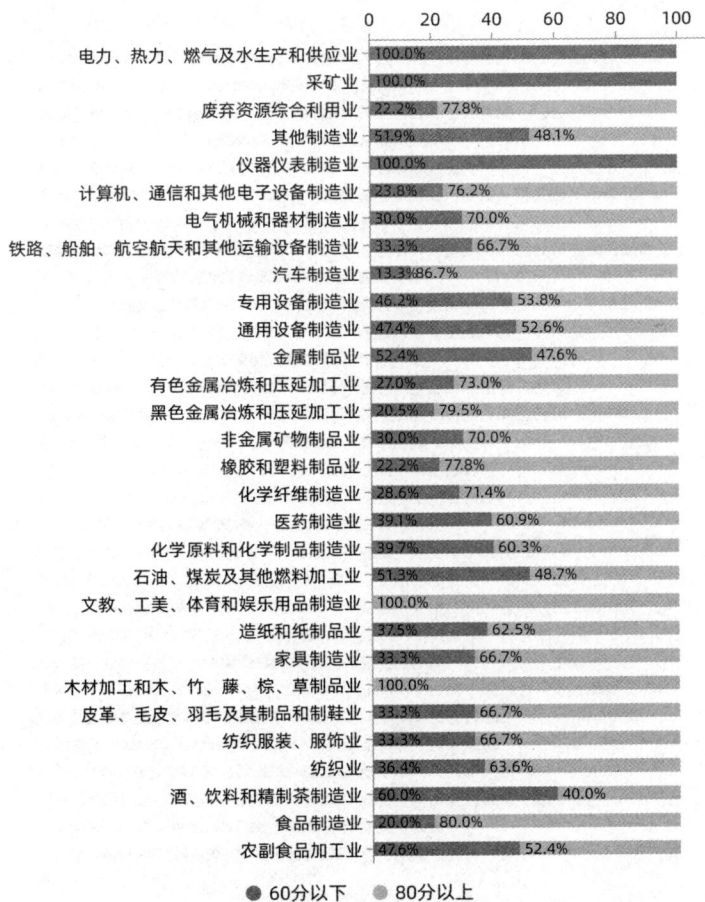

行业	60分以下	80分以上
电力、热力、燃气及水生产和供应业	100.0%	
采矿业	100.0%	
废弃资源综合利用业	22.2%	77.8%
其他制造业	51.9%	48.1%
仪器仪表制造业	100.0%	
计算机、通信和其他电子设备制造业	23.8%	76.2%
电气机械和器材制造业	30.0%	70.0%
铁路、船舶、航空航天和其他运输设备制造业	33.3%	66.7%
汽车制造业	13.3%	86.7%
专用设备制造业	46.2%	53.8%
通用设备制造业	47.4%	52.6%
金属制品业	52.4%	47.6%
有色金属冶炼和压延加工业	27.0%	73.0%
黑色金属冶炼和压延加工业	20.5%	79.5%
非金属矿物制品业	30.0%	70.0%
橡胶和塑料制品业	22.2%	77.8%
化学纤维制造业	28.6%	71.4%
医药制造业	39.1%	60.9%
化学原料和化学制品制造业	39.7%	60.3%
石油、煤炭及其他燃料加工业	51.3%	48.7%
文教、工美、体育和娱乐用品制造业	100.0%	
造纸和纸制品业	37.5%	62.5%
家具制造业	33.3%	66.7%
木材加工和木、竹、藤、棕、草制品业	100.0%	
皮革、毛皮、羽毛及其制品和制鞋业	33.3%	66.7%
纺织服装、服饰业	33.3%	66.7%
纺织业	36.4%	63.6%
酒、饮料和精制茶制造业	60.0%	40.0%
食品制造业	20.0%	80.0%
农副食品加工业	47.6%	52.4%

● 60分以下　　● 80分以上

图 3-10　营收 10 亿元以上重点行业企业治污方式得分情况

52.9%的企业得分在 60 分以上；**主营业务收入 1 亿至 10 亿元的工业企业中，**化工、建材、钢铁、有色等高耗能行业均有半数以上工业企业得分超过 60 分；**主营业务收入 10 亿元以上的工业企业中，**多数行业企业治污方式得分超过 60 分的企业占比均高于 50%，其中家具制造业，造纸和纸制品业，文教、工美、体育和娱乐用品制造业等行业工业企业治污得分均高于 80 分。

从宣传教育得分的行业分布看，化工、石油、电力等高耗能行业规模以上工业企业表现普遍较好，皮革、运输等行业宣传教育得分相对较低。具体来看，**主营业务收入 2000 万至 1 亿元的工业企业中，**所有行业宣传教育得分在 60 分以上的工业企业比例均超过 50%，其中石油、化工、有色、电力等高耗能行业企业占比七成以上；**主营业务收入 1 亿至 10 亿元的工业企**

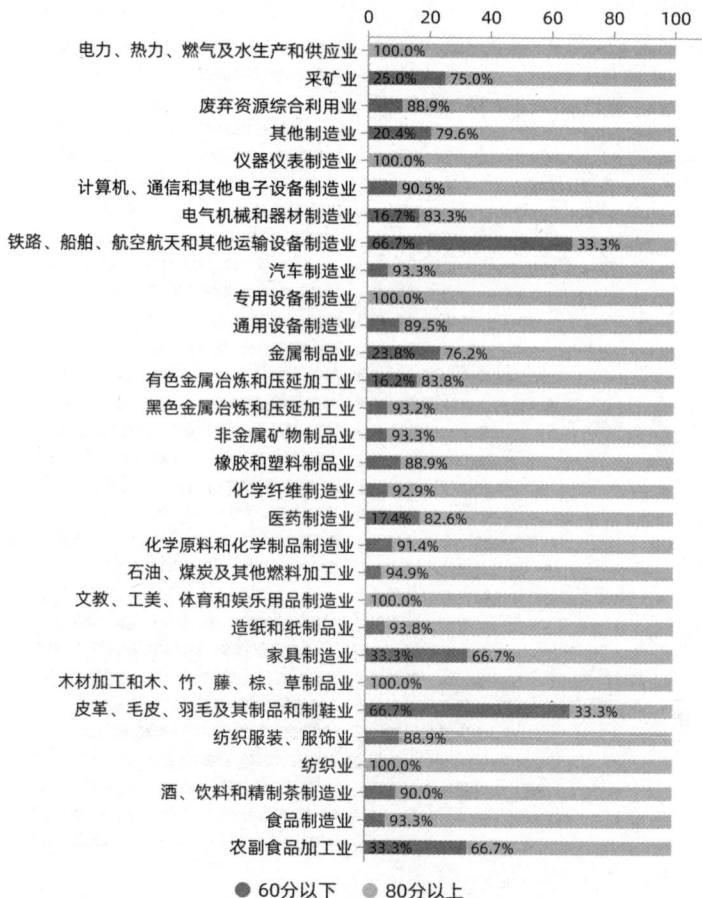

行业	60分以下	80分以上
电力、热力、燃气及水生产和供应业		100.0%
采矿业	25.0%	75.0%
废弃资源综合利用业		88.9%
其他制造业	20.4%	79.6%
仪器仪表制造业		100.0%
计算机、通信和其他电子设备制造业		90.5%
电气机械和器材制造业	16.7%	83.3%
铁路、船舶、航空航天和其他运输设备制造业	66.7%	33.3%
汽车制造业		93.3%
专用设备制造业		100.0%
通用设备制造业		89.5%
金属制品业	23.8%	76.2%
有色金属冶炼和压延加工业	16.2%	83.8%
黑色金属冶炼和压延加工业		93.2%
非金属矿物制品业		93.3%
橡胶和塑料制品业		88.9%
化学纤维制造业		92.9%
医药制造业	17.4%	82.6%
化学原料和化学制品制造业		91.4%
石油、煤炭及其他燃料加工业		94.9%
文教、工美、体育和娱乐用品制造业		100.0%
造纸和纸制品业		93.8%
家具制造业	33.3%	66.7%
木材加工和木、竹、藤、棕、草制品业		100.0%
皮革、毛皮、羽毛及其制品和制鞋业	66.7%	33.3%
纺织服装、服饰业		88.9%
纺织业		100.0%
酒、饮料和精制茶制造业		90.0%
食品制造业		93.3%
农副食品加工业	33.3%	66.7%

● 60分以下　　● 80分以上

图 3-11　营收 10 亿元以上重点行业企业宣传教育得分情况

业中，除文教、工美、体育和娱乐用品制造业有46.2%的企业得分超过60分，其余行业均有半数以上企业得分高于60分；**主营业务收入10亿元以上的工业企业中**，皮革、毛皮、羽毛及其制品和制鞋业，铁路、船舶、航空航天和其他运输设备制造业等行业工业宣传教育得分相对较低，得分在60分以上的工业企业不足50%，其余行业企业宣传教育得分超过80分的企业占比均高于50%，其中纺织业，仪器仪表制造业，电力、热力、燃气及水生产和供应业等行业所有企业宣传教育得分均高于80分。

（三）生产经营状况

1. 企业得分分布

随着企业收入规模越大，产品管理等指标得分超过60分的比重逐步增加，生产经营指标则没有明显趋势且得分相对较低。具体而言，**主营业务收入2000万至1亿元的工业企业中**，生产经营、产品管理指标高于60分的比例分别为51.3%、53.9%；**主营业务收入1亿至10亿元的工业企业中**，以上两项指标高于60分的比例分别为52.7%、59.5%；**主营业务收入10亿元以上的工业企业中**，生产经营指标得分高于60分的比例为52.5%，产品管理指标高于60分的比例最高为68.7%。综合来看，主营业务收入10亿元以上的工业企业生产经营状况得分最高。

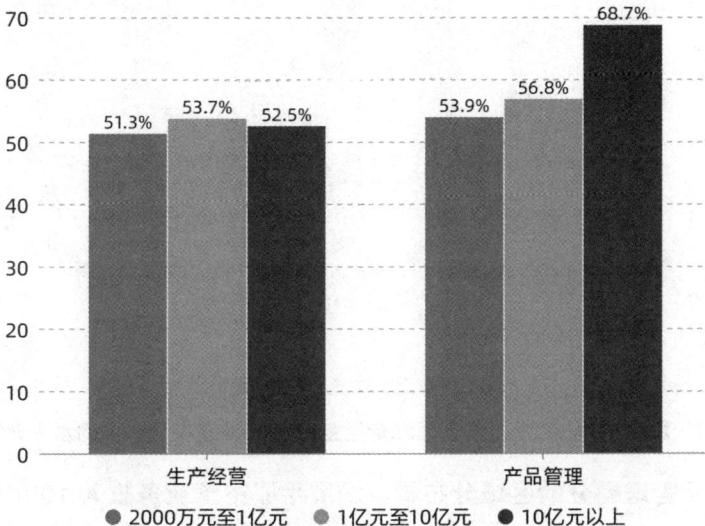

图3-12 不同收入规模企业生产经营得分情况

2. 重点区域分布

从生产经营情况得分的区域分布看，**汾渭平原主营业务收入10亿以上企业表现最突出，约八成企业超60分，珠三角地区规模以上工业企业生产经营得分较低。**具体来看，**主营业务收入2000万至1亿元的工业企业中，**长三角工业企业生产经营指标超过60分的企业占比最高为60.9%，汾渭平原、川渝、黄河流域工业企业生产经营指标超过60分的企业占比低于平均水平，其中汾渭平原最低为42.2%；**主营业务收入1亿至10亿元的工业企业中，**长三角生产经营指标超过60分的企业占比最高为62.8%，汾渭平原、珠三角、川渝地区、黄河流域低于平均水平，珠三角地区占比最低为39.8%；**主营业务收入10亿元以上的工业企业中，**汾渭平原生产经营得分超过60分的企业占比最高为76.7%，较全国平均水平高4.9个百分点，京津冀鲁豫、黄河流域工业企业生产经营得分超过60分的企业占比次之，分别为73.6%、76.7%；长三角、珠三角、川渝、长江经济带生产经营状况超过60分的企业占比低于全国平均水平，分别为59.5%、28.6%、52.9%、53.9%，珠三角地区企业占比最低。

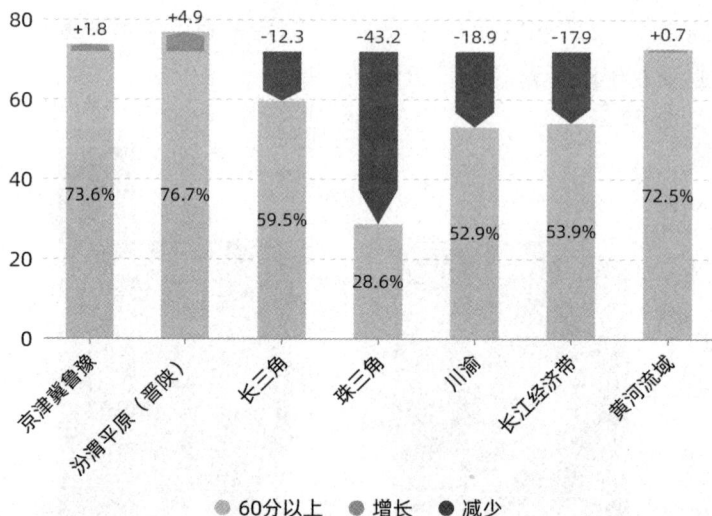

图3-13 营收10亿元以上重点区域企业生产经营得分与全国平均水平对比情况

从产品管理得分的区域分布看，**汾渭平原主营业务收入10亿元以上企业表现最突出，近九成企业超60分，**川渝、黄河流域地区规模以上工业企业产品管理得分相对较低。具体来看，**主营业务收入2000万至1亿元的工业企业中**，珠三角工业企业产品管理指标超过60分的企业占比最高为61.1%，京津冀鲁豫、汾渭平原、长三角、黄河流域工业企业产品管理指标超过60分的企业占比低于平均水平，其中黄河流域最低为45.8%；**主营业务收入1亿至10亿元的工业企业中**，长江经济带工业企业产品管理指标超过60分的企业占比最高为61.3%，黄河流域低于平均水平，为52.8%；**主营业务收入10亿元以上的工业企业中**，汾渭平原产品管理得分超过60分的企业占比最高为86.7%，较全国平均水平高22.3个百分点，长三角、珠三角、长江经济带工业企业产品管理得分超过60分的企业占比亦高于全国平均水平，分别为73.6%、76.2%、66.7%；京津冀鲁豫、川渝、黄河流域工业企业产品管理得分超过60分的企业占比低于全国平均水平，分别为56.0%、45.2%、63.7%，川渝地区占比最低。

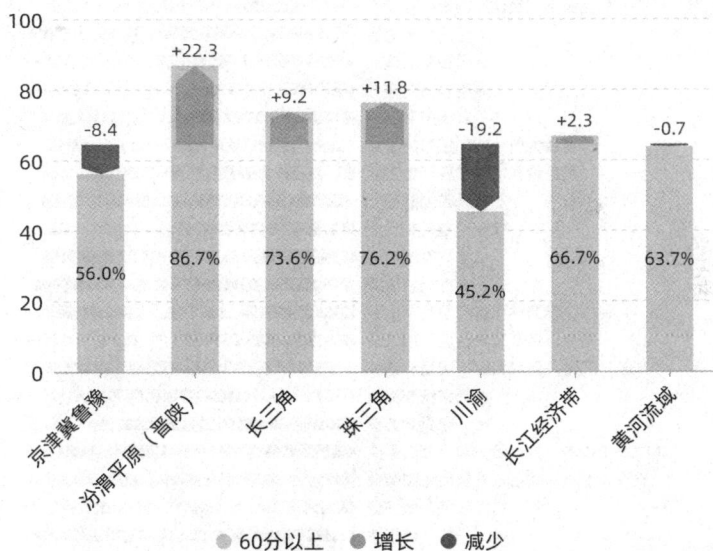

图 3-14 营收 10 亿元以上重点区域企业产品管理得分与全国平均水平对比情况

3. 行业分布

从生产经营得分的行业分布看，电力、钢铁、建材等高耗能行业主营业务收入2000万至1亿元的工业企业表现较好，文教、工美、体育和娱乐用品制造业和木材加工等行业生产经营得分较低。具体来看，主营业务收入

2000 万至 1 亿元的工业企业中，石油、钢铁、建材、电力等行业企业得分超过 60 分的比重不足 50%，有色行业 58.8% 的工业企业生产经营指标超 60 分；主营业务收入 1 亿至 10 亿元的工业企业中，化工、钢铁、有色等高耗能行业均有半数以上企业得分高于 60 分；主营业务收入 10 亿元以上的工业企业中，酒、饮料和精制茶制造业，化学纤维制造业，仪器仪表制造业等行业工业企业生产经营得分较高，均有一成以上企业生产经营得分超过 80 分，其中仪器仪表制造业等行业工业生产经营得分最高，所有企业得分均高于 80 分。

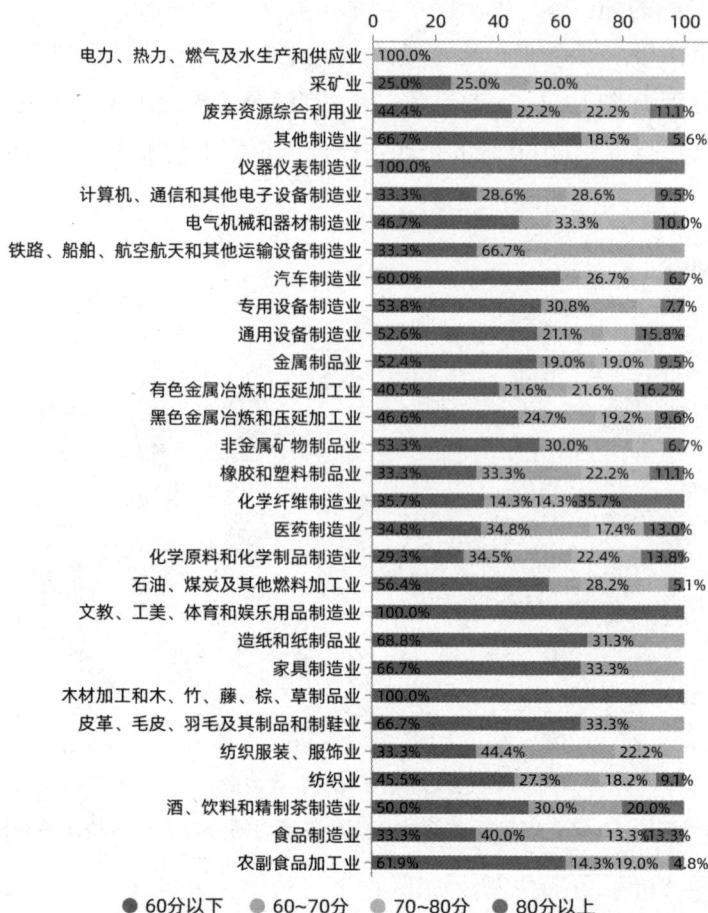

行业	60分以下	60~70分	70~80分	80分以上
电力、热力、燃气及水生产和供应业	100.0%			
采矿业	25.0%	25.0%	50.0%	
废弃资源综合利用业	44.4%	22.2%	22.2%	11.1%
其他制造业	66.7%	18.5%		5.6%
仪器仪表制造业	100.0%			
计算机、通信和其他电子设备制造业	33.3%	28.6%	28.6%	9.5%
电气机械和器材制造业	46.7%	33.3%		10.0%
铁路、船舶、航空航天和其他运输设备制造业	33.3%	66.7%		
汽车制造业	60.0%	26.7%		6.7%
专用设备制造业	53.8%	30.8%		7.7%
通用设备制造业	52.6%	21.1%		15.8%
金属制品业	52.4%	19.0%	19.0%	9.5%
有色金属冶炼和压延加工业	40.5%	21.6%	21.6%	16.2%
黑色金属冶炼和压延加工业	46.6%	24.7%	19.2%	9.6%
非金属矿物制品业	53.3%	30.0%		6.7%
橡胶和塑料制品业	33.3%	33.3%	22.2%	11.1%
化学纤维制造业	35.7%	14.3%	14.3%	35.7%
医药制造业	34.8%	34.8%	17.4%	13.0%
化学原料和化学制品制造业	29.3%	34.5%	22.4%	13.8%
石油、煤炭及其他燃料加工业	56.4%	28.2%		5.1%
文教、工美、体育和娱乐用品制造业	100.0%			
造纸和纸制品业	68.8%	31.3%		
家具制造业	66.7%	33.3%		
木材加工和木、竹、藤、棕、草制品业	100.0%			
皮革、毛皮、羽毛及其制品和制鞋业	66.7%	33.3%		
纺织服装、服饰业	33.3%	44.4%	22.2%	
纺织业	45.5%	27.3%	18.2%	9.1%
酒、饮料和精制茶制造业	50.0%	30.0%	20.0%	
食品制造业	33.3%	40.0%	13.3%	13.3%
农副食品加工业	61.9%	14.3%	19.0%	4.8%

图 3-15 营收 10 亿元以上重点行业企业生产经营得分情况

从产品管理得分的行业分布看，电力、钢铁、化工、石油等高耗能行规模以上工业企业表现普遍较好，皮革、家具等制造业行业产品管理相对较弱。

具体来看，**主营业务收入2000万至1亿元的工业企业中**，石油、化工、建材、有色等行业产品管理得分高于60分的工业企业比例均超过50%；**主营业务收入1亿至10亿元的工业企业中**，石油、化工、建材、钢铁、有色等高耗能行业得分超过60分的企业比例均超过50%，家具制造业企业得分超过60分的企业比例最低为45.8%；**主营业务收入10亿元以上的工业企业中**，皮革、毛皮、羽毛及其制品和制鞋业企业得分在60分以上的工业企业不足50%，其余行业企业治污方式得分超过80分的企业占比均高于50%，其中木材加工和木、竹、藤、棕、草制品业，文教、工美、体育和娱乐用品制造业，仪器仪表制造业等行业所有企业产品管理得分均高于80分。

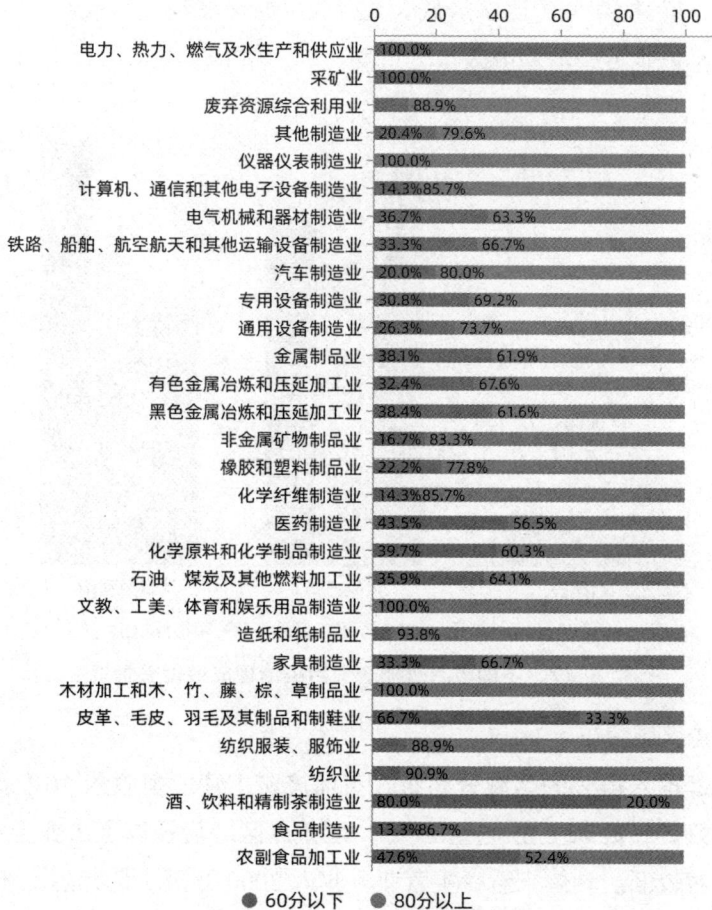

行业	60分以下	80分以上
电力、热力、燃气及水生产和供应业		100.0%
采矿业		100.0%
废弃资源综合利用业		88.9%
其他制造业	20.4%	79.6%
仪器仪表制造业		100.0%
计算机、通信和其他电子设备制造业	14.3%	85.7%
电气机械和器材制造业	36.7%	63.3%
铁路、船舶、航空航天和其他运输设备制造业	33.3%	66.7%
汽车制造业	20.0%	80.0%
专用设备制造业	30.8%	69.2%
通用设备制造业	26.3%	73.7%
金属制品业	38.1%	61.9%
有色金属冶炼和压延加工业	32.4%	67.6%
黑色金属冶炼和压延加工业	38.4%	61.6%
非金属矿物制品业	16.7%	83.3%
橡胶和塑料制品业	22.2%	77.8%
化学纤维制造业	14.3%	85.7%
医药制造业	43.5%	56.5%
化学原料和化学制品制造业	39.7%	60.3%
石油、煤炭及其他燃料加工业	35.9%	64.1%
文教、工美、体育和娱乐用品制造业		100.0%
造纸和纸制品业		93.8%
家具制造业	33.3%	66.7%
木材加工和木、竹、藤、棕、草制品业		100.0%
皮革、毛皮、羽毛及其制品和制鞋业	66.7%	33.3%
纺织服装、服饰业		88.9%
纺织业		90.9%
酒、饮料和精制茶制造业	80.0%	20.0%
食品制造业	13.3%	86.7%
农副食品加工业	47.6%	52.4%

● 60分以下　● 80分以上

图3-16　营收10亿元以上重点行业企业产品管理得分情况

（四）污染治理成效

1. 企业得分分布

随着企业收入规模越大，治理投入、资源利用指标得分超过 60 分的比重依次增加，污染产排指标无明显趋势，其中治理投入指标得分较低。具体而言，主营业务收入 2000 万至 1 亿元的工业企业中，治理投入、污染产排、资源利用指标高于 60 分的比例分别为 4.1%、50.1%、31.7%；主营业务收入 1 亿至 10 亿元的工业企业中，以上三项指标高于 60 分的比例分别为 5.4%、49.5%、39.4%；主营业务收入 10 亿元以上的工业企业中，治理投入、资源利用指标得分超过 60 分的比例均最高，分别为 6.5%、51.9%，污染产排指标得分超过 60 分的比例最低为 42.4%。综合来看，主营业务收入 10 亿以上的工业企业污染治理成效得分最高。

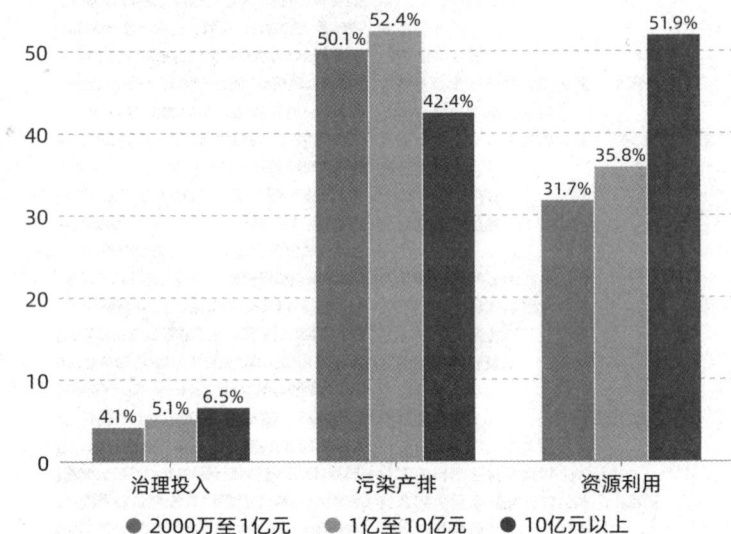

图 3-17　不同收入规模企业污染治理成效得分情况

2. 重点区域分布

从治理投入得分的区域分布看，黄河流域主营业务收入 10 亿元以上企业表现较好，三成以上企业超 60 分，但重点区域规模以上工业企业治理投入整体相对较低。具体来看，主营业务收入 2000 万至 1 亿元的工业企业中，各区域工业企业治理投入指标超过 60 分的企业占比均低于平均水平，其中京津冀鲁豫最低为 4.7%；主营业务收入 1 亿至 10 亿元的工业企业中，黄河流域工业企业治理投入指标超过 60 分的企业占比最高为 9.3%，其余各区域均低于平均水平，川渝地区占比最低为 3.4%；主营业务收入 10 亿元以上的工业企业中，黄河流域治理投入得分超过 60 分的企业占比最高为 33.9%，较全国平均水平高 6.1 个百分点，京津冀鲁豫、汾渭平原、长三角、珠三角、川渝、长江经济带工业企业治理投入得分超过 60 分的企业占比均低于全国平均水平，其中川渝地区企业占比最低，仅 2.9%。

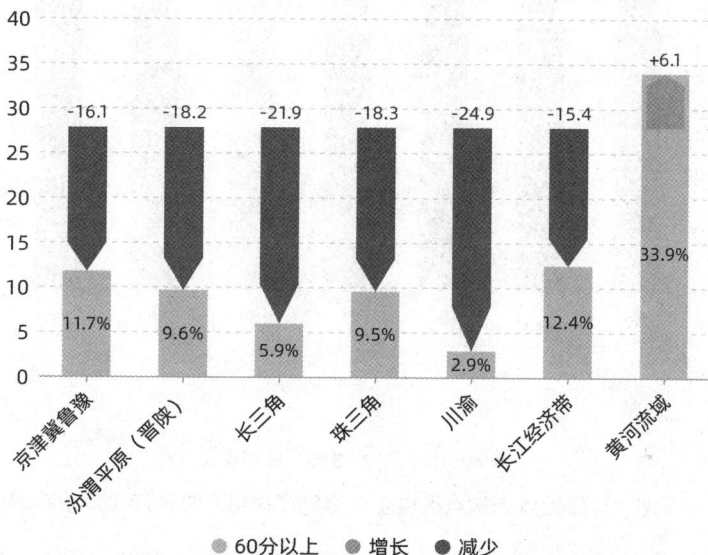

图 3-18 营收 10 亿元以上重点区域企业治理投入得分与全国平均水平对比情况

从污染产排得分的区域分布看，长三角主营业务收入 2000 万至 1 亿元的工业企业表现较好，近六成企业超 60 分，汾渭平原、长江经济带地区规模以上工业企业污染产排得分相对较低。具体来看，主营业务收入 2000 万至 1 亿元的工业企业中，长三角工业企业污染产排指标超过 60 分的企业占比最高为 56.7%，京津冀鲁豫、汾渭平原、长江经济带、黄河流域工业企业污染产排指标超过 60 分的企业占比低于平均水平，其中川渝地区最低为 45.2%；主营业务收入 1 亿至 10 亿元的工业企业中，京津冀鲁豫地区工业企业污染产排指标超过 60 分的企业占比最高为 53.9%，汾渭平原、黄河流域低于平均水平，黄河流域占比最低为 47.2%；主营业务收入 10 亿元以上的工业企业中，黄河流域污染产排得分超过 60 分的企业占比最高 50.5%，较全国平均水平高 1.6 个百分点，京津冀鲁豫、汾渭平原、长三角、珠三角、川渝、长江经济带工业企业污染产排得分超过 60 分的企业占比均低于全国平均水平，其中长三角地区占比最低为 42.5%。总体上重点区域污染产排情况趋于良好，近半数企业该项得分超过 60 分，但仍有较大减排空间。

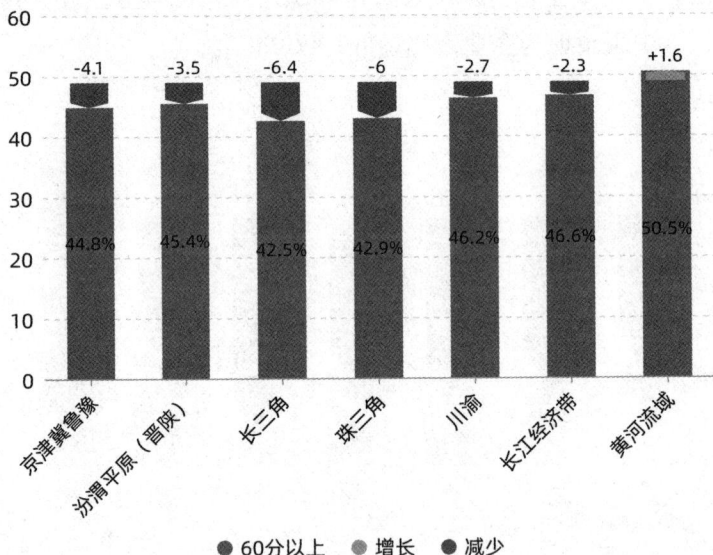

图 3-19 营收 10 亿元以上重点区域企业污染产排得分与全国平均水平对比情况

从资源利用得分的区域分布看，黄河流域主营业务收入 10 亿元以上企业表现最突出，近八成企业超 60 分，京津冀鲁豫、长三角、长江经济带等地区规模以上工业企业资源利用得分相对较低。具体来看，主营业务收入 2000 万至 1 亿元的工业企业中，珠三角工业企业资源利用指标超过 60 分的企业占比最高为 40.7%，京津冀鲁豫、长三角、川渝、长江经济带、黄河流域工业企业资源利用指标超过 60 分的企业占比低于平均水平，其中京津冀鲁豫地区最低为 26.3%；**主营业务收入 1 亿至 10 亿元的工业企业中，**汾渭平原工业企业资源利用指标超过 60 分的企业占比最高为 51.2%，京津冀鲁豫、长三角、珠三角、长江经济带低于平均水平，珠三角地区占比最低为 34.4%；**主营业务收入 10 亿元以上的工业企业中，**黄河流域资源利用得分超过 60 分的企业占比最高为 75.7%，较全国平均水平高 9.7 个百分点，京津冀鲁豫、汾渭平原、长三角、珠三角、川渝、长江经济带工业企业资源利用得分超过 60 分的企业占比均低于全国平均水平，其中珠三角地区占比最低为 38.1%，整体看南方工业企业资源利用水平稍落后于北方工业企业水平。

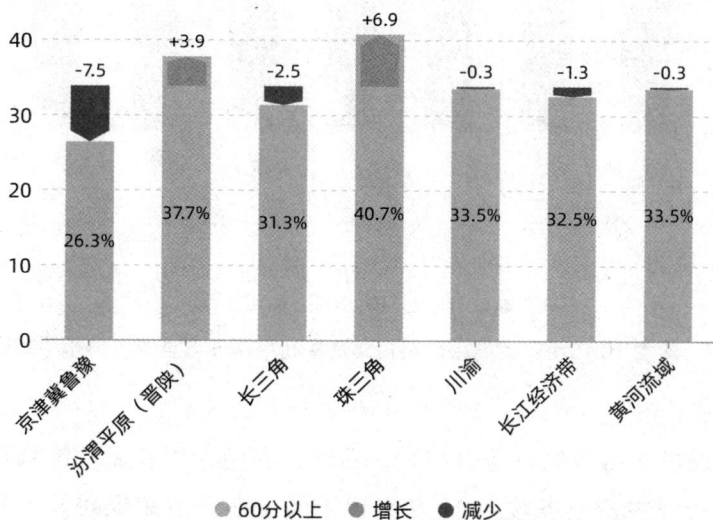

● 60分以上 ● 增长 ● 减少

图 3-20 营收 2000 万元至 1 亿元重点区域企业资源利用得分与全国平均水平对比情况

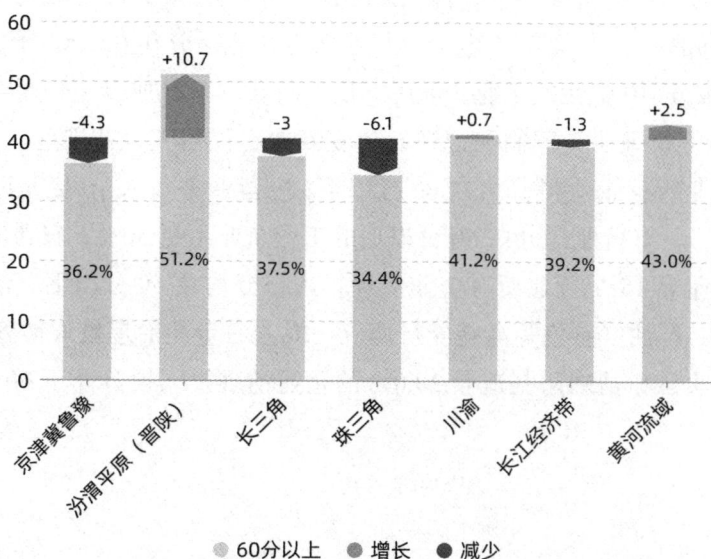

● 60分以上 ● 增长 ● 减少

图 3-21 营收 1 亿至 10 亿元重点区域企业资源利用得分与全国平均水平对比情况

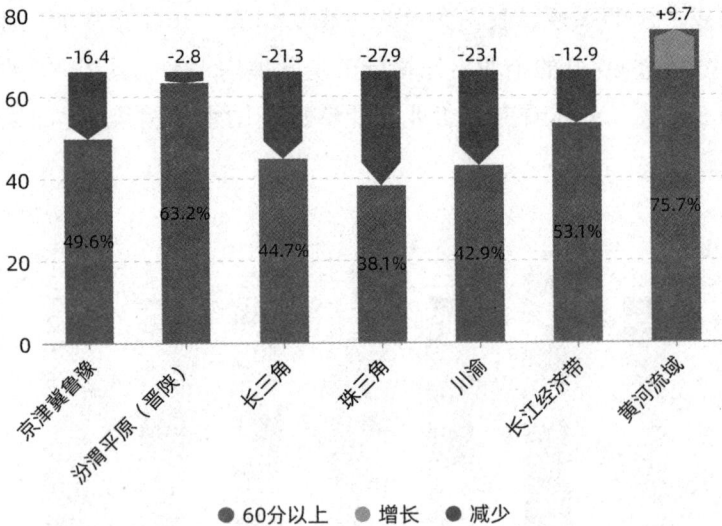

图 3-22　营收 10 亿元以上重点区域企业资源利用得分与全国平均水平对比情况

3. 行业分布

从治理投入得分的行业分布看，石油、有色，以及酒、饮料和精制茶制造业等行业主营业务收入 10 亿元以上的工业企业表现较好，但整体看各行业规模以上工业企业得分普遍较低。具体来看，主营业务收入 2000 万至 1 亿元的工业企业中，所有行业治理投入得分在 60 分以下的工业企业比例均超过 90%，其中采矿、电力等行业所有企业得分在 60 分以下；主营业务收入 1 亿至 10 亿元的工业企业中，所有行业均有九成以上企业得分低于 60 分，其中纺织业、印刷和记录媒介复制业、仪器仪表制造业、采矿业、电力等行业所有企业得分均在 60 分以下；主营业务收入 10 亿元以上的工业企业中，所有行业得分在 60 分以上的工业企业不足 50%，农副食品加工业、纺织业等 15 个行业所有企业治理投入得分均在 60 分以下，治理投入普遍较低。石油、有色等高耗能行业仅一成左右企业治理投入得分高于 60 分，酒、饮料和精制茶制造业 20.0% 的企业治理投入得分介于 60 至 70 分之间。

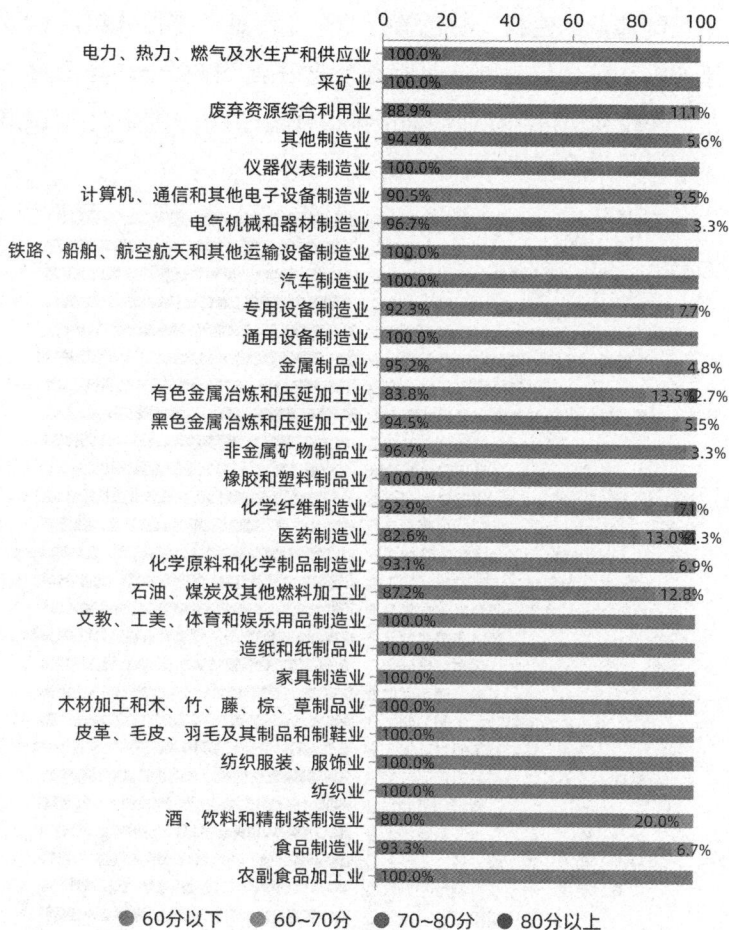

图 3-23 营收 10 亿元以上重点行业企业治理投入得分情况

从污染产排得分的行业分布看，建材、钢铁、化工等高耗能行业企业表现较好，仪器仪表制造业主营业务收入 10 亿元以上的企业得分最高，农副食品加工等制造业污染产排得分相对较低。具体来看，主营业务收入 2000 万至 1 亿元的工业企业中，家具制造业行业所有行业得分超 60 分的比例最高为 67.9%，化工、建材、钢铁、有色等行业均有半数以上企业得分高于 60 分，石油、电力行业得分在 60 分以下的工业企业比例不足 50%；主营业务收入 1 亿至 10 亿元的工业企业中，石油、建材、钢铁、有色等高耗能行业均有半数以上企业得分高于 60 分，农副食品加工业、纺织服装、服饰业等行业企业得分超过 60 分的企业不足 50%；主营业务收入 10 亿元以上的工业企业中，农副食品加工业、食品制造业、家具制造业、建材、有色等行业企业污染产排得分超过 60 分的企业占比均高于 50%，仪器仪表制造业所有企业污染产排得分均高于 60 分，化学纤维制造业、橡胶和塑料制品业污染产排得分超过 80 分的企业占比超过 10%。

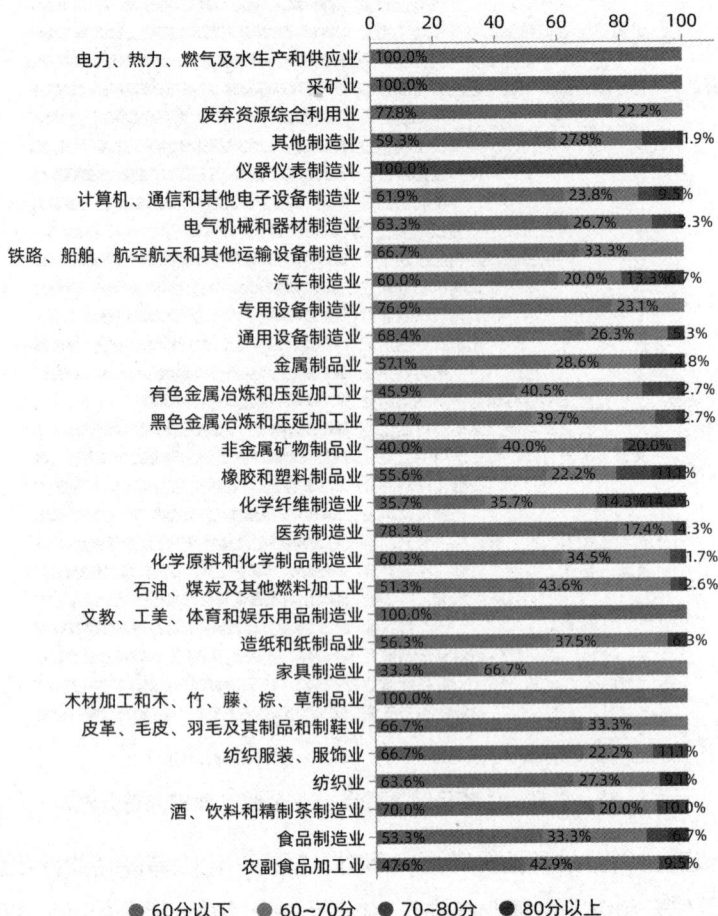

图 3-24　营收 10 亿元以上重点行业企业污染产排得分情况

　　从资源利用得分的行业分布看，电力、钢铁、化工、石油等高耗能行业主营业务收入 1 亿元以上的工业企业表现突出，皮革、运输等制造业行业资源利用得分相对较低。具体来看，主营业务收入 2000 万至 1 亿元的工业企业中，除造纸和纸制品业 61.5% 的企业资源利用得分高于 60 分，其余行业得分在 60 分以下的工业企业比例均超过 50%；主营业务收入 1 亿至 10 亿元的工业企业中，石油、建材、钢铁、有色等高耗能行业超五成企业得分高于 60 分，食品制造业等多数非高耗能行业企业得分高于 60 分的比例则不足五成；**主营业务收入 10 亿元以上的工业企业中**，纺织业、家具制造业、造纸和纸制品业等制造业，及石油、建材、钢铁、有色等高耗能行业企业资源利用得分超过 60 分的企业占比均高于 50%，皮革、木材加工、文教、运输等制造业所有企业资源利用得分均低于 60 分。

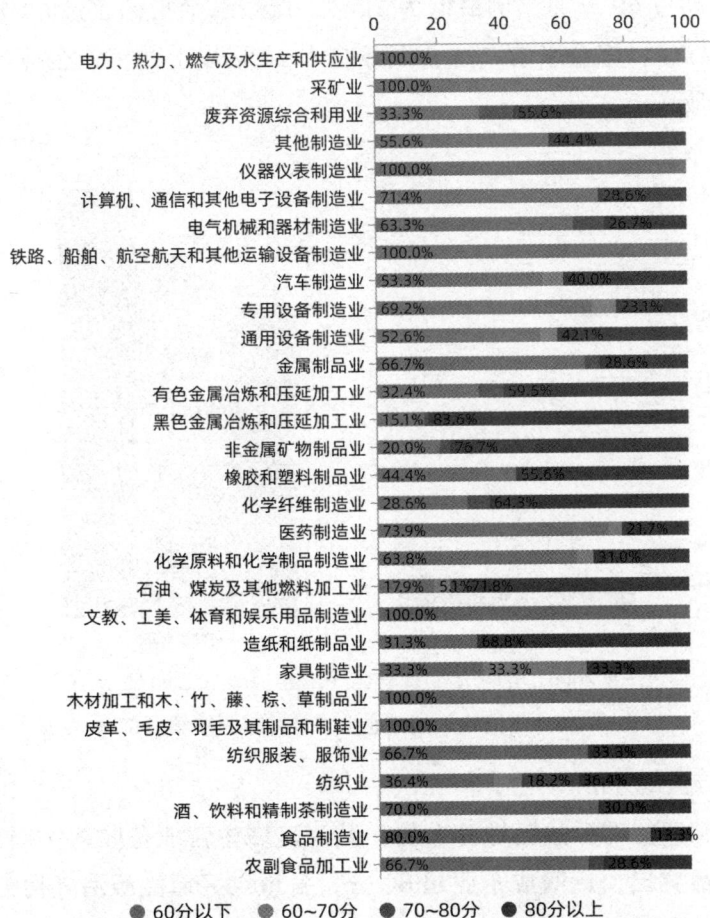

图 3-25 营收 10 亿元以上重点行业企业资源利用得分情况

（五）节能降碳强度

1. 企业得分分布

随着企业收入规模越大，能源消耗指标得分超过 60 分的比重逐渐降低，且均小于 5%，低碳水平得分超过 60 分的比重则依次增加，其中能源消耗指标得分较低。具体而言，主营业务收入 2000 万至 1 亿元的工业企业中，能源消耗、低碳水平指标高于 60 分的比例分别为 4.1%、42.0%；主营业务收入 1 亿至 10 亿元的工业企业中，以上两项指标高于 60 分的比例分别为 3.5%、48.9%；主营业务收入 10 亿元以上的工业企业中，能源消耗指标超过 60 分的比例最低为 3.3%，低碳水平指标超过 60 分的比例最高为 57.4%。综合来看，主营业务收入 10 亿以上的工业企业节能降碳强度得分最高。

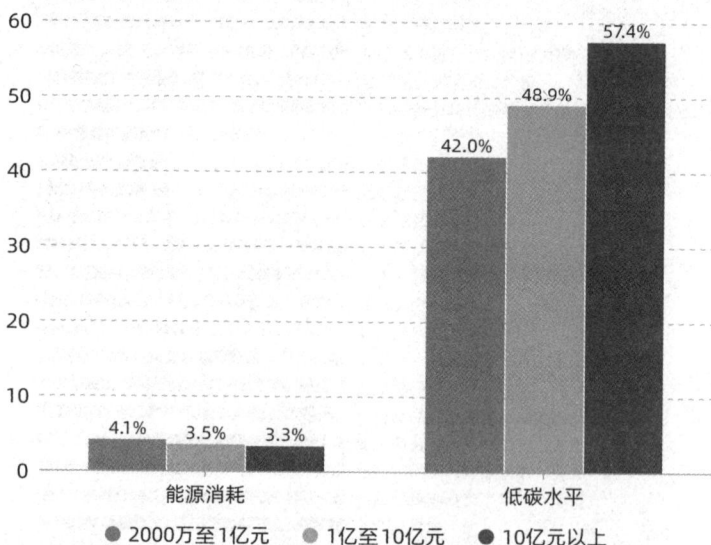

图 3-26　不同收入规模企业节能降碳强度得分情况

2. 重点区域分布

从能源消耗得分的区域分布看，黄河流域主营业务收入 10 亿元以上企业表现最突出，近四成企业超 60 分，各重点区域能源消耗得分整体不高，能源使用效率有待优化。具体来看，主营业务收入 2000 万至 1 亿元的工业企业中，珠三角工业企业能源消耗指标超过 60 分的企业占比最高为 9.3%，其余区域工业企业能源消耗指标超过 60 分的企业占比均低于平均水平，其中川渝地区最低仅 3.5%；主营业务收入 1 亿至 10 亿元的工业企业中，黄河流域工业企业能源消耗指标超过 60 分的企业占比最高为

7.4%，汾渭平原、长三角、珠三角、川渝地区、长江经济带低于平均水平，川渝地区占比最低仅 3.6%；**主营业务收入 10 亿元以上的工业企业中，黄河流域能源消耗得分超过 60 分的企业占比最高为 35.2%，较全国平均水平高 15.4 个百分点**，京津冀鲁豫、汾渭平原、长三角、珠三角、川渝、长江经济带工业企业能源消耗得分超过 60 分的企业占比均低于全国平均水平，不足 15%。

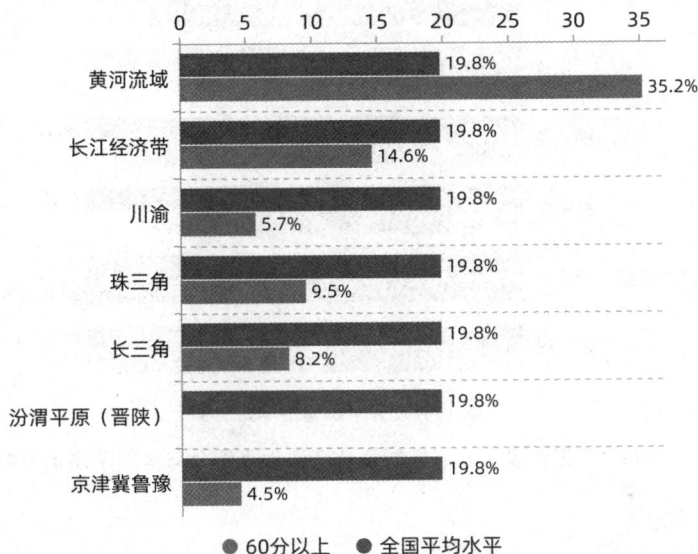

图 3-27　营收 10 亿元以上重点区域企业能源消耗得分与全国平均水平对比情况

从低碳水平得分的区域分布看，黄河流域主营业务收入 10 亿元以上企业最好，七成企业超 60 分，珠三角、川渝等地区规模以上工业企业低碳水平相对较低。具体来看，**主营业务收入 2000 万至 1 亿元的工业企业中**，黄河流域工业企业低碳水平指标超过 60 分的企业占比最高为 45.7%，汾渭平原、长三角、珠三角、川渝、长江经济带工业企业低碳水平指标超过 60 分的企业占比低于平均水平，其中珠三角地区最低为 18.5%；**主营业务收入 1 亿至 10 亿元的工业企业中**，各区域工业企业低碳水平指标超过 60 分的企业占比均高于平均水平，汾渭平原最高为 58.6%；**主营业务收入 10 亿元以上的工业企业中**，黄河流域低碳水平得分超过 60 分的企业占比最高为 70.2%，较全国平均水平高 5.4 个百分点，汾渭平原次之为 68.3%；长三角、珠三角、川渝、长江经济带低碳水平得分超过 60 分的企业占比均低于全国平均水平，各区域低碳水平总体向好，低碳水平得分超过 60 分的企业占比均超过半数。

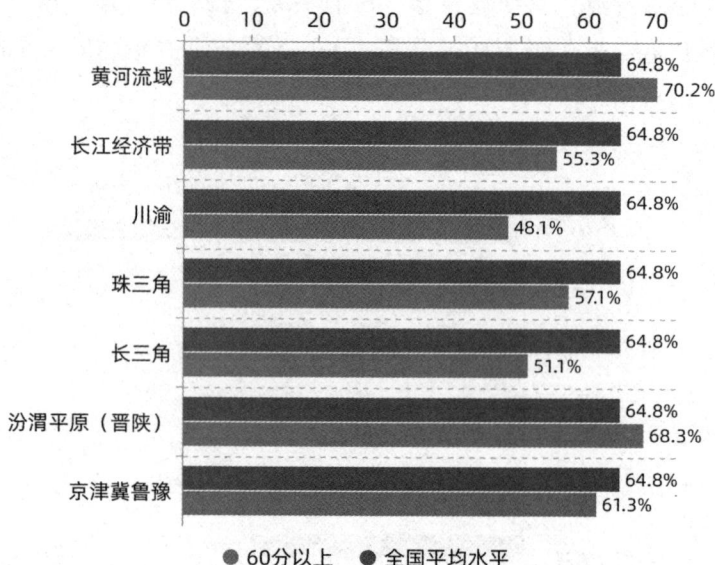

图 3-28　营收 10 亿元以上重点区域企业低碳水平得分与全国平均水平对比情况

3. 行业分布

从能源消耗得分的行业分布看，**各行业工业企业得分普遍较低**。具体来看，**主营业务收入 2000 万至 1 亿元的工业企业中**，所有行业降碳制度得分在 60 分以下的工业企业比例均超过 90%，其中石油、采矿等行业所有企业得分均在 60 分以下；**主营业务收入 1 亿至 10 亿元的工业企业中**，所有行业均有 90% 以上企业得分低于 60 分，其中木材加工、文教、印刷、运输等多个制造业行业所有企业得分均在 60 分以下；**主营业务收入 10 亿元以上的工业企业中**，仅酒、饮料和精制茶制造业，废弃资源综合利用业近一成企业得分超过 60 分，分别为 10.0%、11.1%，其余行业企业得分低于 60 分的比例均高于 90%，反映了整体较低的能源使用效率。

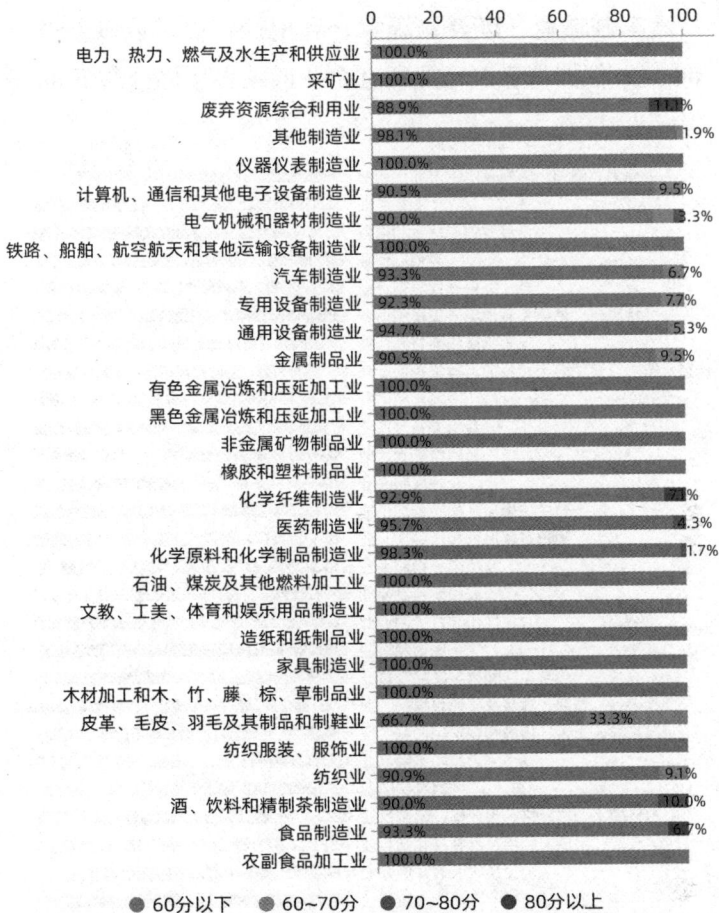

图 3-29　营收 10 亿元以上重点行业企业能源消耗得分情况

从低碳水平得分的行业分布看，仪器仪表制造业主营业务收入 10 亿元以上的工业企业、主营业务收入 1 亿至 10 亿元的高耗能行业企业表现较好。具体来看，主营业务收入 2000 万至 1 亿元的工业企业中，化工、有色等行业低碳水平得分高于 60 分的工业企业比例均超过 50%，石油、建材、钢铁、电力等行业半数企业得分在 60 分以下；主营业务收入 1 亿至 10 亿元的工业企业中，化工、建材、钢铁、有色等高耗能行业 50% 以上的企业得分超过60 分；主营业务收入 10 亿元以上的工业企业中，饮料、文教、医药、设备制造业、运输等制造业，及化工、电力等高耗能行业企业低碳水平得分低于 60 分的企业占比均高于 50%，低碳建设空间较大。食品、饮料、造纸、化学纤维、汽车制造业、废弃资源综合利用等行业一成以上企业低碳水平得分高于 80 分，仪器仪表制造业所有企业低碳水平得分高于 80 分。

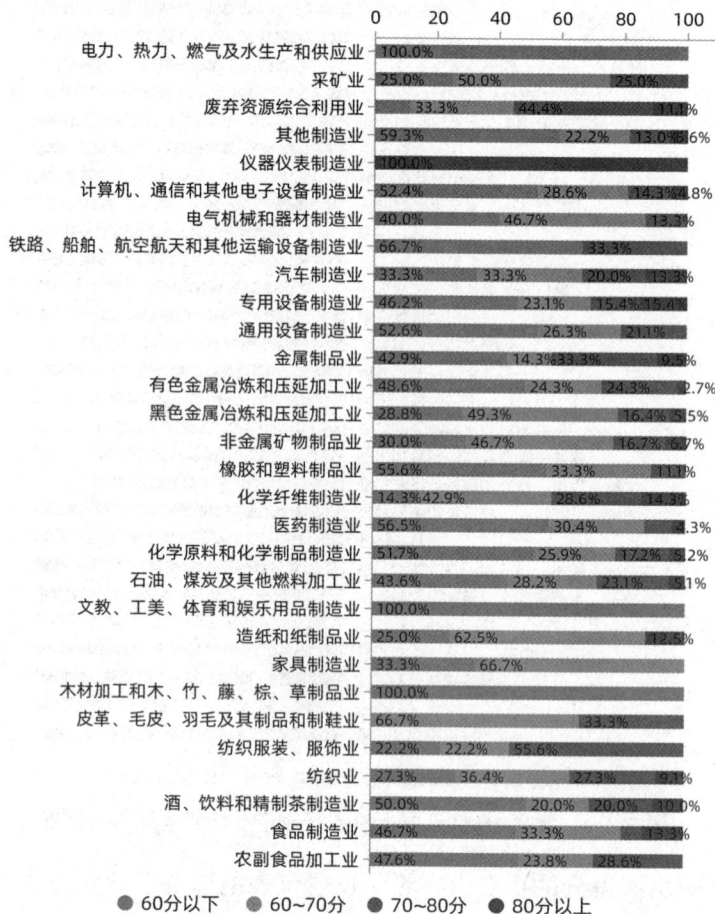

图 3-30　营收 10 亿元以上重点行业企业低碳水平得分情况

四、民营企业绿色发展展望

进入"十四五"时期，中国生态文明建设进入了以降碳为重点战略方向、推动减污降碳协同增效、促进经济社会发展全面绿色转型、实现生态环境质量改善由量变到质变的关键时期。党的二十大报告指出，要加快发展方式绿色转型，实施全面节约战略，发展绿色低碳产业，推动形成绿色低碳的生产方式和生活方式。民营企业作为推进供给侧结构性改革、推动高质量发展、建设现代化经济体系的重要主体和推动绿色发展的重要力量，要充分认识做好碳达峰碳中和工作的重要意义，贯彻落实国家重大战略决策，把握绿色低碳发展新机遇，应对资源环境约束挑战和参与国际竞争，加快转型升级，努力实现绿色低碳发展。当前，民营企业绿色低碳发展意识较高、意愿较强，相关政策推动企业绿色低碳发展取得积极成效。未来，民营企业在深入打好污染防治攻坚战和推动绿色发展中将大有作为。工商联要更好发挥桥梁纽带和助手作用，推动和生态环境等有关部门探索建立激励企业绿色低碳发展的体制机制，不断完善财政资金优惠政策、园区管理、加强政企和研究机构交流平台建设，拓展政策宣传广度和深度，健全现有生态环境保护监管方式方法，积极引导民营企业积极主动推动绿色低碳发展。

一是加大减污降碳技术"产学研"一体化，实现行业规模化示范应用。问卷调查显示，约60%和46%的工业、非工业企业反映污染治理设施建设等投入运行成本高和技术限制是影响企业污染减排和绿色低碳发展的问题。面对资金成本和技术限制的情况，民营企业要在工商联、生态环境部门等引导下，加强与高等院校、科研机构等主体的技术创新研究。通过行业协会牵头建立大企业与中小企业之间的创新合作机制，提高中小民营企业的绿色创新能力。积极引入和推广国内外先进的绿色技术、绿色管理模式等先进经验，做好碳排放测算，掌握各工艺环节、重点设备的实际能效以及能源资源利用情况，制定碳达峰碳中和规划，为企业的绿色转型提供信息支持。通过绿色低碳技术评估、交易体系和科技创新服务平台，加快应用先进成熟的减污降碳技术，探索在部分领域率先实现规模化应用。不断建立健全绿色低碳科技创新体制机制，推动"产学研"各方形成合力，技术孵化、项目示范等方式，加快清洁能源、绿色制造等技术落地，以及原材料的循环利用。

二是加强金融、税收、资金等财政政策激励，推动企业绿色低碳发展。问卷调查显示，约六成企业希望得到税费减免和财政补贴的政策支持，三成企业希望得到技术帮扶和金融支持。有关经济部门应进一步发挥价格、财税、金融等经济政策对企业生产经营和减污降碳的促进作用，引导金融机构增加绿色资产配置、强化环境风险管理，帮助民营企业降低节能减排投入成本。完善节能减排市场化交易机制，加强碳交易、电力交易、绿证交易之间的衔接，形成覆盖现货、期货、中长期的多层次市场体系。为民营企业提供政策"集成式"定向支持，加速节能减排技术或专利向生产转化，提高企业投入效率。民营企业要进一步提高节能减排积极性，广泛宣传其重要性和必要性，争取建成一批国内外知名的低碳民营企业，树立低碳发展新标杆。

三是持续完善绿色供应链管理体系，支持民营企业投身制造业绿色转型。 整合行业商会力量，推动制定绿色产品和绿色供应商评价标准与认证体系。民营企业要全面推进绿色标准化建设与绿色采购，在供应商群体中建立绿色协同机制，践行可持续发展社会责任，带动供应链上下游企业共同实现低碳转型。钢铁、有色、建材、石化、化工等重点行业的民营企业要积极推进绿色评价标准互认、绿色供应资源共享，引领产业链供应链关联方企业建立可追溯的绿色供应链，打造共建共享的绿色生态圈。建立绿色物资采购目录、供应链协同采购机制，引导行业扩大绿色低碳产品采购，引导供应商改进完善采购标准和制度，不断提升绿色采购绩效，共同打造绿色供应链。同时，民营企业要大力实施数字化赋能绿色转型，用数字化技术在绿色低碳领域形成新的经济增长点和绿色发展新动力。全方位推进绿色工艺创新，构建绿色制造体系，加快数字经济产业与传统制造业深度融合。

四是纵深推进知识培训和宣传教育工作，全面强化民营企业绿色低碳发展意识和行动。 问卷调查显示，实施绿色低碳发展战略和行动的企业整体不超过四成。2021 年，仅有 35.1%、28.3%、19.6% 的高耗能、工业、非工业企业编制过碳达峰碳中和路径实施相关方案。要继续推进工商联与生态环境部门、行业协会、企业负责环境污染或节能降碳部门的多方工作沟通协调机制，畅通多方日常联络沟通渠道，建立定期联系交流机制。各级工商联组织要积极联合生态环境部门深入开展与企业生产经营密切相关的生态环境法律法规标准、环境保护、节能节水、矿产资源等其他资源综合利用的税收优惠政策措施的宣传解读，帮扶工业和非工业企业及时了解学习国家政策，宣讲绿色低碳发展趋势与要求，对企业编制碳达峰碳中和方案给出指导性意见，推动减污降碳协同增效。组织工商联媒体及时报道民营企业污染治理先进典型，推进民营企业污染治理信息公开、设施向公众开放，加强媒体和公众监督。民营企业要争做生态保护优先、绿色发展的实践者，坚定走绿色低碳循环发展之路，按照绿色发展的要求，积极调整企业发展战略，坚持发展思路向绿，规划决策向绿，生活方式向绿，推进产业增绿。积极参与供给侧结构性改革，加快传统产业改造升级，推行生态循环、低碳生产和清洁生产，实现新旧动能转换和企业绿色健康发展。积极投身生态文明建设，用绿色生态产业助力乡村振兴。

五是稳步推进北方地区民营工业企业入园，进一步提高工业园区综合治理和环境监管能力。 问卷调查显示，汾渭平原、东北等北方地区工业园区入驻率和基础设施建设同比南方各省仍有较大提升空间。南方地区的工业园区集中处理设施比例普遍高于北方地区 15 个百分点。有必要加快引导石化、农产品加工、金属设备修理业等入园比例低、规模小、数量多、污染重的民营企业搬迁入园。民营企业要主动积极参与园区环境污染第三方治理，推动健全工业园区内循环经济和清洁生产。重点督促北方省份加快推进工业园区污水、固体废物、危险废物等集中处理处置设施建设和运营。推动创建零碳产业或负碳产业集聚区，全力推动高载能工业聚集区和产业升级。

六是实施分类差异化监管执法，进一步强化企业污染防治责任。 支持生态环境部门对排污单位进行分类实施差异化分类监管。对污染轻、环境风险低、守法意识强、环境信用好、所处区域流域环境质量良好的企业，减少监管频次的同时，豁免其他部分管控或限制类政策，做到无事不扰；对污染重、环境风险高、群众投诉反映强烈、违法违规频次高、所处区域流域环境质量差的企业，加密执法监管频次，加强限制和管控类政策强度，依法严惩违法者。同时，坚持环境执法与环境宣传同行，将环境法律法规宣传贯穿始终，加大民营企业对新《中华人民共和国固体废物污染环境防治法》《中华人民共和国环境噪声污染防治法》学习和贯彻力度。将监管执法过程中发现的固体废物和危险废物污染问题、噪声污染问题、群众对企业噪声污染的投诉频率纳入"监督执法正面清单"的评价体系中。进一步强化企事业加强固体废物污染、危险废物污染、噪声污染防治的主体责任。

II 专题研究篇

五、民营战略性新兴产业企业绿色低碳发展专题研究

中国民营企业绿色低碳发展现状问卷调查显示，民营战略性新兴产业企业普遍认识到绿色低碳发展的重要性，推进绿色低碳转型发展的步子在加快、成效在显现。同时，也存在关键环节和领域仍有"卡脖子"风险，不同类型产业推进绿色转型发展水平不平衡，绿色发展投入与技术转化不足等问题。

（一）总体情况

2021 年以来，面对复杂严峻的国际环境和国内艰巨繁重的改革发展任务，我国战略性新兴产业在承压中前行，成为拉动经济增长的重要引擎。总体看，中国战略性新兴产业整体运行平稳，其特征具体表现为：产业抗压能力显现，发展动态势良好；重点领域稳步扩大带动产业增效，新增长点不断涌现；国内领先企业积极布局战略性新兴产业，行业竞争力不断提高；产业研发高投入常态化发展，带动产业优化升级。2018—2021 年，我国战略性新兴产业研发活动整体稳健，基本保持在分界值 50% 以上，其中 2018 年全国研发活动指数为 60.6%，2020 年受外部环境不确定性影响，减少至 55.7%，但 2021 年明显回升，达到 57.3%。

新一代信息技术产业		生物产业		新材料产业	数字创意产业	
· 物联网 · 通信设备 · 智能联网汽车 · 天地一体化信息网络 · 集成电路 · 操作系统与工业软件 · 智能制造核心信息设备		生物医药	· 疾病预防 · 早期诊断 · 治疗技术与药物 · 康复及再造 · 中医药	· 先进无机非金属材料 · 重大工程用先进金属材料 · 高分子及复合材料 · 高性能稀土材料 · 新能源与节能环保材料 · 信息功能材料 · 高端生物医用材料 · 前沿新材料与材料基因工程	数字创意技术装备	· 高清产业 · VR/AR产业 · 数字内容生产和创新设计软件
		生物制造	· 能源生物炼制 · 化工与材料的生物制造 · 生物反应器及装备技术		数字内容创新	· 数字文化内容创作 · 智能内容生产平台 · 文化资源转换
					创新设计	· 制造业创新设计 · 服务业创新设计 · 人居环境创新设计

高端装备制造产业						绿色低碳产业	
航空装备	· 大型客机 · 军用战斗机 · 军用大型运输机 · 支线飞机 · 通用飞机和直升机 · 航空发动机 · 航空设备	海洋装备	· 海洋油气开发装备 · 高技术船舶 · 海洋资源开发装备 · 中高冰级装备 · 海洋环境立体观测装备与技术体系	智能制造装备	· 航天航空及航空发动机制造工艺装备 · 新型舰船及深海探测等海工关键制造工艺装备 · 新能源汽车变速箱关键零部件加工成套装备及生产线 · 国家重点领域急需的超精密加工装备	能源新技术	· 煤炭清洁高效利用产业 · 非常规天然气产业 · 综合能源服务产业 · 核能产业 · 风电、太阳能光电、生物质能、地热等产业
航天装备	· 卫星遥感系统 · 卫星通信系统 · 卫星导航授时系统	民生装备	· 农业装备 · 食品装备 · 纺织装备 · 医疗装备			节能环保	· 节能产业 · 环保产业 · 资源循环利用产业
						新能源汽车	· 整车集成 · 动力电池、燃料电池 · 电机驱动、智能网联

图 5-1　战略性新兴产业分类

产业发展动能态势良好。根据国家信息中心调查数据，2021 年一季度战略性新兴产业行业景气指数为 153.7，处于较强景气区间，处于近三年最高水平，后三季度虽有小幅回落但始终位于较为景气区间水平。其中，创新景气指数（130.3）达到 2016 年以来同期水平的最高值，政策环境指数（141.7）连续四个季度保持增长，是产业发展保持扩张态势的主要支撑因素。对比我国战略性新兴产业生产需求情况，从供给端看，近几年我国战略性新兴产业生产动能均处于扩张态势。2021 年战略性新兴产

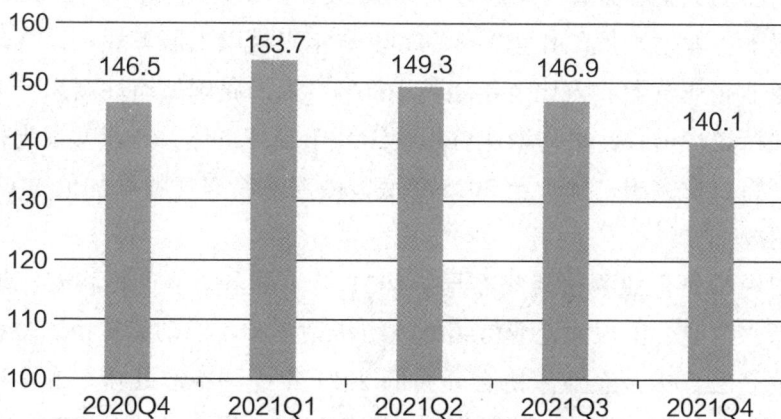

图 5-2　2021 年季度行业景气指数变化

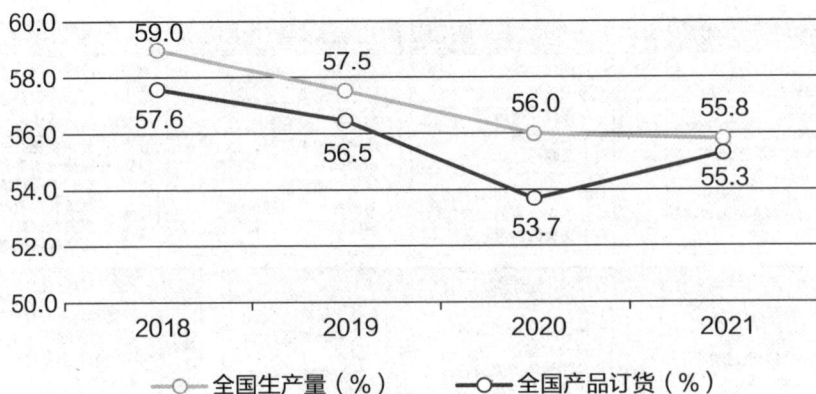

图 5-3　2018—2021 年全国战略性新兴产业生产量与全国产品订货指数变化

业全国生产量保持在 55.8%，虽比 2020 年降低了 0.2 个百分点，但仍保持在 50% 以上的扩张状态；从需求端看，我国战略性新兴产业需求明显提高，2021 年全国订货约为 55.3%，比 2020 年提高了 1.6 个百分点，需求动能有所回升。

重点领域扩大带动产业增效。 近年来，新一代信息技术、生物、高端装备、新材料、节能环保、新能源、新能源汽车以及数字创意等重点领域在诸多新动能行业带动下，均实现快速发展。国家统计局数据显示，在诸多新兴行业的带动下，我国经济发展新动能指数持续高速提升，2015—2020 年我国经济发展新动能指数年均增长 29.8%。从战略性新兴产业增值情况来看，全年规模以上工业中，高技术制造业增加值比上年增长 18.2%，占规模以上工业增加值的比重为 15.1%；装备制造业增加值增长 12.9%，占规模以上工业增加值的比重为 32.4%。全年规模以上服务业中，战略性新兴服务业企业营业收入比上年增长 16.0%。未来我国战略性新兴产业的规模将保持较快增长，平均增速有望继续高于经济总体，产业发展支柱性引擎作用将愈发突出，预计至 2025 年底，战略性新兴产业增加值占 GDP 比重将超过 17%。

国内领先企业积极战略布局。 2021 年，更多企业选择将资源转向战略性新兴产业，国内大企业持续推进结构调整和新旧动能转换。根据中国企业联合会、中国企业家协会公布的 2021 年中国 500 强榜单和中国战略性新兴产业领军企业 100 强数据来看，中国 500 强企业中从事战略性新兴产业的子企业共计 6683 家；100 强企业共实现业务收入 7.62 万亿元，较上年 100 强增长 13.46%，增速提高 3.96 个百分点，其中 87 家战略性新兴产业企业业务收入实现正增长；业务利润 7417.35 亿元，较上年 100 强增长 2.56%；有 15 家企业战略性新兴产业企业业务收入超过千亿，较上年 100 强增加两家。

产业高研发投入常态化发展。在创新驱动发展战略引领下，战略性新兴产业重点行业、重点企业创新投入持续提升。2018—2021 年，我国战略性新兴产业研发活动整体稳健，基本保持在分界值 50% 以上，其中 2018 年全国研发活动指数为 60.6%，2020 年受外部环境不确定性影响，减少至 55.7%，但 2021 年明显回升，达到 57.3%。从季度数据来看，2021 年战略性新兴产业全国研发活动指数各季度分别为 58%、59.9%、56.3% 和 56.1%，虽然受到经济下行、双控限制、疫情扰动等环境约束多，企业支出谨慎，但研发高位已形成常态，这对持续扩升战略性新兴产业产值具有长期的积极作用。

（二）发展成效

绿色发展理念不断提升。随着节能降碳减污等政策协同推进，在国家导向与市场需求转变的双重作用下，企业绿色发展理念不断提升。在参与调查企业中，有 92.0% 的企业建立了环境信息公开制度；97.8% 的企业认为其生产工艺与装备要求满足清洁生产指标；95.0% 的企业办公、生产和仓储场所制定了节能降耗措施。同时，有 42.9% 的企业认为提供效率更高、更先进的技术工艺和设备是推动传统行业绿色转型的主要举措，比提供更完善、更科学、更系统的管理或技术服务的企业占比高 14.7 个百分点，比提供更环保、更绿色、更低碳的原材料的企业占比高 16.8 个百分点。此外，企业认为新产品研发能力和供应链合作、管理规范高效、制造自动化智能化网络化水平、发展绿色可持续产业都是实现绿色低碳发展的重要途径。

绿色发展能力不断提高。全国绿色专利年申请数从 2008 年的 4.3 万余件增至 2021 年的 15 万余件。2021 年，全国从事节能服务业务的企业数量达到 8725 家，比 2020 年增长 23.8%，从业人员达到 84.1 万人，节能服务

行业	新产品研发能力、提升品牌知名度、加强供应链合作	经营管理规范化，提高管理效率	提升制造自动化、智能化、网络化水平	发展绿色可持续产业	建立与新业务路程相匹配的组织架构（组织再造）
印刷和记录媒介复制业	33.3%	66.7%	33.3%		
废弃资源综合利用业	55.3%	65.8%	44.7%	28.9%	52.6%
农副食品加工业	44.1%	62.4%	52.7%	40.9%	
酒、饮料和精制茶制造业	30.0%	60.0%	66.7%	33.3%	
电气机械和器材制造业	75.0%	59.6%	48.1%	30.8%	71.2%
橡胶和塑料制品业	62.5%	58.9%	58.9%	26.8%	48.2%
汽车制造业	57.6%	57.6%	66.7%	78.8%	
黑色金属冶炼和压延加工业	60.0%	57.5%	72.5%	22.5%	65.0%
木材加工和木、竹、藤、棕、草制品业	63.6%	54.5%	54.5%	45.5%	
有色金属冶炼和压延加工业	59.6%	53.2%	68.1%	46.8%	
食品制造业	47.3%	50.9%	58.2%	45.5%	
造纸和纸制品业	68.8%	50.0%	37.5%	25.0%	50.0%
非金属矿物制品业	61.0%	49.5%	59.0%	21.0%	64.3%
家具制造业	52.9%	47.1%	58.8%	52.9%	
仪器仪表制造业	60.0%	46.7%	60.0%	66.7%	
化学原料和化学制品制造业	67.6%	44.4%	46.3%	54.6%	
其他制造业	46.7%	44.2%	52.7%	42.4%	
医药制造业	56.0%	44.0%	60.0%	64.0%	
皮革、毛皮、羽毛及其制品和制鞋业	57.1%	42.9%	28.6%	14.3%	
通用设备制造业	64.1%	42.2%	48.4%	54.7%	
专用设备制造业	64.0%	41.3%	49.3%	58.7%	
纺织服装、服饰业	45.0%	40.0%	45.0%	25.0%	45.0%
金属制品业	48.7%	38.2%	55.3%	57.9%	
石油、煤炭及其他燃料加工业	37.9%	37.9%	51.7%	44.8%	
纺织业	37.5%	37.5%	37.5%	50.0%	
计算机、通信和其他电子设备制造业	65.4%	36.5%	38.5%	59.6%	
化学纤维制造业	81.8%	36.4%	45.5%	45.5%	
金属制品、机械和设备修理业	36.4%	63.6%	18.2%		
文教、工美、体育和娱乐用品制造业	64.3%	35.7%	42.9%		
铁路、船舶、航空航天和其他运输设备制造业	33.3%	55.6%	33.3%		

● 新产品研发能力、提升品牌知名度、加强供应链合作　● 发展绿色可持续产业
○ 经营管理规范化，提高管理效率　● 建立与新业务路程相匹配的组织架构（组织再造）
● 提升制造自动化、智能化、网络化水平

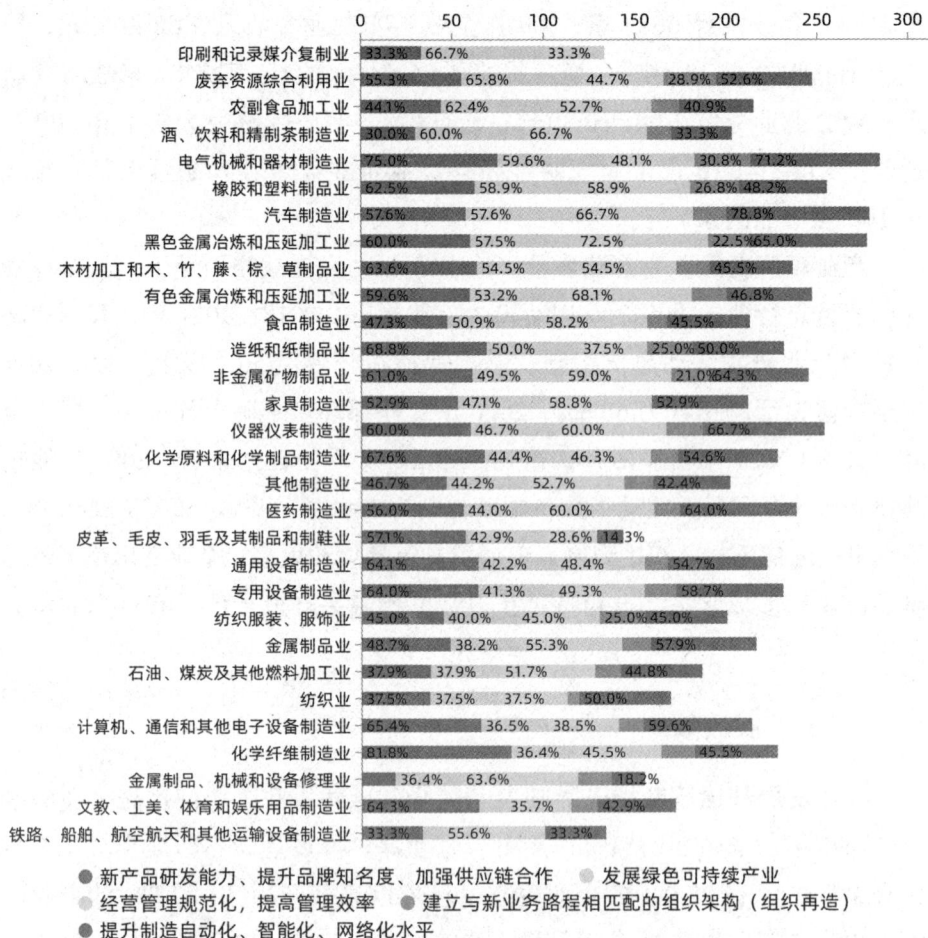

图5-4　2021年工业行业中战略性新兴产业实现绿色低碳发展的途径

产业总产值6069亿元；合同能源管理项目投资新增1348亿元，形成年节能能力4369万吨标准煤，相当于减排10748万吨二氧化碳。从新材料领域看，绿色新材料是各行业协同推进减污降碳的重要基础。2021年3月，建筑新材料碳汇板研发成功，实现灌木花卉成为绿色碳汇建筑设计元素，以及节水70%、夏季节能30%、节省养护费80%、降低造价20%至90%等五大价值。从装备制造领域看，"智能化、绿色化、数字化"已成为各地区助力企业转型的指南。盛虹集团作为大型民营企业，2021年9月与冰岛碳循环国际公司二氧化碳制绿色甲醇项目在北京签约，标志着全球首条二氧化碳捕集利用—绿色甲醇—新能源材料产业链项目正式启动。从能源电子

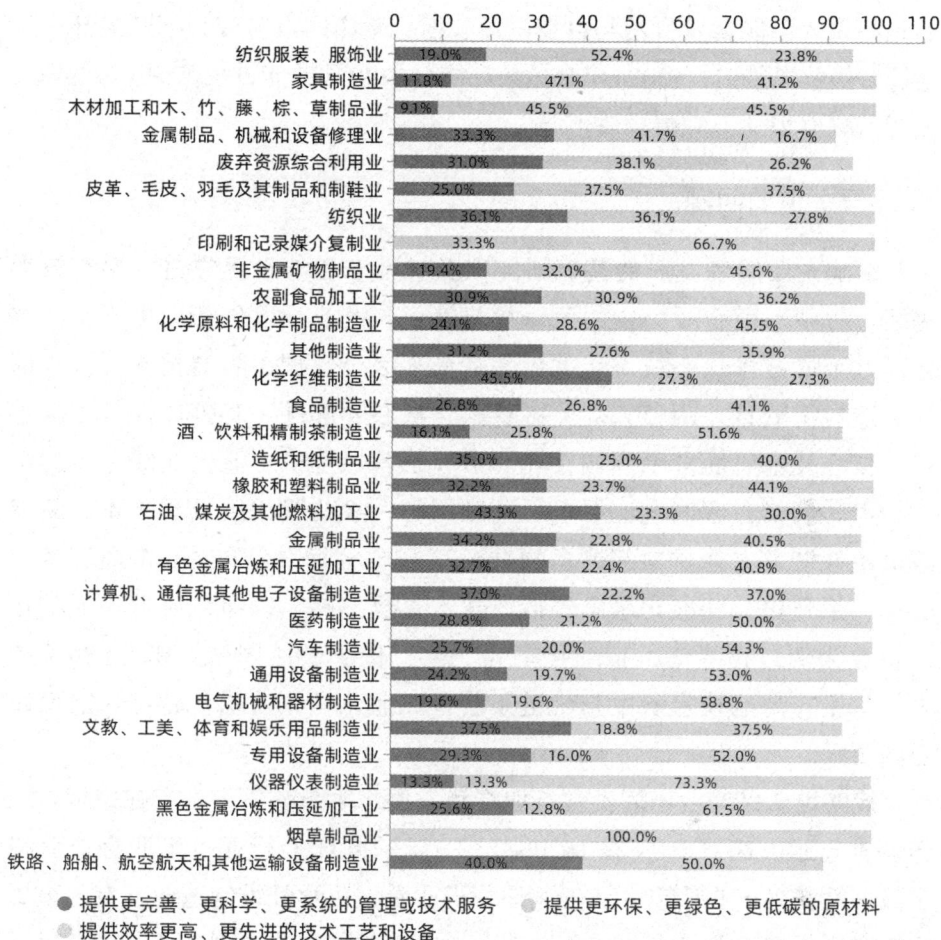

图 5-5　2021 年工业行业中战略性新兴产业认为推动传统产业减污降碳的途径

领域开看，新氢动力和杭叉集团联合打造自主研制的"固态金属储氢燃料电池叉车""氢 +5G 无人 3T 级叉车""氢能 +5G 无人 5T 无人输送车"系列全新氢能工业车辆高科技产品实现落地，该系列产品均为世界氢能工业车辆领域的首创。

绿色发展成效逐渐显现。问卷调查显示，2021 年有 37.8% 的企业清洁能源消费比重同比保持稳定和上升；18.2% 的企业单位产品综合能耗同比下降，比工业行业平均水平高 9.5 个百分点；20.3% 的企业单位产品碳排放量同比下降，比工业行业平均水平高 4.8 个百分点。从实践情况看，在生态环境部发布的 2021 年绿色低碳典型案例中，台达科技作为民营电子制造企业，通过建设太阳能自发自用与自盖电厂、推行生产网点节能，不断提升产品能源转换效率。2011—2020年台达累计施行2270项节能方案，节电2.8亿度，相当于减少21.7万吨碳排放。

（三）主要问题

影响企业绿色发展的基础研究和关键环节仍与世界先进水平有较大差距。以中小微企业为主的民营战略性新兴产业技术创新动力不足，部分高效节能减排核心技术和关键装备尚未完全掌握，尖端技术、核心部件制造与美欧日差距较大。关键材料、核心零部件、基础软件等依赖进口，核心技术层面多个领域存在"卡脖子"风险，工业企业绿色转型难度加大。例如在废旧电池绿色循环利用、污水的膜深度处理技术、新能源电池性能及电池材料等诸多领域还存在技术瓶颈。同时，产业装备成套化、系列化、标准化水平较低，技术集成不够。以绿色制造领域的化工行业为例，我国化工精细化率为50%，低于发达国家60%至70%的平均水平，高端技术研发与全链条装备产业化是企业绿色转型目前最缺乏的要素。

战略性新兴产业不同类型行业绿色发展水平参差不齐，存在短板。问卷调查显示，2021年仅有16.1%、13.7%的高耗能行业、工业企业获得了战略性新兴产业认定。从工业细分行业看，化学纤维制造业、有色金属冶炼和压延加工业、专用设备制造业、电气机械和器材制造业、计算机通信和其他电子设备制造业、仪器仪表制造业中获得战略性新兴认定的企业比例不足30%。同时，民营工业企业从事新兴产业不均衡。根据中国企业联合会、中国企业家协会发布的《2021中国战略性新兴产业领军企业100强榜单》显示，49家民营企业中，企业数量及收入规模排名前三位的领域为新一代信息技术、新材料、新能源汽车产业。同时，全联环境服务业商会发布的《2021中国环境企业50强》榜单中营业收入超过百亿的企业共八家，仅占全部50强企业营收规模的16%。总体来看，民营企业在高端制造装备、生物制造、绿色创意、节能环保等产业方面还有较大的提升空间。

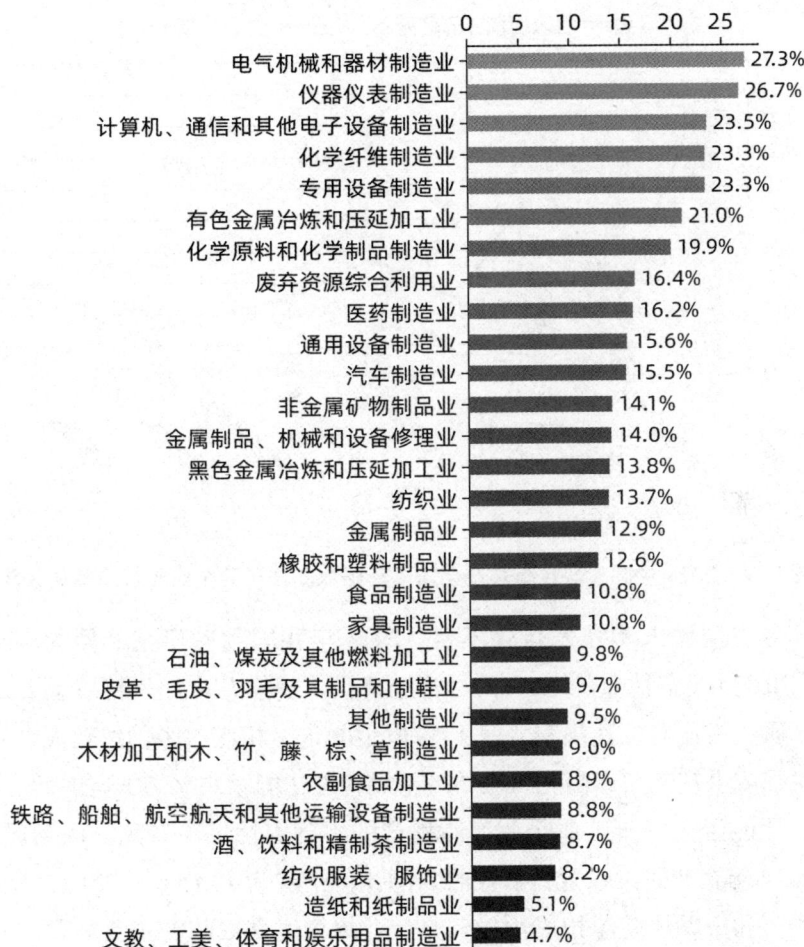

图 5-6 2021 年工业行业获得战略性新兴产业认定的企业占比情况

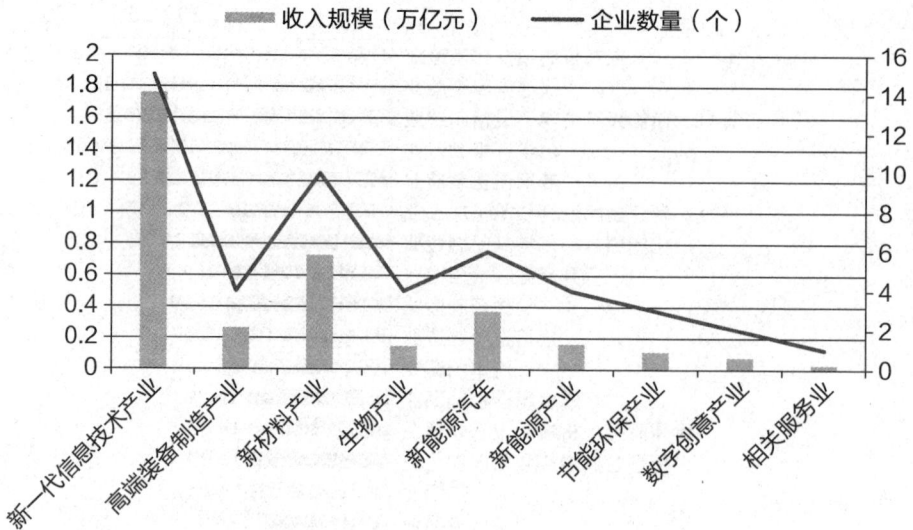

图 5-7　2021 中国战略性新兴产业领军企业 100 强民营企业收入规模及数量

绿色发展投入和技术转化不足。2021 年我国基础研究经费为 1696 亿元，占 R&D 经费比重的 6.1%，尽管经费投入规模及占比呈持续上升态势，但基础研究占比与发达国家普遍 15% 以上的水平相比差距仍然较大。同时，我国科技成果转化率最高为 30% 左右，只有发达国家 60%~70% 的一半左右，研发成果能否应用于工业企业实际生产的不确定性风险较高。问卷调查显示，2021 年企业研发投入占营业收入的比例平均为 13.8%；有 24.1% 的企业认为科研和金融风险承担能力较弱是企业绿色发展面临的主要问题。此外，国内尚未建立满足战略性新兴产业技术研发、中试、技术运用和推广、产业化全过程的风险投资、资本市场、产业投资基金、信贷支持全流程等资本要素支持体系，尤其是国内资本市场融资效率不高，工业企业在产业发展全过程中对间接融资和负债融资依赖过多，造成企业杠杆率过高，对企业持续发展与转型升级带来隐患。

农副食品加工业　53.9%　18.0%　38.2%　43.8%
石油、煤炭及其他燃料加工业　53.3%　23.3%　26.7%　40.0%
仪器仪表制造业　53.3%　40.0%　46.7%
医药制造业　52.9%　21.6%　43.1%　49.0%
食品制造业　52.8%　22.6%　43.4%　50.9%
木材加工和木、竹、藤、棕、草制品业　45.5%　27.3%　45.5%　18.2%　54.5%
酒、饮料和精制茶制造业　43.3%　40.0%　53.3%
汽车制造业　42.4%　48.5%　18.2%　60.6%
非金属矿物制品业　40.6%　46.5%　54.5%
有色金属冶炼和压延加工业　40.4%　17.0%　29.8%　46.8%
专用设备制造业　40.0%　17.3%　45.3%　54.7%
废弃资源综合利用业　40.0%　45.0%　55.0%
其他制造业　39.8%　15.7%　39.8%　54.8%
金属制品业　39.5%　22.2%　35.8%　50.6%
通用设备制造业　38.3%　21.7%　51.7%　16.7%　51.7%
皮革、毛皮、羽毛及其制品和制鞋业　37.5%　25.0%　37.5%　62.5%
黑色金属冶炼和压延加工业　35.9%　20.5%　56.4%　66.7%
文教、工美、体育和娱乐用品制造业　35.7%　21.4%　50.0%　28.6%　57.1%
化学原料和化学制品制造业　35.7%　19.6%　38.4%　56.3%
纺织服装、服饰业　35.0%　45.0%　50.0%
计算机、通信和其他电子设备制造业　34.5%　41.8%　52.7%
电气机械和器材制造业　34.0%　58.0%　74.0%
橡胶和塑料制品业　32.2%　44.1%　52.5%
纺织业　30.6%　38.9%　25.0%　38.9%
家具制造业　27.8%　16.7%　61.1%　27.8%　66.7%
金属制品、机械和设备修理业　27.3%　36.4%　36.4%　18.2%　63.6%
造纸和纸制品业　25.0%　20.0%　50.0%　25.0%　50.0%
化学纤维制造业　18.2%　18.2%　63.6%　81.8%
烟草制品业　100.0%
印刷和记录媒介复制业　100.0%　100.0%
铁路、船舶、航空航天和其他运输设备制造业　40.0%　30.0%　70.0%

● 科研和金融风险承担能力较弱　● 技术研究与市场应用脱节
● 同质化企业竞争压力高于其他传统行业　● 企业管理机制存在问题　● 其他

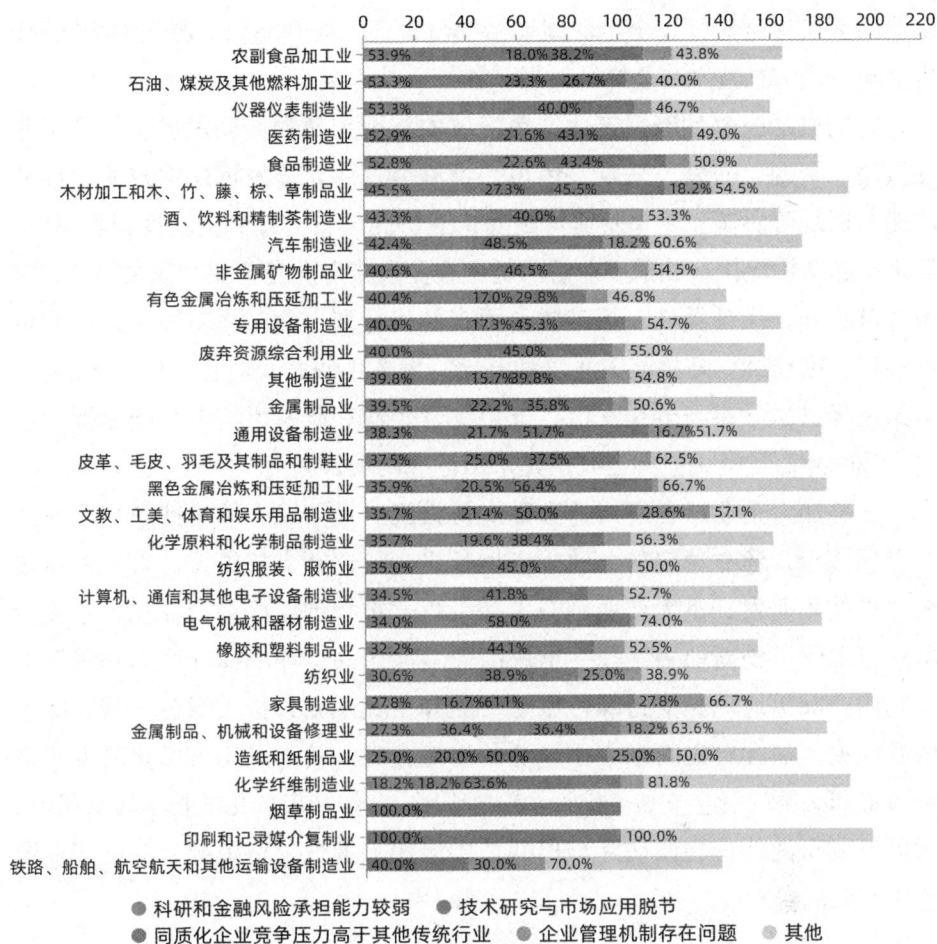

图 5-8　2021 年民营工业行业中战略性新兴产业面临的困难

（四）发展展望

一是加强对不同类型战略性新兴产业绿色发展的引导。支持企业在精细拆解、复合材料高效解离、有价金属清洁提取、再制造等领域加强技术装备研发。推动出台支持工业循环经济发展、重点行业清洁生产的技术改造、新材料与装备研发的鼓励政策，加快钢铁、有色、石化等传统高耗能行业改造步伐。完善数字化信息化管理体系基础设施建设，推动企业将5G、工业互联网、云计算、人工智能、数字孪生等新一代信息技术，与产品设计、生产制造、使用、回收利用等环节深度融合，推动不同类型的行业企业和工业园区实施全流程、全生命周期精细化管理，提升能源资源效率的同时，推动新一代信息技术产业绿色发展。

二是推动战略性新兴产业绿色发展的集聚创新和协同发展。引导企业在战略、资源、研发、采购、销售、物流等方面充分发挥协同效应，推动产能布局统筹协调、龙头企业与配套企业协同创新，避免重复投资和建设，促进产品结构优化。鼓励产业链的链主企业向集群配套企业开放供应链，实施关键材料、关键器件、关键装备国产替代计划。面向战略性新兴产业重点领域，推动设立高技能人才培训基地。发挥工商联及商会作用，多层次、多渠道推进国际科技合作交流，支持民营企业和研发机构参与国际标准制定，鼓励外商投资企业参与我国技术示范应用项目。

三是加大企业绿色发展的金融支持力度。推动设立战略性新兴产业发展专项资金，建立稳定的财政投入增长机制。创新支持方式，着力支持重大关键技术研发、重大产业创新发展工程、重大创新成果产业化、重大应用示范工程、创新能力建设。推广高效节能产品、环境标志产品和资源循环利用产品等应用。支持绿色金融产品和工具创新，扩大绿色信贷、绿色债券规模，加大对创新型中小企业的支持力度，基于采用市场化的方式提供稳定和必要的资金支持。推行"产学研用"合作和市场化的技术转移机制，对创新成果的评价转向实际产出和拓展应用。加强价格引导，促进产业绿色生产和消费。

六、民营钢铁企业绿色发展专题研究

民营钢铁企业是我国钢铁行业的重要支柱力量，经过近几年供给侧结构性改革，民营钢铁企业规模不断扩大、质量效益不断增强。中国民营企业绿色发展现状问卷调查和有关调研显示，全国钢铁行业认真贯彻落实产能、产量"双控""双碳"目标等系列决策部署，进一步巩固去产能成果，确保实现"全年粗钢产量同比下降"目标。同时，也存在产能区域布局高度集中问题尚未明显改善、现有治理模式可持续性难以保障、政策激励仍显不足等问题。

(一) 总体情况

生产与需求总量有所回落，供需基本实现动态均衡。钢铁行业作为我国国民经济发展的支柱产业，涉及面广，产业关联度高，向上可以延伸至铁矿石、焦炭、有色金属等行业，向下可以延伸至房地产、汽车、船舶、家电、机械、铁路等行业。近年来，钢铁行业在上游原料供应充足及下游需求持续增长的带动下迅速发展，其产品的产量也呈现稳定的上升趋势。从世界钢铁行业生产情况来看，2021 年全球钢铁生产恢复增长，粗钢总产量为 19.51 亿吨，同比增长 3.7%。

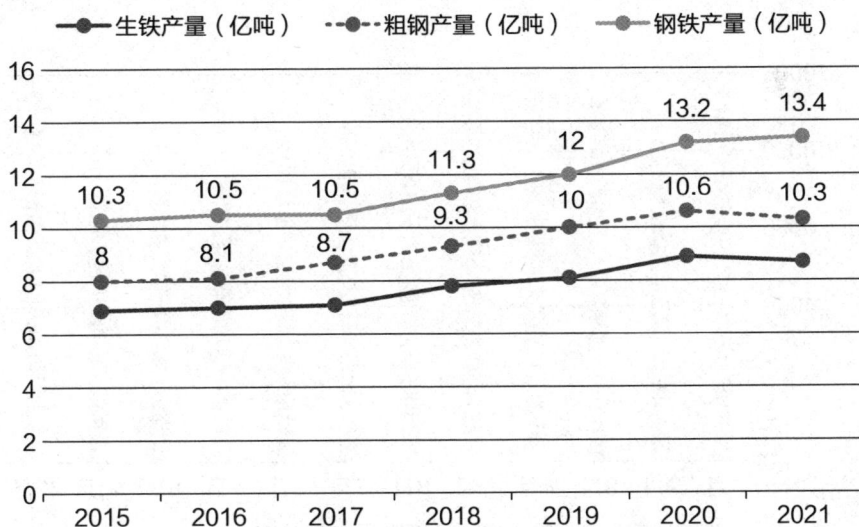

图 6-1　2015—2021 年钢铁生铁、粗钢、钢材产量

从我国钢铁行业生产情况来看，2021 年在钢铁产能产量"双控"、能耗"双控"、秋冬季大气污染防治、京津冀钢铁错峰生产等政策措施联动约束，以及钢铁产品进出口政策调整和广大钢铁企业主动适应钢材市场需求变化的多重作用下，粗钢压减任务目标得以落地实现。从月度数据看，钢铁生产受消费及政策等影响，先扬后抑。生铁、粗钢、钢材产量均呈现前高后低的变化趋势，累计实现同比下降。从总体看，2021年我国生铁产量为 86857 万吨，同比 2020 年下降 2.3%；粗钢产量为103279 万吨，同比 2020 年下降 3.0%；钢材产量为 133667 万吨，同比

2020 年增长 0.9%。

从我国钢材消费情况来看，钢铁需求随经济大势由强走弱。2021 年国家加大对实体经济支持力度，国民经济持续恢复发展，但受政策调控环境趋紧、房地产先行指标疲弱、机械工业增加值增速放缓等因素影响，建筑行业和制造业需求减弱，经济发展呈现前高后低态势。受此影响，钢铁行业总体上也呈现出上半年供需两旺、下半年双双走弱的局面，供需基本均衡，实现了动态适配，全年钢材消费量高位徘徊，为 9.47 亿吨，同比下降4.8%。

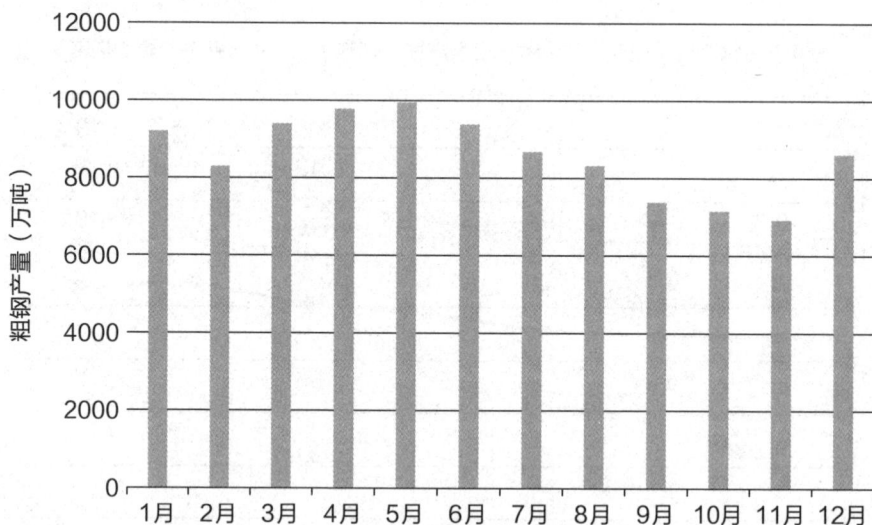

图 6-2　2021 年中国粗钢月度产量变化

受进出口政策调整影响，产品进出口结构进一步优化。2021 年我国钢材进出口面临新导向。国务院关税税则委员会公告，自 2021 年 8 月 1日起，将铬铁、高纯生铁的出关税分别上调至 40% 和 20% 出口税率。同时，财政部公告，自 2021 年 8 月 1 日起，取消多种钢铁产品出口退税，对生铁、粗钢、再生钢铁原料、铬铁等产品实行零进口暂定税率。进出口税的调整有助于降低我国钢铁产品进出，减少海外需求对我国钢材产品的通胀传导。2021 年，我国钢材出口全年先增后减，下半年逐月回落，总量大幅增长，进口量大幅下降。全球经济恢复带动钢铁外需复苏，受国际钢材价格大幅上涨等影响，我国钢材出口价格优势阶段性再现，全年钢材出口在连续五年下降的情况下大幅反弹，出口量达到 6689.5 万吨，同比增长 24.64%。由于钢材价格上涨，钢材进口则显著回落。进口钢材仅 1426.8 万吨，下降 29.5%。全年净出口钢材 5262.7 万吨，增长 57.4%。

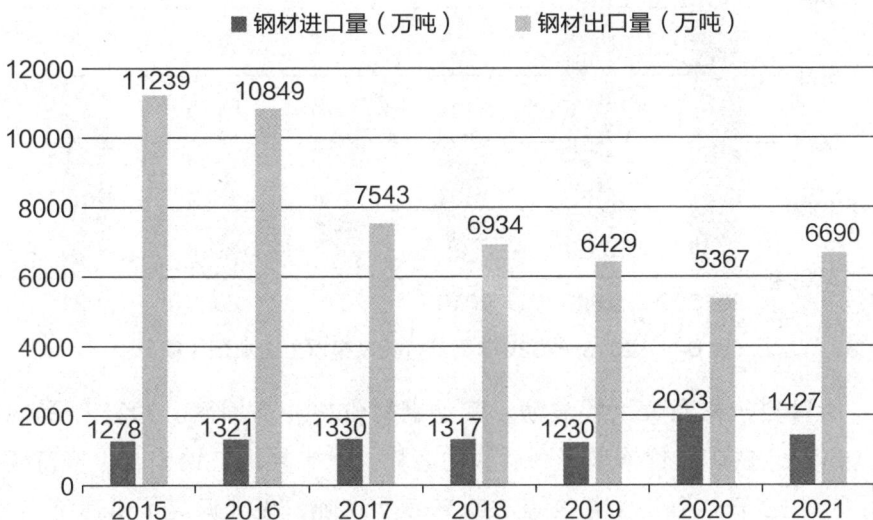

■ 钢材进口量（万吨）　　■ 钢材出口量（万吨）

	2015	2016	2017	2018	2019	2020	2021
进口量	1278	1321	1330	1317	1230	2023	1427
出口量	11239	10849	7543	6934	6429	5367	6690

图 6-3　2015—2021 年钢材进出口情况

行业重组集中度上升，投资增速回归常态化高水平。随着钢铁行业产能优化，以及企业间的兼并重组加速推进，2021 年，我国钢铁企业集中度进一步提升。冀南钢铁集团将兴华钢铁纳入合并，普阳钢铁重组邢钢，唐山德龙与九江线材进行重组。2021 年，粗钢产量排名前 10 位的钢铁企业合计粗钢产量为 4.3 亿吨，占全国粗钢产量的 41.5%；排名前 20 位的钢铁企业合计粗钢产量 5.7 亿吨，占全国粗钢产量的 54.9%，分别比 2020 年提升 2.26、1.97 个百分点。钢铁行业的产业结构进一步优化，先进产能占比进一步提升，产品质量进一步提高。钢铁投资增速回归常态，高于制造业平均增速。2021 年，钢铁冶炼及压延完成固定资产投资同比增长 14.6%，领先全国固定资产投资增速 9.7 个百分点，比制造业 13.5% 的增速快 1.1 百分点。

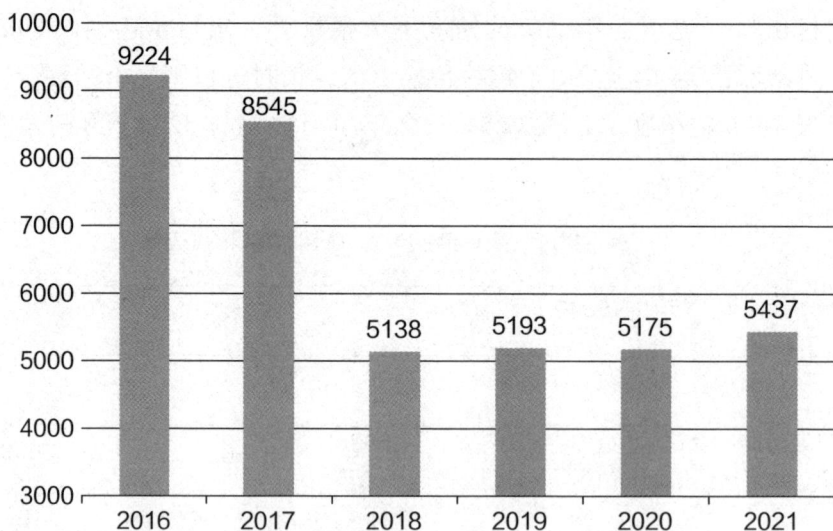

图 6-4　2016—2021 年钢铁行业规模以上企业数（家）

原材料价格高位大幅波动，带动钢材价格冲高回落。2021 年受国际形势影响，铁矿石价格呈先高后底的态势。上半年进口铁矿石价格持续冲高，5 月 12 日达到历史最高点 230.59 美元 / 吨，极大偏离了供需基本面，严重影响了钢铁行业稳定运行。下半年随着钢铁产量下降带动铁矿石需求减少，铁矿石价格明显震荡回落。全年累计进口铁矿石 11.2 亿吨，同比

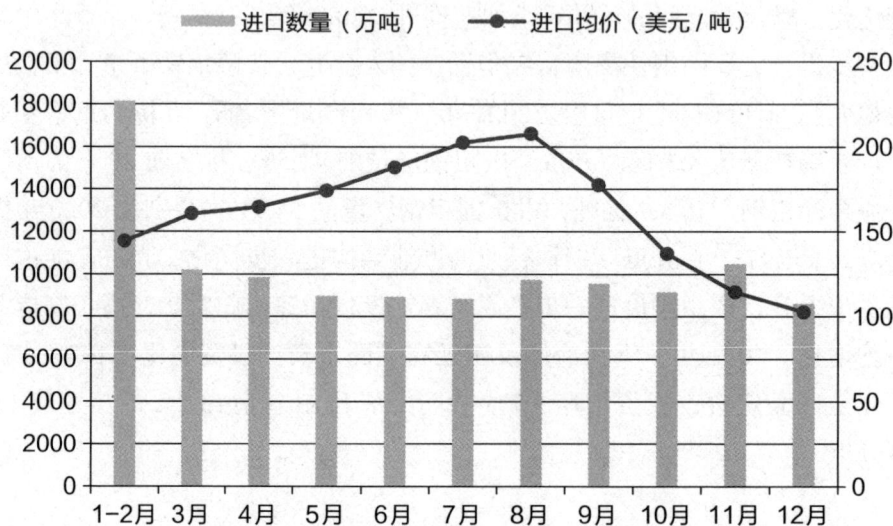

图 6-5　2021 年中国铁矿石进口价格及数量

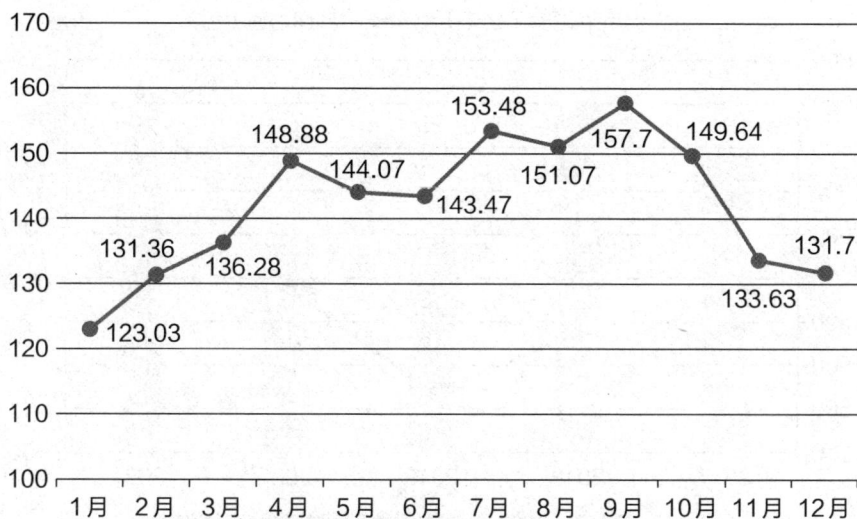

图 6-6　2021 年钢铁钢材综合价格指数

下降 3.9%，均价为 164 美元 / 吨，同比上涨 55.3%。受到铁矿石等原材料的冲高震荡影响，钢材价格冲高回落，整体水平高于上一年。上半年钢材价格一路走高，5 月中旬国内钢材综合价格指数达到 174.81 点，创历史新高。随后钢材价格高位回调，至 2021 年末，国内钢材综合价格指数 131.70 点，较 2021 年最高点下降 24.7%。全年平均指数为 142.03 点，同比上涨 36.46 点。

销售利润率明显改善，行业效益创历史最高。 近年来，我国钢铁行业营收较为稳定，整体呈现一个波动上涨的趋势。受国民经济整体向好、全球大宗商品价格上涨等因素影响，2021 年钢铁行业效益呈前高后低走势，全年重点大中型钢铁企业累计营业收入 6.93 万亿元，同比增长 32.7%；累计利润总额 3524 亿元，同比增长 59.7%，创历史新高；销售利润率达到 5.08%，较 2020 年提高 0.85 个百分点。在上半年钢材高价格的支撑下，钢铁企业利润率明显改善，行业效益转好。尽管原材料价格大幅上涨对钢铁生产成本造成较大扰动，但是经过多年钢铁行业去产能、限产等政策作用，钢铁价格在上半年处于历史高位，产销旺盛，带动利润快速积累。吨钢利润由往年 300~400 元，上涨至 1000 元以上。钢铁行业效益转好佐证了自 2016 以来开启的供给侧改革已取得良好成效，行业景气度大幅提升。

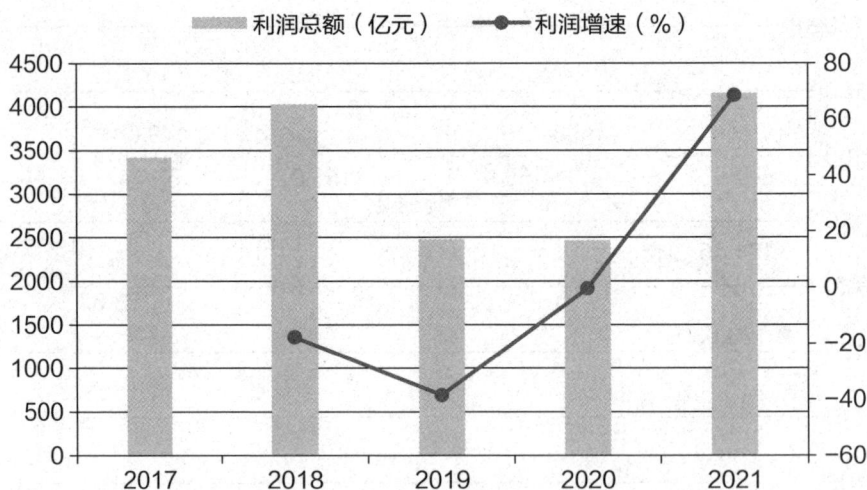

图 6-7　2017—2021 年钢铁行业利润总额及利润增速

（二）发展成效

供给侧结构性改革加快推动钢铁行业高质量发展。 2021 年，以环保、降碳、能耗双控、产能产量双控为主线的多项产业政策陆续发布，进一步深化钢铁行业供给侧改革，在钢材需求旺盛的背景之下，首次提出要压减全年粗钢产量并如期完成。其中，81 家重点钢铁集团企业粗钢产量合计为 8.14 亿吨，产量同比增加 0.58%，占全国钢铁总产量的 78.6%；其余部分为民营非重点钢铁企业，合计产量 2.21 亿吨，同比下降 18.6%，占全国钢铁总产量的 21.4%，是钢铁减量的主体，进一步提高钢铁行业集中度。

钢铁企业超低排放改造大幅提升行业绿色发展水平。 近年来，钢铁行业超低排放改造加快推进。目前，全国约 283 家企业已完成或正在实施超低排放改造。德龙、敬业、建龙等 32 家钢铁企业约 1.78 亿吨炼钢产能已完成全流程超低排放改造，251 家企业约 6.81 亿吨炼钢产能正在实施超低排放改造。一批钢铁企业积极探索开展低碳冶金新工艺示范项目并取得突破。从废气治理看，重点区域超过 80% 钢铁企业基本完成有组织超低排放改造，进一步降低了钢铁行业大气污染物排放总量和强度。从废水治理看，随着钢铁企业综合污水处理站的配套完善，全厂废水深度处理工艺已在行业内得到广泛应用，特别是超滤、纳滤、反渗透等工艺组合成为企业提高废水回用率、保证外排水质稳定达标的重要手段。问卷调查结果也显示，2021 年已有约 35% 的民营钢铁企业废水重复利用率达到 80% 及以上。从降碳情况来看，2021 年全国钢铁行业二氧化碳排放量同比下降 0.1 亿吨；重点大中型钢铁企业吨钢综合能耗为 549.24 千克标准煤，同比下降 0.11%；问卷结果中有 20% 左右的民营钢铁企业单位产品碳排放量同比下降 5% 及以上。

钢铁企业多措并举扎实推进节能减碳取得成效。 民营钢铁企业积极响应国家决策部署，持续提升能源利用效率，积极推广应用行业节能减碳新技术，加快绿色低碳转型步伐。问卷调查显示，2021 年有超过 40% 的民营钢铁企业编制过"双碳"实施方案，超过 50% 的企业应用了无碳或减碳技术。例如，永钢、荣程、建龙等民营钢铁企业积极制定绿色低碳发展技术路线图，明确实现碳达峰碳中和的具体路径，深入推进行业绿色低碳发展；沙钢投资超 300 亿元进行环保提标升级改造，提高能源利用效率，降低能源消耗，减少二氧化碳排放；泰山钢铁建成山东省首个加氢母站，推进氢冶金技术应用，旨在探索"钢铁—氢能—城市"发展新模式。问卷调查显示，民营钢铁企业中有超过 40% 的企业编制过碳达峰碳中和方案，应用无碳或减碳技术的比例超过 50% 以上。同时，在工信部评选的 72 家绿色工厂中，有 40 家民营钢铁企业。有 94 家钢厂进入工信部绿色钢厂榜单，13 家钢铁企业应用案例入围工信部"2021 年工业互联网平台合创新领航应用案例入围名单"，邢台德龙、鑫达钢铁、福建三钢、龙门钢铁等多家民营钢企建成国家级钢铁工业旅游景区。

（三）主要问题

产能区域布局高度集中问题尚未明显改善，影响重点区域环境质量。 目前中国粗钢产量占到全球一半以上，由钢铁产业产生的碳排放占到全国碳排放总量的 15% 左右，是我国制造业 31 个门类中除火电外碳排放量最大的行业，且全国仅有约 6% 钢铁产能的企业节能减排水平达到国际领先水平。由于历史原因，我国钢铁产能主要布局在北方省份，与大气污染防治重点区域重叠，钢铁产能排名前 20 位的城市 PM2.5 平均浓度比全国高 25% 左右。在钢铁布局优化过程中，部分钢铁大省难以割舍对钢铁行业的依赖，倾向于省内转移，在沿海布局钢铁基地。截至 2021 年，钢铁企业集中度仍然偏低。我国排名前 10 的钢铁企业产业集中度仅为 41.5%，前 20 家千万吨级钢铁企业占比仅为 54.9%。2021 年京津冀及周边地区前四的钢铁企业集中度仍远低于美国、日本和欧盟前四位钢铁企业均超过 60% 的产业集中度。我国钢铁企业集中度低导致在资源掌控能力、市场有序竞争、落后产能淘汰、技术研发创新、节能环保等方面缺乏行业约束力和自律能力。

企业环保治理投入大、运行成本高，现有治理模式可持续性难以保障。民营钢铁企业为推动绿色发展，需要在技术创新、设备升级和优化工艺流程等方面投入大量资金。以低碳技术创新为例，我国钢铁企业每年要投入数千亿元来进行低碳技术研发。以年产钢 400 万吨的钢铁企业为例，降低 30% 二氧化碳排放所消耗的资金约为 35 亿元，约占钢铁企业年成本的 20%。同时，从环保治理投入看，2018 年以来沙钢共投资约 80 亿元实施环保技改提升项目，永钢近五年相继投入约 60 亿元用于厂内烧结烟气活性脱硫脱硝、污水综合治理等一系列环保项目建设。从环保设施运营看，环保设施电费支出和耗材更换成本逐步攀升，沙钢大部分工序已达到超低排放水平，吨钢环保运营成本约为 262 元，其中吨钢废气、废水、固体废物治理成本分别为 128 元、66 元、17 元。钢铁企业反映，近几年，企业环保投入得益于钢铁行业整体效益上升，但企业环保运营成本已超过企业利润水平，一旦钢铁行业不景气，环保治理投入和运营持续性将受影响。

政策激励仍显不足，尚未形成促进钢企绿色发展市场机制。目前，在推进钢铁行业结构调整、超低排放改造过程中，多以停限产措施等惩罚性政策为主，缺少有效的激励性政策，企业对污染治理仍停留在被动接受，缺少主动提升、主动减排的意识和行动。初步估算，钢铁行业超低排放改造总投入将接近上千亿元，吨钢环保运行成本预计增加近百元，市场化分担机制不足。从财税政策看，钢铁企业税负比重大，是地方财政的主要来源，但环境保护税占总体税负比重仅为 1% 左右，难以发挥环境保护税奖优罚劣机制，激励企业治污内生动力。从价格政策看，钢铁企业用电属于大工业用电，尚未对企业用电和环保设施运行用电分表记电，难以对环保设施运行用电实行优惠。钢铁企业铁路运输价格高于公路运输价格，企业清洁运输反而成本更高，难以形成市场竞争力。

（四）发展展望

一是加强产业链供应链建设，促进上下游协调发展。加强钢铁企业绿色发展的体系建设和沟通交流，维护产业链供应链稳定。推动制定鼓励短流程企业发展的综合支持政策，支持有环境容量、有市场需求、有废钢保障、钢铁产能相对不足的地区积极承接转移产能，合理布局发展短流程炼钢。推动完善废钢标准体系建设，结合城市废物处理推动废钢回收和利用"降成本"、完善多炼废钢的支持政策、研究推出废钢期货等，提高废钢铁资源供给质量和水平。推动完善废钢资源加工配送体系，促进合标再生钢铁原料的规模化回收加工利用。同时，加强与房地产、机械、汽车、造船等下游行业的沟通合作，共建和谐产业链，提升行业抗风险能力。

二是坚持绿色低碳方向，加大科技创新力度。提高民营钢铁企业环境综合治理水平，加强上下游资源协同。推动在现有煤钢焦产业链基础上拓展上游原材料（铁矿、废钢、合金）保障体系建设，延伸"钢铁＋化工"大产业链。充分利用建材行业消纳高炉水渣、炼钢钢渣等工业固体废物生产水泥熟料、骨料、路基等，发展循环经济。加强钢厂与城市的融合，支持利用钢铁冶金高温炉窑处置城市危险废物，化解危废跨省转移风险的同时推动节能环保产业发展。支持钢铁行业以原燃料结构优化、能效提升及最佳实践技术应用、流程结构调整、突破性低碳冶炼技术及 CCS 为主要路径，实现深度减排。加快民营钢铁企业的数字化建设，推进 5G、大数据、工业互联网、人工智能、区块链等技术应用，支持打造一批绿色、智能工厂。

三是健全钢铁企业环境绩效激励约束机制。加大环境保护税优惠政策宣传力度，推动实行更严格的差别电价与惩罚电价政策，引导企业自主减排。支持短流程钢铁企业建设自备电厂或与周边大型发电企业建立直供电系统。推动实施生产用电和环保设施运行用电分表记电，对企业的环保设施运行电费实现差别化电价或进行补助。支持设置环保技改专项资金，助推民营钢铁企业环保项目实施。加强与有关研究机构合作，推动钢铁行业尽快开展碳排放权上线交易。

七、民营企业助力乡村绿色发展专题研究

在打赢脱贫攻坚战、全面建成小康社会的伟大进程中，民营企业开展的"万企帮万村"行动多次受到习近平总书记的肯定和赞许。进入新时代，踏上新征程，作为"万企兴万村"行动的重要领域，民营企业在农村人居环境整治、国土绿化、生态治理和修复等支持农村绿色发展、推动人与自然和谐共生等方面也能做出积极贡献。

（一）总体情况

约二至三成的企业在农村有投资项目，中西部地区和农业、加工业的企业投资比例较高，超过40%。问卷调查显示，2021年分别有22.1%、32.7%

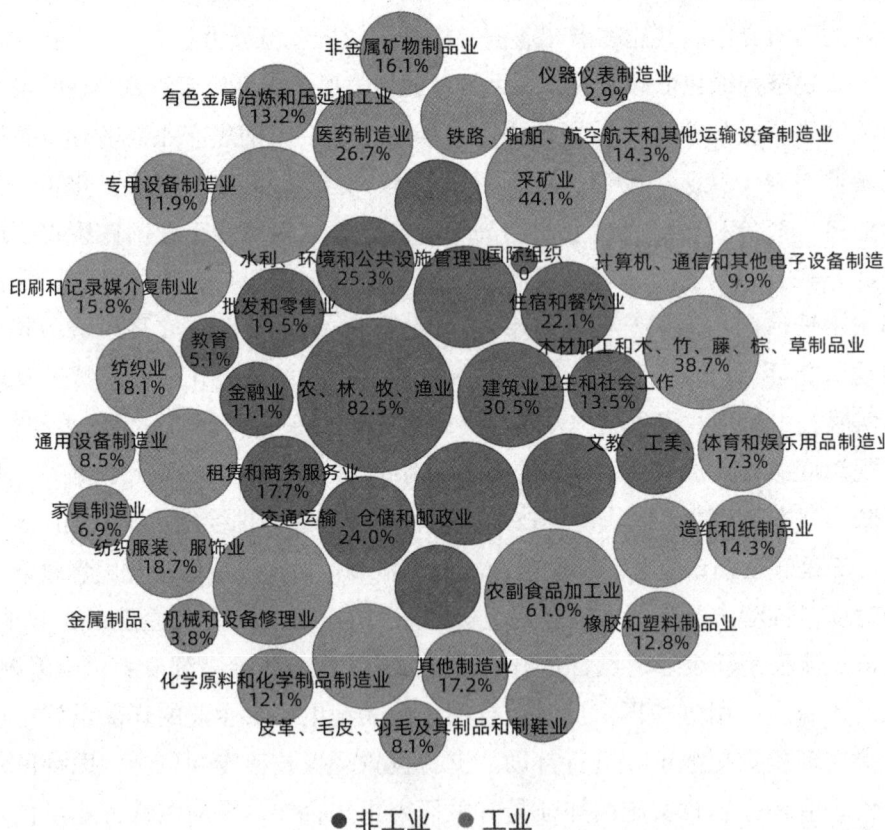

非金属矿物制品业 16.1%
仪器仪表制造业 2.9%
有色金属冶炼和压延加工业 13.2%
医药制造业 26.7%
铁路、船舶、航空航天和其他运输设备制造业 14.3%
专用设备制造业 11.9%
采矿业 44.1%
印刷和记录媒介复制业 15.8%
水利、环境和公共设施管理业 25.3%
国际组织
计算机、通信和其他电子设备制造 9.9%
批发和零售业 19.5%
住宿和餐饮业 22.1%
教育 5.1%
木材加工和木、竹、藤、棕、草制品业 38.7%
纺织业 18.1%
金融业 11.1%
农、林、牧、渔业 82.5%
建筑业 30.5%
卫生和社会工作 13.5%
通用设备制造业 8.5%
租赁和商务服务业 17.7%
文教、工美、体育和娱乐用品制造业 17.3%
家具制造业 6.9%
交通运输、仓储和邮政业 24.0%
纺织服装、服饰业 18.7%
造纸和纸制品业 14.3%
金属制品、机械和设备修理业 3.8%
农副食品加工业 61.0%
橡胶和塑料制品业 12.8%
化学原料和化学制品制造业 12.1%
其他制造业 17.2%
皮革、毛皮、羽毛及其制品和制鞋业 8.1%

● 非工业 ● 工业

图 7-1　2021 年不同行业企业在农村投资情况

的工业、非工业企业在农村有投资项目。从非工业细分行业来看，农、林、牧、渔业的企业农村投资比例为82.5%，是非工业企业平均水平的2.5倍左右；其次，建筑业、文化、体育和娱乐业、公共管理、社会保障和社会组织的企业投资比例接近30%。从工业细分行业来看，农副食品加工业，酒、饮料和精制茶制造业，电力、热力、燃气及水生产和供应业，采矿业等五个行业的企业在农村投资比例超过40%。此外，高耗能行业中石油、煤炭及其他燃料加工业的企业投资比例超过30%。从区域分布来看，湖南、广西、海南、陕西、宁夏五省的非工业企业在各省农村投资比例超过40%。

约10%~15%的企业在农村投资种植、养殖、农产品加工和文化旅游业，长三角地区非工业企业参与农村投资项目的比例最高。问卷调查显示，2021年分别有12.6%、18.8%的工业、非工业企业在农村的投资项目为种植业，超过50%以上的企业在农村投资项目为其他种类，投资农产品加工业的企业比例为8%。从非工业细分行业来看，农、林、牧、渔业的企业投资项目多为种植业（66.1%）、养殖业（33.7%）、农产品加工业（38.5%）、文化旅游业（12%）。从工业细分行业来看，农副食品加工业、食品制造业等涉及农产品原材料的工业行业在农村投资种植业、养殖业、农产品加工业、文化旅游业的企业比例较高且超过了10%。从区域分布来看，汾渭平原和川渝地区的企业投资种植业、农产品加工业、文化旅游业的比例较高。长江经济带、黄河流域地区的工业企业投资种植业的比例较高，分别为13.3%、

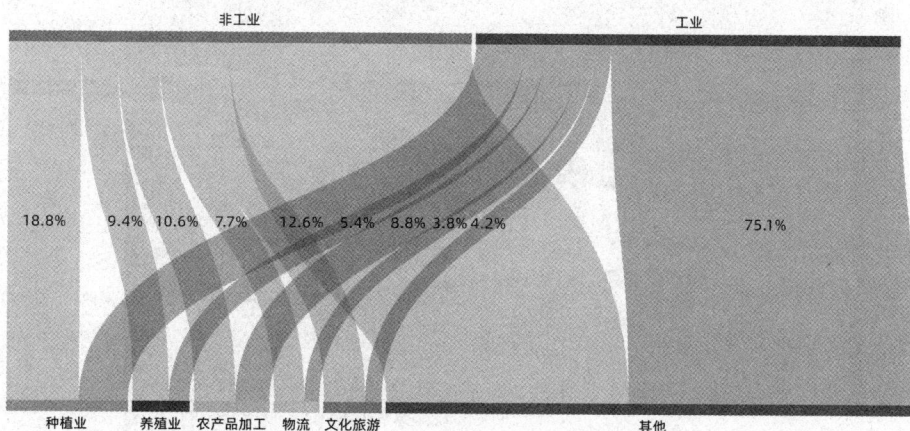

图7-2 2021年工业和非工业行业在农村投资项目情况

16.8%。黄河流域和川渝地区分别有 12.7%、10.6% 的工业企业投资了农产品加工业。从非工业企业投资情况来看，汾渭平原、川渝地区、黄河流域分别有 28%、22.7%、21.8% 的非工业企业投资种植业。长三角地区、汾渭平原分别有 12.3%、11% 的非工业企业投资文化旅游业。

约三成的企业参与农村生活污水和垃圾治理工作，西北地区工业企业和长三角地区非工业企业参与农村污染治理工作类别和比例最高。问卷调查显示，2021 年企业参与农村生活污水和生活垃圾治理工作的比例最高，非工业和工业类的企业比例均在 20%~30%。参与养殖尾水治理的工业和非工业企业比例最低，分别为 1.8%、3.9%。从非工业细分行业来看，农、林、牧、渔业参与农村污染治理的企业数量和有关治理工作类别最多，在非工业企业中占比约 50% 左右。从工业细分行业来看，33 个工业行业参与农村污染治理工作的企业比例基本集中在生活污水和垃圾治理，其中农副食品加工业和其他制造业的参与企业数量最多，占比达 25%；其他工业行业参与化肥农药减量增效、畜禽粪污资源化利用等农村污染治理工作的企业比例均在 10% 左右。从区域分布来看，甘肃、青海、宁夏等西北地区的工业企业参与化肥农药减量、畜禽粪污资源化利用的比例也超过了 10%。重点区域中，汾渭平原的非工业企业参与生活污水治理和工业企业参与生活垃圾治理的企业比例

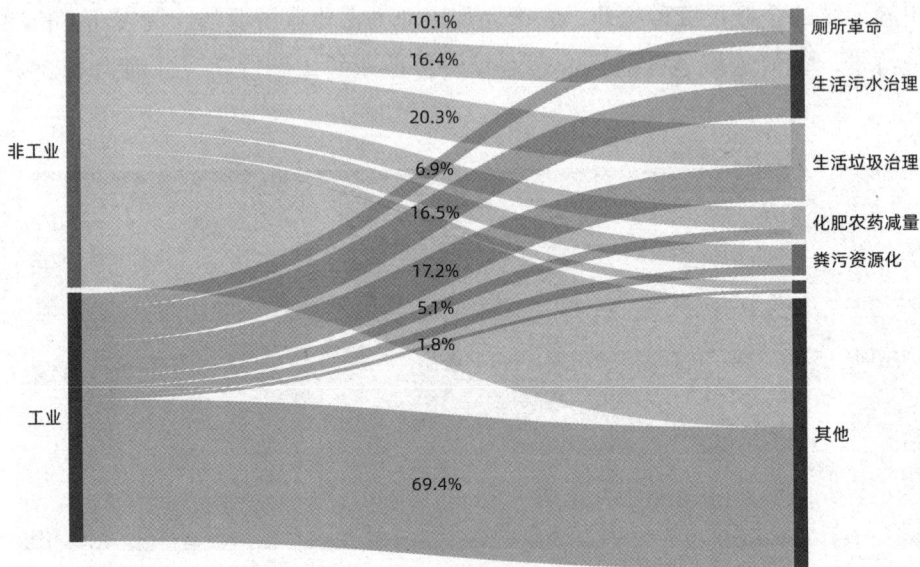

图 7-3　2021 年工业和非工业行业在农村参与污染治理工作情况

较高，分别为 19.4%、20.4%。川渝地区、黄河流域、长江经济带地区的工业企业参与生活垃圾治理的比例较高，分别为 23.2%、21.6%、20.9%。

约 10% 的企业参与了发展节能低碳农业设施、推广节能生产生活设备、推动可再生能源应用的工作，工业行业和长三角地区、珠三角（广东）地区的非工业行业参与农村绿色低碳转型工作的企业比例较高。2021 年，工业和非工业企业在农村参与推动可再生能源应用、推广节能生产生活设备的比例较高为 10%，此外非工业企业参与发展节能低碳农业设施的比例也较高，为 9.7%。从工业细分行业来看，农副食品加工业在发展节能低碳农业设施、推广节能生产生活设备方面的企业比例较高，分别为 24.2%、20.7%；电力、热力、燃气及水生产和供应业在推动清洁取暖方面的企业比例最高为 28.4%；废气资源综合利用业在推广可再生能源应用的企业比例最高为 27.9%。从区域分布来看，除京津冀及周边地区外，五大重点区域包括长江经济带、黄河流域的工业企业推广节能生产生活设备的比例均超过 10%，其中汾渭平原地区最高为 13.6%。川渝地区的非工业企业推动可再生能源应用的企业比例最高为 16.6%；汾渭平原的非工业企业推动清洁取暖的比例最高为 14.1%。

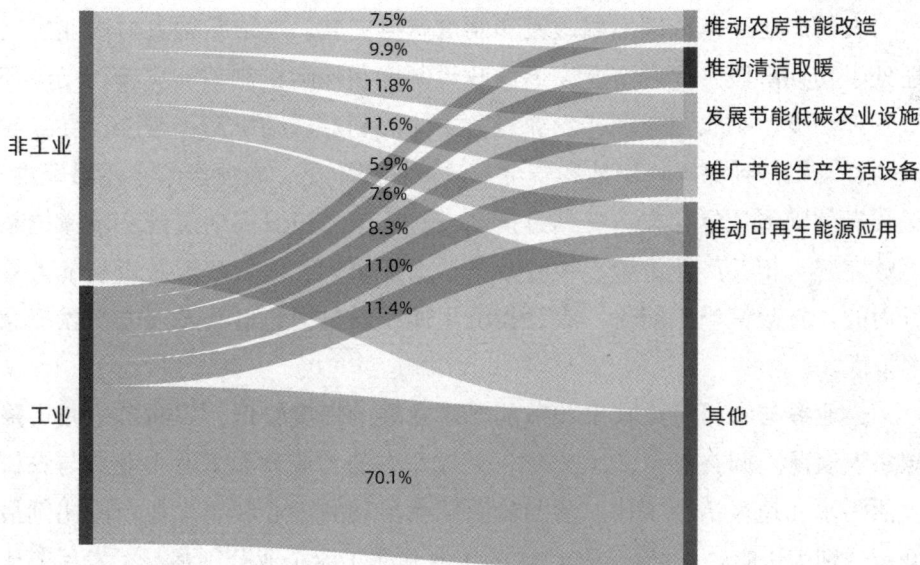

图 7-4　2021 年工业和非工业行业在农村参与绿色低碳转型工作情况

（二）主要问题

不合理的乡镇企业产业布局影响企业绿色低碳发展。 随着我国农村乡镇企业、村办企业的快速发展和越来越多的开发区、工业园区特别是化工园区在农村地区的兴建，城镇工业污水和工业垃圾向农村地区转移的趋势进一步加剧，重金属污染耕地、畜禽粪污的问题较为突出。同时，多数地区的农业分布点分散并缺乏统一规划建设，大量种植养殖废弃物和生活垃圾得不到有效利用，在广大农村堆放或无控焚烧、随意丢弃，造成环境污染和资源浪费。

技术、资金、人才缺乏和基础设施建设薄弱导致企业投资强度和发展受限。 因人才缺乏，技术研发能力薄弱，创新能力不足，大部分乡镇企业在加大节能技术研发、改造老旧设备等方面缺乏资金技术，难以持续性投入，降低能源消耗和污染排放。在生产和推广节能减排的新产品等方面缺乏动力，导致企业竞争力不强、资源浪费、发展不可持续。同时，大部分乡村交通道路、网络、物流以及供水、供电设施相对落后，农村内部以及农村与城镇间互联互通不够顺畅，与现代生态业和产业发展不匹配，限制了产业发展和美丽乡村建设的推进。

农村产业绿色低碳发展政策和制度有待完善。 由于我国农村产业发展还处于初期阶段，促进产业发展的政策制度和保障机制不够完善，集体经济管理制度、小农户与现代农业经营主体的利益联结机制不健全，导致农民利益难以得到保障。用地和资金上政策保障不足，农业经营主体融资难、融资贵的困境依然存在。尤其是推动农村低碳经济发展的法规和政策体系不够完善，相关产业政策、税收政策、土地政策、信贷政策及市场准入等方面的扶持政策尚不明确，有关投资主体在农村绿色低碳发展方面投资意愿较低。

企业参与农村污染减排和节能低碳发展的程度较低，农村群众减污降碳意识淡薄。 调查显示，2021年仅三成左右的工业和非工业企业参与农村生活污水和垃圾治理工作。参与养殖尾水治理的工业和非工业企业比例最低，分别为1.8%、3.9%。约10%的工业和非工业企业分别参与了发展节能低碳农业设施、推广节能生产生活设备、推动可再生能源应用的工作。同时，企业普遍反映在农村开展减污降碳和节能低碳发展工作面临的主要困难为群众的减污降碳意识淡薄、成本较高、农村基础设施较差、技术限制等问题。

（三）发展展望

一是从城乡融合大格局中推动资源要素向农村有序集聚。支持民营企业发展乡村现代农业和生态服务业，增加农业生态产品和服务供给，强化入乡要素与乡村形成利益共享机制。推动构建"高标准农田＋新型经营方式＋配套产业"的项目组合一体化建设模式，扶持农业产业集聚区建设，夯实农村产业融合发展基础。积极将城市民营企业的先进生产力和乡村绿色空间充分融合，切实将农村的生态优势转化为产业优势，促进农村绿色低碳发展。

二是推动农村基础设施建设，加强农村绿色低碳发展理论宣传。推动农村物流设施建设，延伸乡村物流服务网络。配合生态环境部、农业农村部等相关部门开展农药化肥减量、生活污水和垃圾治理、畜禽粪污资源化利用、农村厕所革命，扩大农村污染治理基础设施建设市场规模。加强农业龙头企业与农业科研院所、涉农院校科技研发应用，充分发挥人才和科技支撑作用。收集整理农村污染防治和基础设施建设信息，利用工商联企业培训机制，为企业提供参与农村绿色低碳发展的服务信息。

三是完善支持农村绿色低碳发展的政策机制建设。积极引导资金、技术、人才等要素向农村产业融合集聚，推动建立多元化产业融合主体制度，支持探索多种以农业农村为核心的产业融合发展模式。扶持运用现代物联网、生物技术、资源利用、污染减排等现代生产要素的企业创新。推动发展农村普惠金融，综合运用奖励、补助、税收优惠等政策，深化农村金融体制改革，推进产学研深度融合，鼓励产业链各环节联接的模式创新。

Ⅲ　企业实践篇

八、深入践行绿色发展理念，创新能源产业新生态——正泰集团股份有限公司

正泰集团股份有限公司（以下简称"正泰"）创立于1984年，是全球知名的智慧能源系统解决方案提供商。创立38年来，正泰聚焦绿色能源、智能电气、智慧低碳三大产业，培育科创、孵化新动能，持续深耕国际市场，业务遍及140多个国家和地区，全球员工四万余名，年营业收入逾1000亿元，连续20年上榜中国企业500强。正泰围绕"双碳"目标，积极践行绿色发展理念，通过持续创新，打造"绿源、智网、降荷、新储"能源物联网产业新生态，探索出了一条绿色、高效、环保、循环可持续发展之路，为经济社会低碳转型贡献力量。

（一）创新"光伏+"模式，推进光伏发电多元布局

"双碳"目标带动能源、电力领域的巨大变革，以光伏发电为代表的新能源将成为实现我国能源结构优化的主力军之一。正泰通过联合央企、国企，不断加强光伏基地投建力度、创新"光伏+"发展模式、提供光伏一站式解决方案等主要举措，投资建设690多座光伏地面电站和50万户农村屋顶光伏电站，累计开发建设容量超16GW，每年可减少二氧化碳排放1600万吨，是全国光伏电站投资规模领先的民营企业。

正泰遵循生态环境治理原则，创新渔光互补、农光互补、沙光互补等"光伏+"发展模式，实现生态增美、农民增收、社会增效。其中，正泰库

布其 310MW 光伏电站创造性地将"治沙＋种草＋养殖＋发电＋扶贫"五大概念有机结合，荣获联合国工业发展组织颁发的"可持续土壤治理"类别全球单项冠军，为全球绿色可持续发展提供了经验与范式。

正泰积极响应整县推进助力乡村振兴的政策号召，为用户提供系统勘测、设计、建设安装、金融服务和智慧运营等一站式解决方案，确保25年品质可靠。截至目前，已在河南、山东、安徽、浙江等地累计建成超50万户农民屋顶光伏电站，全国累计装机规模超 7.6GW，累计可为全国提供83亿度绿电。通过全方位智能化运维手段，保障光伏电站收益最大化。

（二）创新智能电气产品与解决方案，推进智能微电网建设

随着光伏等绿色新能源大量接入电网，正泰积极发挥智能电气全产业链优势，为电网输送、消纳清洁电力提供智能电气产品与解决方案。并提供智能微电网、智能电力物联网等配套解决方案，消纳高比例可再生能源，保障能源电力安全可靠供应，支撑新型电力系统建设。

正泰持续提升智能制造水平，为推动建设新型电网系统提供发、输、储、变、配、用等各场景先进电力设备。在北京冬奥会中，正泰依托电气全产业链优势，为冬奥会光伏迎宾廊道提供软硬件全套光伏设备，以一站式电站解决方案助力廊道绿色、低碳、高效运行。

基于清洁能源开发、建设、运维、管理于一体的理念，正泰积极推广园区（城市）级智能微电网解决方案。以海宁的"风光储氢"多能互补低碳智能园区示范项目为例，该项目融合分布式新能源发电、储能、用电负载等先进技术，实现清洁能源与需求侧可控负荷的协调运行，为智慧园区的综合能源系统提供有效解决方案，建设绿色低碳园区。

在硬件端，正泰将通信技术、传感技术与设备（智能终端、量测开关、智能电能表）深度融合，打造全网感知智能台区，实现状态感知，数据采集、传输和应用，以及远程控制等功能。在软件端，正泰自主研发智慧电力运维服务平台——泰无忧，实现动态监控、超前预警、能耗监测等功能，全方位地服务于 220KV 及以下电力资产运营、维护和资产保障，支撑电网更加智能化、数字化、绿色化发展。

（三）赋能智慧低碳城市建设，促进节能降耗减碳

正泰聚焦绿色低碳城市建设场景，融合物联网、大数据、人工智能等新技术，打造能源物联网 PaaS 云组态应用平台，持续在全国多地布局分布式区域综合能源站、近零碳建筑与智慧楼宇、智能电气化交通解决方案等，持续提升节能、降耗、减碳水平。

遵循以能源规划设计为龙头、以多能互补为支撑、以冷热电储协同为核心、以全生命周期专业运维为保障的理念，正泰开展分布式区域综合能源服务、江水源热泵耦合蓄能、"江水空调"耦合冰蓄冷等一系列低碳能源协同互济的项目，在有效转移高峰电力负荷的同时，大幅减少各类碳氧化物、氮氧化物与烟尘废气的排量。

聚焦大型公共建筑、产业园区等重点高能耗领域，正泰推广实施强弱电一体化及"全程能效"模式，利用大数据能源管理、太阳能发电系统、空气环境监控等技术，涵盖大型公共建筑节能项目、近零碳试验示范楼项目、智能楼宇节能项目、智能家居与智慧终端项目等案例达 300 个以上，助推城市（园区）建筑群绿色转型、节能降耗。

通过智慧灯杆、全域智慧充电网、新能源汽车"光伏天窗 + 光储充"、船舶岸电解决方案，以及布局氢燃料电池核心环节，推动氢能重卡示范应用等项目，打通不同交通场景间的互补协作。智慧路灯通过对 5G 微基站、智能充电桩等进行深度融合，助力城市快速构建 5G 融合生态，实现数智管理与绿色出行的深度融合。

（四）打造多场景储能新基建，加强规模化创新应用

正泰通过深入参与调频、调峰、调压环节以及运用储能模块化技术方案，推动"新能源 + 储能"一体规划、同步建设、联合运行，增强电网和终端储能调节能力，让新型电力系统更可控、更可调度、更可持续。

围绕全场景储能服务需求，正泰在电源侧、电网侧、需求侧广泛应用新型储能配套设施，提供新能源消纳解决方案、用户侧削峰填谷解决方案、发电侧辅助服务解决方案、微电网解决方案、一站式储能系统解决方案。在西藏日喀则市落地 50MW "光伏 + 储能"综合能源示范项目，配备

100MWh 的储能系统，年发电量 1 亿千瓦时，年可节约 3.06 万吨标准煤；此外，浙江首个线路侧定点储能示范项目、山东郯城光储项目乃至美国圣地亚哥商用光储能系统、日本商用储能系统等，实现削峰填谷、需求侧响应，创新源荷双向互动模式。

九、坚持减污降碳，打造绿色低碳标杆——天津荣程祥泰投资控股集团有限公司

天津荣程祥泰投资控股集团有限公司（以下简称"荣程"）创业发展 34 年，始终坚持钢铁主业做精，跨界跨业相关多元发展，现已形成钢铁能源、经贸服务、科技金融、文化健康四大产业，成功构建集团总部、四子集团、研究院、学院、基金会"1+7"的总体布局，"智云、智运、智造"三智合一的荣程模式和"城乡结合、产城融合、产融联动、产教联合、产研协同"城乡产融一体化的发展模型。截至 2021 年底，累计实现利税 280 亿元，社会贡献总额 334 亿元，位列中国民营企业 500 强第 99 位、中国民营制造业 500 强第 52 位，荣获"全国文明单位""中华慈善奖""全国就业与社会保障先进民营企业""全国厂务公开先进企业""全国'万企帮万村'精准扶贫先进民营企业""全国绿色工厂"等荣誉称号。

（一）坚持绿色发展，打造绿色低碳"新标杆"

荣程始终将环保视为企业生命线，坚持"环境经营，绿色发展"的环保理念，积极开展转型升级，走绿色发展道路，本着"生命、生活、生态、生产相循环，人与自然和谐共生，工业区与城市相融合"的设计理念，高度重视环境经营和清洁生产，不断加大节能环保投入，环保累计投入超 55 亿元，建成 30 余个绿色低碳项目，获评国家级绿色工厂。2020 年，成为第一家获得"全国冶金绿化先进单位"的民营企业。

目前，荣程厂区料场实现全面封闭，主要污染物排放均达到或优于国家限值标准；升级污水处理系统，日处理居民生活废水 4.8 万吨、日回收利用工业废水 1 万立方米；生产余热回收用于城市供暖工程一期已投入运行，社会效益显著；运输结构调整全面实现公转铁，原料铁路运输比例提高到

80% 以上；绿化、美化、文化高度融合的生态旅游型工厂正在加速建设，厂区现有造林绿化面积达 1900 亩，整体绿化率达到 38% 以上，绿化覆盖率达 46%，在盐碱地上种出了"春有花、夏有荫、秋有景、冬有绿"的森林式工厂。

（二）坚持创新引领，做精"新引擎"

荣程坚持创新在工作全局中的核心地位，着力推进大数据、互联网、人工智能与制造业的深度融合，集中院士协同创新中心、新智研究院、荣程科协，全力打造核心人才、核心技术、核心产品、核心业务、核心服务，向智能化、绿色化、高端化、链条化方向发展，实现更高水平内涵型增长，助力品牌建设取得新成效。持续推进精品钢基地建设，连续获得"全国带钢钢厂优质品牌""全国带钢钢厂人气企业""2021 中国卓越钢铁企业品牌"等多项荣誉。牵头及参与制定行业标准、团体标准 13 项，获得专利授权 7 项，进一步扩大了企业竞争力和影响力。持续提高产品附加值，提高战略新兴材料比重，开发高端、长寿、优质钢材。目前，荣程战略新兴材料占比达到 30%，多项产品被中央军委纳入军需供应商名单，被列为生产型一级企业，产品成功应用到港珠澳大桥、复兴号高铁、京雄高铁、国内单体最大 LNG 储罐项目、世界最宽双塔空间双索面自锚式悬索桥——跨灞河大桥、2022 年冬奥会交通配套工程以及"一带一路"沿线巴基斯坦、埃及等国家港口这些重量级大项目上，积极助力国内大循环和国内国际双循环。

（三）坚持能源转型，助力"双碳"目标

荣程积极推动光伏绿电及能源结构调整。2021 年 8 月，集团"1000 千克 45Mpa 加氢站及首批 5 辆氢燃料电池重卡"投入运营，积极助力氢燃料电池汽车示范城市建设。截至目前，加氢站累计加氢 2675 次，运输量 10.4 万吨，行驶里程 36.2 万公里，实现减排二氧化碳 333.7 吨。同时利用厂房屋顶、水处理 600 亩水面建设了 9.66MWh 屋顶分布式光伏发电、全国冶金企业首家水面渔光互补式 40MWh 光伏发电。截至 2021 年底已发绿电 83.53 万度，减少碳排放 738.66 吨；渔光互补项目全年发电量可达 4300 万度，年可减排二氧化碳 3.8 万吨。通过与清华大学、东北大学、中石化、

中冶赛迪、陕鼓集团等单位联合成立"产学研用联盟",打造全国首家"钢化联产—氢冶金"试验工厂。积极推动碳捕集及综合利用前沿技术应用,加快碳捕集、封存、综合利用(CCS/CCUS)等关键性技术吸收、引进、创新和应用。

(四)坚持数智驱动,激发智能制造新活力

荣程聚焦数字赋能,以智能制造为纲,推动产业数字化、智能化升级,全力推进"5G+"数字化工厂建设,以全过程数字化管控实现管理降碳。目前,"智慧大脑"一期工程已成功运营,成功构建低碳发展评价体系,以数字化"碳"管控平台,推进精益降碳。经测算,全年可减少碳排放约13.2万吨,具有良好的数字化集成效益。同时,积累的碳排放数据,也为"双碳"工作奠定数字化管理基础。近期,荣程积极推进智能装备技术革新,改造电机、风机、水泵等1303台,年节电量达7850万千瓦时,折合减碳6.1万吨。

十、深化清洁生产模式,持续提高资源利用效率——安东石油技术(集团)有限公司

安东石油技术(集团)有限公司(以下简称"安东")成立于1999年,是全球领先的一体化油田技术服务公司。现已形成全面覆盖的市场网络,业务遍布30个国家和地区,在中国、中东、非洲、中亚、东南亚、拉美地区设有众多服务基地,形成了快速响应的全球服务支持体系。现旗下29个全资子公司实际运营,共有员工375名,是以高端国际化人才为主要组成人员的高新技术企业和现代服务业企业。安东秉承"成为人与环境高效、和谐发展的典范"这一愿景,积极响应国家"2030年碳达峰、2060年碳中和"的号召,全面推进绿色低碳战略的落实,将绿色发展理念贯彻到业务全流程之中,持续提升资源利用效率,深化清洁生产模式,切实减低业务环境影响。为此安东成立低碳及新能源技术公司,针对油气田痛点,为客户定制全方位的油气田低碳新能源解决方案,打造全球化的油气田绿色可持续能源与低碳发展平台。

（一）减少温室气体排放，累计节煤达到 6900 吨

安东的环境目标之一是减少客户和公司自身的温室气体排放。通过持续推进"能效提升"计划，大力推广清洁能源，加大网电钻修井、网电压裂、太阳能等清洁能源项目实施，替换高耗能高排放设备设施。同时研发采用低能耗技术，持续推广油改电、锅炉设备升级改造、广域电磁法等节能技术及节能装置。截至 2021 年底，公司已实施"能效提升计划"措施 19 项，累计节约标煤 6900 吨。

自 2017 年以来，安东一直提倡使用电力设备替换钻机和压裂泵等柴油发动机设备，减少对柴油的消耗 2 万吨以上，大幅减少了公司在作业中的温室气体排放。2020 年，安东积极开发网电设备供应商，将地方电网线路搭建到钻井施工平台，同时自主设计研发了 JLD–10 型电代油专用设备，以电代油，全面实行节能减排、清洁生产。2021 年，安东首个光伏新能源项目在冀东油田唐海基地机械公司西厂区通过竣工验收并正式并网运行。截至目前，公司实现钻机碳排放量减少 703.01 吨，硫排放量减少 17.79 吨。

安东在自身实现减排的同时，致力于为客户提供全面绿色低碳业务咨询管理服务。2020 年，安东推出了低碳能源及新能源解决方案，以及智慧油气田解决方案，致力于帮助客户实现油气田的数字化和低碳发展。安东提供的低碳及新能源解决方案包括天然气回收、碳捕捉回收及封存、地热资源开发利用、低碳业务咨询与碳资产管理。

（二）提高资源利用效率，循环利用污水 1.9 万立方米

安东持续完善内部资源使用管理政策和体系，不断提升能源使用、水资源使用的效率，以节约资源使用。2021 年，公司合规处置污水 8.72 万立方米，回收循环利用 1.9 万立方米。从节水技术应用、废水循环工艺、项目运营管理等多个方面持续减少水资源使用，提高水资源使用效率。通过不断规范对于水资源消耗的统计、分析、改善等过程管理，实施压裂返排液处置利用技术，大量减少新鲜水用量，实现节水控制目标。在耗水量最大的压裂泵送业务中，公司引进了新的材料来减少淡水的消耗，这些新材料

可以将返排液再利用于其他活动。同时公司鼓励运营团队通过安装节水设备或改善水井的设计，开发创造性的想法来减少用水量。

在水资源循环利用方面，安东认真落实污水排放相关标准规范，持续加强对工业废水、生活污水的集中处理。积极推广污水洗井工艺，实现钻井、压裂、作业废水全部回收合规处置。持续推进施工现场废水的回用工作，合理配置生活废水处理装置，通过处理后实现生活废水重复利用，不断减少污水排放。

在用电方面，安东实施了电力效率计划，将柴油机设备更换为电力设备，以减少排放。2018 年以来，公司的油田管理团队成功改造了伊拉克南部某大型油田的运营系统，帮助客户削减了约 60% 的非生产时间和不必要的资源消耗。

（三）合规处置废弃物，实现危险废物合规处置率 100%

安东坚持源头减量化、过程资源化、末端无害化原则，对生活垃圾、一般工业固废及危险废弃物严格实行分类管理，积极推进一般固废的资源化利用，聘请有资质的企业对各类固体废弃物进行回收。针对危险废弃物处置，公司设立了符合相关要求的危险废物临时贮存点，并委托第三方公司处置危险废物，进行回收处置。同时，通过实施清洁生产技术、分层钻井减少油基泥浆使用、推广钻井泥浆随钻处置技术和井下除油技术、实施地面箱式修井作业等清洁生产措施，大幅度削减固体废物和危险废物的产生量；加大含油废物等固体废物综合利用和处置设施建设，规范引入第三方机构开展固体废物处置利用，确保固体废物处置利用全过程依法合规；建立危险废弃物清单，加强转运、储存、分类等环节的标准化管理，实现了一般工业固体废物、危险废物的全过程精细管理和监控。2021 年，安东合规处置生活垃圾 821.70 吨、一般固体废弃物 150.5 吨、危险废弃物 3.8 万吨、无害废弃物合计 976 吨，采用回收、循环再利用或转售等方式分类处置，实现危险废物、一般固体废物、生活垃圾合规处置率 100%。

十一、绿色设计，智慧养殖，种养循环——四川铁骑力士实业有限公司

四川铁骑力士实业有限公司（以下简称"铁骑力士"）是一家集饲料、牧业、食品、生物工程为一体的现代农牧食品企业集团。在全国 25 个省市建有 150 余家分（子）公司，从业人员万余人，为国家农业产业化重点龙头企业，国家认定企业技术中心。面对绿色低碳高质量发展的要求，铁骑力士以生态文明可持续发展为主线，形成了以技术为引领、以产品为核心、以低碳循环为抓手的绿色低碳发展模式。在组织端，全面建成"一体统筹、四维协同"的多级联防联控环保组织体系；在产品端，不断通过技术创新，从源头减排；在运营端，通过循环经济的发展模式实现节能减排；在社会端，坚持商业向善，积极投身于乡村振兴事业。先后获得"全国民族团结进步模范集体""全国'万企帮万村'行动先进民营企业""全国绿色经济示范企业""四川省脱贫攻坚先进集体""四川省环保良好企业""四川省优秀民营企业"等荣誉。

（一）科技驱动，源头减排

率先在行业中提出"回归本源，从肠计议"的源头碳减排理念，从源头提高资源利用率。通过"可发酵碳水化合物（FC）"的节源技术研究，成功实现粪尿排泄物中氨气排放降低了 53.48%；通过猪饲料中微量元素调控技术研究，成功实现粪便中氮和磷的排放量分别降低 36.52% 和 38.85%；通过多组分蛋白质饲料精准调控技术，实现氨基酸平衡互补，节省蛋白饲料资源 5% 左右，减少氮排放 20% 以上。2019 年，铁骑力士作为第一企业完成单位参与的"猪抗病营养技术体系创建与应用"研究，荣获国家科技进步二等奖。该项目以营养与免疫为核心，系统研究了营养与影响健康的关键因素之间的互作关系，通过营养措施改善猪免疫力，促进受损机能修复，缓解疾病危害，减少用药量。成功通过营养结构优化，分别减少 10% 有机物和氮、20% 粪污、50% 磷、80% 铜和锌排放，同时降低 60% 发病率和用药量。

（二）绿色设计，集约生产

通过集约化养殖，遵循"减量化、无害化、资源化"的原则，把清洁生产、废物循环利用、生态设计和绿色低碳发展融为一体。在规模化畜禽养殖过程中，通过精准营养调控技术降低粪污有毒有害物质排放量，减少环境污染。饲养过程中，全程使用低蛋白日粮技术，降低畜禽粪尿中氮排出量，减少氨气产生。针对后端粪污处理环节，污水经过厌氧处理、好氧处理之后，在基地周边作为灌溉水源循环使用，实现污水零排放。养殖粪便经过发酵之后形成有机肥供给当地农户使用，发酵产生的沼气供当地居民生活使用，较好地锁定了生猪养殖业当中的碳排放，在养殖基地及配套设施中实现了碳循环，进一步推动了畜禽养殖产业的智能高效、绿色低碳模式的发展。

（三）智慧养殖，节能降耗

铁骑力士针对畜禽养殖场，全面引进节能节水环保设备、干清粪工艺和漏缝板结合的机械刮粪装置及智慧养殖给料系统等，从多方面提高畜禽对水和饲料的利用效率，降低了废水浓度，减少废水量。以蛋鸡产业为例，从育种到设备引进，对标国际先进技术。把传统半开放式蛋鸡养殖模式升级为现代化、自动化、智能化养殖模式，使传统人均养5000只到人均养10万只蛋鸡。通过采用先进的饮水乳头，减少水分的跑漏现象，同时利用负压通风养殖模式，将鸡粪中的水分迅速蒸发，实现鸡粪含水率从80%~90%降低到60%以下，有效降低后期鸡粪处理的能耗。通过对鸡粪、废水进行加工、清污分流和集中处理，鸡粪加工为有机肥，废水进入沼气池，推进畜禽养殖业无害化、规模化，实现"生态养殖—有机肥料—种植业"的循环模式，推动节能减排。

（四）种养循环，绿色发展

积极推行产业资源生态大循环模式，利用粪污高效干湿分离、固体有机废物好氧堆肥、液体粪污厌氧发酵、粪肥深施还田等工艺，推动产业发展由"资源—产品—废弃物"的线性经济向"资源—产品—再生资源—产品"的循环经济转变。粪污肥化还田一方面可降低畜禽粪污集中排放带来的农业面源污染风险，另一方面可实现秸秆资源的高效利用，丰富土壤有机质含量，有效提升土壤生产力，实现固碳减排、碳中和。

在四川三台县，铁骑力士枫叶牧场是一个集现代化、智能化、数字化一体的中国最大的生猪扩繁场。通过对全过程的种养循环生态模式配套建设，处理后的粪污，通过专设管网用于周边耕地、林地施肥，减少化肥施用量。累计改良养殖场周边土壤20000余亩，沼液循环利用率达到90%以上，农业资源利用率提高30%左右，农药和化肥施用量减少50%，带动项目区及周边区域2200亩麦冬基地、1000亩大蒜种植基地、1000亩藤椒基地的发展。年实现经济效益2000万元。该场已被农业农村部列为现代数字农业示范场。

铁骑力士利用农林牧工产业共生、产业链条延伸增值、废弃物循环利用，通过从源头控制，实现从源头多维减排、生产全过程清洁加工、废物分质高值化利用、产业集群生态有机链接等关键技术和模式，持续创新和践行生态绿色产业路径，不仅推动了企业可持续高质量发展，更为推动国家"双碳"战略实施贡献了企业力量。

十二、以"干净空气"为使命，深耕绿色环保新材料和产品——重庆再升科技股份有限公司

重庆再升科技股份有限公司（以下简称"再升科技"）成立于2007年，于2015年1月在上海证券交易所主板上市，是国家高新技术企业，建有国家企业技术中心，员工总数1496人。主营业务为超细纤维、膜材、吸附材料、微静电材料、油气分离材料及隔音隔热材料等新材料的研究，以材料为基石，深度挖掘材料的优势性能，依托"国家企业技术中心"，发挥在"干净空气"和"高效节能"领域多年深耕的技术优势、材料优势、检测优势、研发优势和设计优势，为工业与民用、医疗、电子、农牧业、室内公共空间、军工、航空航天等领域提供"干净空气"和"高效节能"的定制化应用产品及解决方案。再升科技连续多年在环境信用评价中获评"环境诚信单位"，曾获全国建材行业先进集体、国家知识产权示范企业、中国技术市场金桥奖、重庆市科技进步一等奖等荣誉，参与了国家标准、中国行业标准的起草。

（一）研发制造同步发力，打造创新生态集群

再升科技秉持"以终为始"的目标导向，以超细纤维、膜材以及吸音绝热材料等新材料为基石，围绕"干净空气"的事前、事中、事后的全部过程进行创新研发和应用探索，坚持积极培养高层次科技人才和具有国际视野的复合型低碳管理人才。通过设立博士工作室，围绕气—液和液—液凝结分离材料，高温气—固分离材料，核级高效过滤材料，液滤、油滤高容尘量复合材料，超细玻璃纤维棉产品开发，微玻璃纤维保温材料胶粘剂，超细玻璃纤维复合材料的开发及其产业化应用，汽车用生化防御级别空气过滤系统开发，新型高效过滤器开发等方向展开研究探索工作。通过建立国家企业技术中心，打造创新生态集群。2015 年成立研发机构重庆纤维研究设计院，与松下电器（中国）有限公司合资成立松下真空节能新材料（重庆）有限公司；2016 年收购重庆造纸工业研究设计院；2017 年实现与悠远环境的强强联合，增资深圳中纺，设立重庆宝曼，实现产品结构的进一步拓展；收购意大利法比里奥 25% 股权，开展国际化研发布局；2018 年获"国家企业技术中心"认证，超细玻璃纤维棉通过欧洲矿棉产品认证协会认证；2019 年建成"干净空气"体验中心；2021 年和日本松下电器集团共同出资建设松下真空节能新材料（重庆）有限公司研发制造基地并正式开工。

（二）将绿色理念贯穿于产品全生命周期，提升产能与品质

再升科技将绿色理念贯穿于产品全生命周期，从原材料、生产到终端消费尽量减少对环境的影响。通过自动化、智能化改造与设备升级，不断降低单位产品能耗。以自筹资金进行先期投入年产五万吨高性能玻璃纤维棉建设项目，及年产 8000 吨新型高效空气过滤材料建设项目，推进各项自动化数字化工艺改造和技术升级，进行产能和品质提升，为实现"双碳"目标提前布局；研发的航空级隔音隔热毯打破美国垄断，取得中国商飞试验资格证书，为中国商飞解决材料"卡脖子"难题，为实现中国航空装备并跑、领跑提供坚实支撑。

（三）紧跟"双碳"目标要求，深耕绿色环保新材料和产品

再升科技深入贯彻碳达峰碳中和重大战略，不断深耕环保新材料，研发绿色健康产品，紧跟时代低碳步伐，带领"干净空气"和"高效节能"行业不断激发绿色潜力，已实现多种核心过滤材料及技术，包括高性能玻纤滤料、低阻熔喷滤料、纳米过滤材料（研发中）等多种过滤材料及设备自主生产。在"高效节能"领域，再升科技拥有微纤维玻璃棉、高比表面积电池隔膜（AGM隔板）等产品，服务于对保温、隔音、隔热、节能等有较高要求的高端节能领域。再生科技积极利用5G时代的数字化技术，不断优化、持续迭代现有生产方式、产品品质，提高生产效率，持续推动"干净空气"材料在半导体、电子、医药等领域的国产化替代，并积极开拓新产品、新应用领域及国际市场，已成功为京东方、华星光电、中芯国际、厦门天马、合肥晶合、奕斯伟等行业优秀企业提供"干净空气"产品和解决方案。

十三、治理空气污染，打赢蓝天保卫战——中自环保科技股份有限公司

中自环保科技股份有限公司（下称"中自科技"）成立于2005年，于2021年10月22日在上交所科创版上市，是一家以催化技术为核心，致力于天然气（CNG/LNG）、柴油、汽油等燃料发动机排放后处理催化剂（器），工业VOCs催化剂以及氢燃料电池催化剂的研发、生产和销售的国家技术创新示范企业和工信部"专精特新"小巨人企业。中自科技始终坚持攻坚突破新材料、新能源领域，专注于汽车尾气净化技术持续创新和产品迭代，自主掌握了环保催化剂和氢燃料电池电催化剂等产品从配方到工艺的全部核心技术，是我国移动污染源（机动车、非道路机械、船舶等）尾气处理催化剂领域的少数主要国产厂商之一。近五年来，先后荣获国家科技进步二等奖一项、省部级科技进步一等奖五项、省部级科技进步二等奖四项。四川省人大常委会及四川省环保厅授予中自科技2018年首届"四川省十大环保守信企业"。

（一）提供优质绿色产品，以创新驱动企业高质量发展

中自科技以发展中国自主环保事业为己任，积极参与"污染防治攻坚战""蓝天保卫战""柴油货车污染治理攻坚战"，持续开发净化效率越来越高的机动车尾气净化催化剂，不断满足机动车尾气排放标准，降低机动车污染物排放，有效改善空气质量。为了在关键技术上实现赶超，突破国外"卡脖子"技术，形成完全自主可控的核心技术，联合国内 13 家行业优势单位共同承担了"十三五"期间面向国六标准的国家首批重点研发计划项目"替代燃料车和摩托车污染排放控制技术与系统研究"。经过历时四年的技术研发，突破了关键技术，形成了具有完全自主知识产权和国际领先的核心技术。从 2019 年 7 月国六重型天然气车法规实施后一年内，在全国 2868 个天然气车催化剂环保公告中，中自科技国六天然气车催化剂获得国家环保公告 1462 个，占行业总数的 51%，超过了三家国外公司的总和，其专利技术在天然气车催化剂细分市场打破国际公司垄断，成功实现国产化替代。目前，中自科技国六催化剂已在 10 万多辆国六天然气车上得到应用，累计净化 CO、HC 和 NOx 等污染物 287 万吨。相对于同等数量重型柴油车来说，累计二氧化碳排放减少了 1756 万吨。中自科技从国家和四川省重大需求出发，成功解决了行业"卡脖子"技术问题，通过大幅降低产品成本提升行业竞争力，实现了国产替代，以创新驱动产业高质量发展，产生巨大的经济和社会效益，最终实现了我国在汽车尾气净化催化剂细分领域关键技术自主可控。

（二）积极探索碳达峰碳中和实践路径，"以旧换新"推动资源循环利用

面对减污降碳新的时代背景，中自科技抢占先机，履践致远，聚焦于满足国六及更高排放标准的天然气、柴油、汽油等燃料发动机排放后处理催化剂（器），同时在氢能源领域加强研发投入，履行社会责任。提前布局、积极探索氢燃料电池电催化剂的相关领域，参与国家重点研发计划——2020年"可再生能源与氢能技术"重点专项"高性能／抗中毒车用燃料电池催化剂的合成技术与批量制备"项目。通过应用铂催化核心技术，为北京冬奥

会开发了绿色、低碳和确保氢气火焰持久不熄的催化剂。此外，企业开展碳核算，设立企业碳中和目标及实施路线图，运用多种手段践行低碳生产经营模式，积极参与自愿碳市场建设，推动产业上下游联动，构建碳中和供应链，倡导公众低碳生活方式。中自科技从 2017 年起参与成都市科技治气技术创新工作，2021 年 6 月，已在成都、张家口推出催化器"以旧换新、长期质保"公益试点活动。据测试数据显示，通过对汽油车失效催化剂的"以旧换新"，能实现对五年以上的单车减排率达 99%，减排效果立竿见影。

（三）将环境管理纳入企业经营，积极创建绿色企业

中自科技倡导践行可持续发展理念，从生产经营管理各个环节均严格按照环保节能概念，遵守相关法律法规，达到环境影响最小化，实现"绿色企业""绿色工厂"的环境友好型发展。在项目施工建设过程中，严格按照环保"三同时"要求，从设计阶段就将环保列入重要议题，各项参数的选择、设备的选型和制作均选择先进的节能环保新工艺、新技术、新设备，从源头上控制污染源，做到达标排放。实施水质改良工程，加强公司污水集中处理，先后投资 518 万元建设污水处理站。实施洁净工程，建立《固废管理控制程序》，加强公司垃圾无害化处理场建设。积极推行环境管理体系运行，制定了重大环境因素、危险源管理方案，对不利因素进行有效削减，并通过了 IATF16949、ISO45001 职业健康安全管理体系认证、ISO14001：2015 环境管理体系认证。

十四、以"绿色低碳"为己任，助力实现碳达峰碳中和——西子清洁能源装备制造股份有限公司

西子清洁能源装备制造股份有限公司（以下简称"西子洁能"）成立于 1955 年，主营业务涉及余热锅炉、生物质锅炉、循环流化床锅炉、燃气锅炉、盾构机等新装备的咨询、研发、生产、销售、安装，以及 EPC、锅炉维修、升级改造、智慧锅炉等新服务，同时提供新能源领域全生命周期的智慧服务，并将业务链延伸至新能源投资运营。西子洁能秉承"为人类改善环境"的使命担当，充分发挥 67 年坚持余热利用、专注节能减排、实现绿色零碳

的先天优势，积极响应"30·60"目标，深入谋划绿色发展，加大对新能源领域的投入，加快企业转型升级步伐。至今已生产节能环保余热锅炉3000多台（套），产品全部投运后，年可节约标煤6600万吨以上，减排二氧化碳1.6亿吨，占全国碳排放总量的1%。2021年西子洁能荣获浙江省质量奖，是中国机械工业百强企业、国家余热锅炉研究开发和制造基地、国家高新技术企业、国家认定企业技术中心。

（一）坚持绿色智能化引领，全力践行节能环保举措

西子洁能建有行业唯一1000吨级挖进式运河专用码头，与车间直通实现重型产品的直接吊装发运，水路运输平均能耗低，码头年发货量达1.3万吨，约占总发货量的25%，同时在厂房屋顶加装光伏发电装置，总装机容量4161.6kWp，年均发电超400万度，约占使用电量的25%。西子洁能储能系统主要由全钒液流电池储能电站和磷酸铁锂电池储能电站组成：全钒液流电池储能电站规格为2000kW/8000kWh，磷酸铁锂电池储能电站规格为4000kW/8000kWh；储能系统年储电量达770万kWh，占使用电量近50%。储能系统接入电网，用电低谷时电站充电，用电高峰时电站放电，实现错峰用电、削峰平谷，减轻了对电网冲击，提升了电能质量。同时为实现管理的"可视化、可量化、可优化"，西子洁能全面推进信息化建设，制定"一主、两翼、两支撑"的IT战略，以"管理数字化、产品数字化、业务数字化、服务数字化"为目标，与阿里、华为、中国电信等合作，打造流程型组织，推进智能制造体系新模式，规划了"12+1"的信息化平台。在能源装备行业率先打造绿色高效的智能工厂，先后荣获浙江省数字化车间智能工厂、浙江省生产制造方式转型示范项目、杭州市未来工厂——智能工厂等荣誉。

（二）坚持创新引领发展，推动新能源＋多元布局

西子洁能在钢铁、水泥、建材等碳排放大户所在行业已深耕60余载，未来将继续在余热利用、节能高效方面积极探索，形成以减量化服务为目标的节能减排产业新业态、新模式，同时大力开发以"近零排放"的生物质锅炉，实现碳的有机循环，布局的新能源＋储能业务模式已经初步完成

研发，即将在储能、调峰等多个场景开展应用。西子洁能主导产品燃气蒸汽联合循环余热锅炉配套燃气轮机，作为电力市场的灵活电源，依旧具有较大的市场前景；与浙江大学产学研深度合作的燃烧后碳捕集技术，目前正在推动示范项目落地。在以传统燃煤燃气为基础能源的锅炉市场及新旧动能转换市场机会之外，捕捉可再生能源、新能源（光伏光热等）、大气治理、固废处理能等清洁能源发电和储能发电市场机会，创新行业能源解决方案，提供智能化能源设备和服务。

（三）升级能源装备服务，推进产业链高质量发展

在能源方面，西子洁能作为国内领先的光热发电和储能领域核心设备供应商，实现了电、热的零碳利用，集成了 PERC、钙钛矿、异质结光伏电池技术，熔盐储能，液流电池储能技术以及氢燃料电池技术；建立太阳能光热发电站及分布式清洁能源供热电站，发展熔盐热储能、电化学储能与二氧化碳捕捉技术，投资太阳能光伏及氢燃料电池产业链，为实现零碳城市提供整体解决方案。

在装备方面，西子洁能作为国内余热锅炉行业领军企业、余热锅炉综合市场占有率 50% 以上，是国内规模最大、品种最全的余热锅炉研究、开发、设计和制造基地，业务遍及世界 100 多个国家及地区。其中燃气轮机余热锅炉制造覆盖至 H 级及以下的所有燃机余热炉，有 300 多套运行业绩，遍布世界 30 多个国家；干熄焦余热锅炉制造覆盖 260t/h 以下的全系列干熄焦余热锅炉产品，国内市场占有率位居行业首位，通过技术升级、设备扩容、燃料变化、设备优化，稳固余热锅炉行业领先地位。

在服务方面，西子洁能依靠多年从事锅炉行业积累的丰富经验，致力于为客户提供全生命周期服务，显著优势在于充分整合各类资源，不仅能够提供灵活的模块化菜单式服务，还可提供含系统技改、科研、检修、安装等内容的成套改造总承包服务。通过脱硫、脱硝、除尘、低 NOX 燃烧等设备与系统的成套改造服务，实现 NOX、SO_2、烟尘等污染物排放达到国家最高排放标准，具有设备性能最优、余热利用率最高、多种工况校核、项目统一管理等优势。

（四）锁定零碳目标，打造清洁能源制造平台

在"双碳"目标下，西子洁能积极开展一系列有益的探索与尝试，在熔盐储能等物理储热、储能领域的实践基础上，全方位布局储电、光伏、太阳能发电、氢能、风电等新能源领域，从余热利用的领导者向清洁能源的制造者转型。

2021年西子洁能建设的全国首家航空零部件零碳工厂成功投运，该工厂集熔盐储热技术、液流电池储电技术、分布式光伏发电技术、氢燃料电池技术等多种新能源发电和新型储能技术于一体，通过"智慧"大脑对多种新能源和储能技术进行有机整合，为西子势必锐航空工业公司提供电、热、冷、压缩空气等动力，实现绿色节能。每年节约标煤5018吨，减排二氧化碳1.25万吨、二氧化硫89吨、氮氧化物28吨、烟尘19吨，实现了园区能源供给的零碳目标，是浙江省首个"光伏＋熔盐储热＋液流储电"示范项目。此外，西子洁能投资建设诸暨零碳工厂装备制造基地于2021年底开工建设，该基地生产过程中所需用电将采用风光氢核储等来解决，全程实现闭环零排放。该基地定位为"零碳工厂制造者"，建成之后每年将为"零碳电厂""零碳钢厂"生产上百套的"零碳"设备，通过技术服务和零碳产品输出，将全国现有100多万台传统锅炉改造成"零碳发电厂"，通过清洁能源及储能等技术将高能耗的钢厂建设为零碳钢厂，打造零碳园区。

十五、聚焦"专精特新"，用行动书写"双碳"绿色答卷——英利集团有限公司

英利集团有限公司（以下简称"英利"）成立于1987年，1993年进入光伏领域，1999年承接国家首个年产3兆瓦多晶硅太阳能电池及应用系统产业化工程示范项目，是首家赞助2010年、2014年两届足球世界杯的中国企业，2012年、2013年连续两年光伏组件出货量全球第一。秉承"科技、绿色、服务"的发展理念，英利依托光伏和服务业两大板块，确定光伏绿色建材、绿色超低能耗建筑、绿色"一带一路"三大战略方向，推动能源结构绿色生态精细化转型，发展成为集高效光伏组件制造、BIPV绿色建材

开发与应用、电站 EPC 整体解决方案、智慧运维、零碳清洁能源全生命周期开发利用以及城市运营服务、新型城镇化建设、酒店餐饮、绿色物流为一体的综合性产业集团，在全国设有 21 家省级公司和 1156 家授权服务网点，在京津冀、长三角、大湾区等重点区域设有分支机构，业务范围覆盖英国、德国、荷兰、中东等全球近百个国家和地区。

（一）聚焦"专精特新"，引领高质量发展

英利高度重视光伏前瞻技术和关键技术研发，拥有"光伏材料与技术国家重点实验室""国家能源光伏技术重点实验室""国家级企业技术中心""光伏技术国际联合研究中心"四大国家级创新平台。独具特色的顶层创新、技术创新、草根创新三级创新体系，培育出一批"专精特新"企业及以苗青、毛志军创新工作室为代表的多个创新组织。积极开展对外合作、产教融合，与中国科学院电工研究所、清华大学、北京师范大学、华北电力大学、河北金融学院等研发机构和高等院校开展广泛技术合作和高端人才培养项目，设有院士工作站和"博士后科研工作站"。截至目前，英利累计研发投入 35 亿元，专利申请 2644 项、授权 2231 项、PCT 国际专利 13 项。先后承担国家"863 计划""973 计划"、国家重点研发计划等国家级科技项目 31 项，主持和参与编写国际、国家及行业标准等超 110 项，在光伏行业中国家级平台资源、专利申请量和授权量遥遥领先，相继被评为国家创新型试点企业、国家火炬计划重点高新技术企业、国家知识产权示范企业、国家级绿色工厂等。

（二）助力"双碳"落地，用行动书写"双碳"绿色答卷

英利紧密围绕新技术、新产品、新模式和新经济形态，大力推动信息技术和新能源深度融合，积极参与智能电网、先进储能、零碳建筑、智慧运维、新型低排放基础设施建设，投身以清洁能源为核心的新能源革命。其中，零碳研究院作为英利"双碳"发展路径、技术成果落地实施的重要平台，是工信部中国绿色供应链联盟光伏专委会秘书处单位、5A 级社会组织，被工信部认定为绿色制造体系第三方评定机构，承担河北省科技厅重点研发计划项目"晶体硅组件绿色回收处理成套关键技术及应用示范"、环资专项

项目"超低能耗建筑关键技术研究及示范",为河北省实现"双碳"目标提供部分解决方案。

(三)加强对外合作,开启光伏智能建筑发展新局面

英利大力开展零碳、绿色领域的技术研发和标准输出,与众多权威机构、重点院校、龙头企业建立紧密的合作关系,践行生态优先、绿色发展理念,推动以发展绿色建筑为主要形式的绿色生产、生活方式。与上海市建筑科学研究院签署战略合作协议,围绕未来城市生态建设、推动绿色低碳发展等方面开展战略合作;与以清华大学为代表的全国高校合作,参与绿色校园项目建设,为更好提供绿色建筑示范案例;通过举办多届零碳发展高峰论坛、"零碳杯"系列大赛,组织多场"零碳校园行"、零碳技术进校园等活动,与行业专家、高校师生面对面交流,激发思维潜力,增强创新意识;联合编制河北省、山东省、河南省、湖南省等多省的"光伏＋多场景应用"等系列智库报告,为光伏产业与建筑业融合发展,为能源结构绿色转型奠定基础;联合光伏材料与技术国家重点实验室、华北电力大学、河北大学等高校、企业和科研院所发起成立"光伏＋被动式建筑＋智能化"研究院,推动光伏与前沿被动式技术、智能化无缝衔接,将建筑被动节能升级为主动产出绿色能源,打造真正实现近零碳的示范建筑。

(四)实施品牌战略,形成多元化业态体系

英利以"升级品牌建设,培育多品牌"为指导思想,从高效组件智造、光伏组件配套产品到建成我国首条物理法晶体硅光伏组件绿色回收处理成套示范线;从户用分布式到大型地面电站、农光互补、渔光互补、工业园区、商业综合体;从"青砖、黛瓦、琉璃"系列产品结合被动式技术、智能化绿建解决方案到应用先进数字化、智能化技术赋能电站运维管理,从城市运营服务、泛服务业综合管理到绿色物流助力加速绿色升级步伐。同时,大力实施全球化品牌战略,是首家赞助 2010 年南非和 2014 年巴西两届足球世界杯的中国企业,刷新中国智造新形象;先后加入光伏国际回收组织PVCYCLE 以及世界自然基金会碳减排先锋项目,被评为"国家环境友好企业"、全球 SA8000 社会责任标准认证企业;四次承办国家科技部"发展中

国家先进光伏技术与系统应用国际培训班"，为"一带一路"沿线 16 个国家培训 400 余名能源官员与专业人才；多措并举推广零碳，"双碳"宣讲走进党校、校园、社区等，编制科普图书，开展公益大赛，使绿色发展理念成为全民共识。

十六、精益绿色制造新模式，打造行业发展新标杆——铜陵精达特种电磁线股份有限公司

铜陵精达特种电磁线股份有限公司（以下简称"精达"）是一家专业从事电磁线、特种导体的研发、制造、销售和服务的公司，业务范围涉及新能源汽车、光伏、航空航天、电子通讯、家电、工业电机等领域。2021 年营业收入 183 亿元，市场占有率超过 12%。作为我国最大的电磁线制造商，精达将"绿色制造"制定为公司发展战略，并结合行业和自身特点，建立了完善的节能环保管理制度，开发了多款绿色产品，进行了大量的工艺和设备改进，成功实践了"面向产品精益绿色制造的数据化、平台化"的新模式。精达作为中国制造业企业 500 强、安徽省民营企业营收百强企业、安徽省制造业高端品牌培育企业，连续八年被评为中国电线电缆行业最具竞争力 10 强。先后荣获国家单项冠军示范企业、国家技术创新示范企业、国家绿色工厂、全国质量标杆企业、省级节水型企业等多项荣誉。公司营业收入近三年持续保持在 110 亿元以上，年均增长率达 25%，净利润年均增长率达到 13%，单位产值综合能耗年均下降率达到 11%。

（一）坚持技术创新，开发绿色产品

精达高度重视研发创新，建有国家企业技术中心等多个研发创新平台，聚焦新能源产业，不断推出绿色新产品。在新能源汽车领域，联合上下游企业协同创新，开发有新能源汽车驱动电机用耐电晕扁平电磁线、800V 耐高压扁平电磁线等多款新产品，极大地提高了电机的效率和性能。在家电和工业电机领域，针对下游客户在制造电机过程中的浸漆工序污染大、不环保等问题，开发了一款自粘性电磁线的绿色环保产品，在下游产品生产端可不采用浸漆工序就能实现自动粘结固定。在上游供应商领域，联合开

发了高固含漆、无氮漆（不含氮的绝缘漆）等环保绝缘漆，极大地减少了电磁线在制造过程中的氮氧化物气体排放。精达始终秉承大局观，作为产业链的中游企业，注重产业链上下游的协同创新、绿色发展。不断加大产品绿色化生产强度，产品选择对环境影响最小的材料，同时也保证这些材料在使用过程中和使用后对人体的安全性。围绕"原料设计、制造工艺设计、包装设计、废物回收设计"四个环节，进行漆包线全生命周期的绿色化生态设计，制定了较完善的绿色采购制度，通过从源头控制，坚持绿色低碳理念，优先采购和使用节能、节水、节材、低碳、无有毒有害物质等有利于环境保护的原材料。

（二）推行"绿色技改"，实现节能降耗

精达积极在集团内鼓励推行"绿色技改"，每年通过评选出在节能环保方面有突出贡献的技改项目，引导每位员工积极参与"绿色技改"行动中来。精达股份率先在行业内成功开发了集中自动供漆系统、多次催化燃烧高校节能大炉、水性润滑液等技术改造。

一是研发电磁线集中自动供漆系统。该系统由高位槽储漆罐、进口自吸泵、主供漆管道和若干供漆支管组成，储漆罐内的绝缘漆通过自吸泵恒温、恒压、自动输送至主供漆管道中，供漆支管并联在主供漆管道上，每个供漆支管的末端通入生产线上的一个漆箱，每个供漆支管上装有自动电磁阀。该集中供漆系统采取一次性制造、灌装40吨绝缘漆产品，改变过去一次投入200公斤油桶装绝缘漆产品，大幅度减少涂漆批次，提高了电磁线产品性能一致性、稳定性。根据精达公司2020年生产产能测算，年减少15000只200公斤绝缘漆油桶更换、清洗工作，减少45吨清洗溶剂的使用，对提高环境改善具有极大意义。

二是开发与应用水性润滑液。传统的溶剂型表面润滑剂含有大量VOCs，有机溶剂在车间挥发，造成对车间环境的污染，为此公司开发了定量涂覆装置和水性表面润滑剂。定量涂覆装置通过直接添加润滑剂，对定量涂覆系数、温度等参数进行设定，解决传统涂覆方式的各种不利因素，实现了对漆包线表面润滑剂的定量控制。此外公司还开发了一款水性润滑剂，该润滑剂可以通过特殊工艺直接将润滑液溶于水中进行涂覆使用。通过上

述改进方案，每年可节约环乙烷 10 吨左右，杜绝了有机物溶剂对人体的伤害和环境的污染。

三是研发多次催化燃烧高效节能大炉。采用高效率催化剂，溶剂燃烧率可达到 99.9%。污染气体排放量下降 70% 左右，远低于国家规定的排放标准，同时溶剂燃烧产生的热量对大炉温度进行补充，降低了能耗。此外，大炉采用新型保温材料，减少烘炉热量损失，一方面降低了能耗，另一方面降低了车间温度，改善了员工的工作环境。通过新型节能大炉的使用，能耗下降达到 50% 以上。

（三）实施能源精细化管理，严格进行环境排放管控

精达按照 ISO9001、ISO45001、ISO14001 等要求，不断完善质量、职业健康安全、环境管理体系。开展能源管理体系的建设工作，制订了能源管理制度，基本建立了能源管理体系，制定公司能源管理和节能规划，监督能源管理具体工作的推进和执行，以及各项节能降耗减排工作的开展和实施。通过工业数据管理系统自动采集环境、能耗、辅助设备等数据，并采用图表展示分析各个设备的能耗数据，节约人工抄表工时，提高效率与准确率。通过对比往期能耗数据分析设备能耗是否正常，及时解决高能耗问题，实现能耗的精细化管控，有效降低公司用能成本。目前，精达单位产品综合能耗降低达 11% 左右，生产效率提高约 15%，有害气体排放降低40% 左右。

十七、聚焦"双碳"目标，坚持绿色发展，树立行业标杆——江西兆驰半导体有限公司

江西兆驰半导体有限公司（以下简称"兆驰半导体"）是深圳市兆驰股份有限公司在江西省南昌市设立的全资子公司，成立于 2017 年，注册资本为 31 亿元，是一家专业从事化合物半导体光电器件研发、设计、制造与销售的高科技企业。公司先后获得省级绿色工厂、国家级绿色工厂、省级工程研究中心、"科创中国"新锐企业、江西省智能制造标杆企业、国家"专精特新"小巨人、国家知识产权优势企业、南昌市博士科研创新中心、南

昌市市长质量奖、江西省科技创新积分百强企业等荣誉。经过近几年的经营发展，兆驰半导体已成为国内 LED 芯片行业的领军者，营收及市场占有率在 LED 芯片领域已达到全球前三。

（一）坚持精细化、集约化管理，打造绿色协同发展新标杆

作为战略性新兴电子材料 LED 芯片行业的新兴企业，兆驰半导体通过研发、生产、管理的"三个 JIT（实时生产系统）"和信息化、智能化、标准化、绿色化的"四化"策略，把精细化管理不断推向深入，确保始终拥有领先同行的成本竞争优势，以精细管理获得合理利润。通过"99% 微创新 +1% 突破式创新"，既能适应快速变化的市场，又能引领市场；通过标准化，推动优质低成本运营；通过智能化，推动高端智慧运营；通过信息化，推动敏捷高效运营；通过绿色化，推动可持续发展运营，从而实现高质量跨越式发展。兆驰充分发挥集约化管理协同发展模式将蓝宝石平片、外延、PSS 图案化衬底、芯片四大工序集约在单一独栋厂房，土地集约化管理，在产品链条和技术上相互协作和补充，坚实成本优势，同时配套气体自制，打造了全球外延芯片产量最大的单一主体厂房，创造了最优的工厂容积率 1.87 的指标和单位用地面积产值指标 1.55 万元 / 平方米。

（二）坚持原料无害化、废物资源化，走资源环境和效益协调发展之路

兆驰半导体一直坚持循环经济，走资源环境和效益协调发展之路。通过不断完善管理体系，积极采用新技术、新工艺和新标准，优化原料结构，实现"减量化、再利用、资源化"，在蓝宝石平片、图形化蓝宝石衬底（PSS）、LED 外延片、芯片等生产过程中对原材料、水资源、化学品等实现最大程度的循环利用。公司已经通过 QC080000 有害物质管理体系认证。公司使用的主要原料有蓝宝石晶棒、蓝宝石基片、LED 外延片等，原辅材料含有的主要成分均不具有毒有害性，不属于有毒有害原辅料。另外，公司通过 NMP 废液回收再加工、砂轮更换提案改善、贵金属自回收再利用，每年可节约的成本折合经济效益超 1 亿元。配置全套自动化装置，实现废水处理系统一体化、自动化、稳定化，保障废水处理过程安全有效，通过严格的过

程管控确保废水处理达标排放，并从源头降低水污染物排放。同时采用 RO 浓水回收进行循环利用，使污水排放量大幅降低。纯水站一级 RO 产的浓水，经过回用 RO 过滤回收再利用，产水进入中间水箱当自来水使用，浓水收集当中水使用，可为园区配套生活用水提供资源循环利用。

（三）坚持创新引领，深耕技术，驱动企业高质量发展

兆驰半导体坚持以"绿色可持续设计理念"为创新基础，坚持"六化＋三工程＋一杜绝"的设计原则，即：产品线合理化、产品极简化、设计平台化、硬件标准化、硬件软件化、库存优先消化；价值工程、并行工程、竞品分析工程；杜绝使用国家淘汰或限制的原辅料，从而达到在产品设计方面，从设计端解决物料绿色化，从源头上使生产自动化、产品标准化，增强企业研发设计能力，提高开发效率，降低研发成本。在突破式创新方面，公司持续跟踪前沿技术，建立了高效的研发体系和创新机制，储备前沿技术，参与国家课题。截至目前，公司已申请专利近 500 项（含 280 项发明），拥有已授权专利 200 项（含 60 项发明专利），参与制定了两项国际或行业标准，建设有三个科技创新平台，承担一项国家科技项目。同时，在行业内率先实现纳米压印 PSS 技术的量产，开发了领先业内的超低温键合衬底转换技术，解决了低温欧姆接触难、辐射复合效率低、倒装红光芯片良率低等行业难题。同时，公司积极布局 Mini/Micro LED 新型显示，加大研发投入，聚焦关键技术攻关，仅 2021 年公司研发投入超 1.2 亿元，占营收的 7.08%。目前，Mini RGB LED 倒装芯片技术已取得突破，全色系已大批量量产供货；Micro LED 芯片关键技术研究已立项攻关，并取得阶段性进展，产品性能达到国际领先水平，荣获多项科技创新奖项。

十八、助力碳中和，践行绿色设计，打造行业标杆——昆明嘉和科技股份有限公司

昆明嘉和科技股份有限公司（以下简称"嘉和"）作为国内领先的特种工业泵系统化解决方案提供商，是国内硫磷化工装置、石油化工烷基化装置用泵第一品牌。嘉和在特泵品牌影响力的基础上，以做全球特种工业泵

领域系统解决方案领导者为业务主体，以工业服务整体解决方案和工业节能整体解决方案为两翼，为客户从能效提升到智慧化运维及工业互联网的有效落地，实现企业节能、增效、减排的经济效益和社会效益。截至目前，嘉和荣获国家第一批"专精特新"小巨人企业，工信部服务型制造示范项目，工信部工业互联网试点示范项目，是国家级第三批绿色工厂、云南省第五批绿色供应链管理企业、云南省认定企业技术中心、云南省特种工业泵工程技术研究中心、云南省工业设计中心。获专利 67 项（发明专利 3 项）。五个产品系列获"国家重点新产品"，两个产品获工信部节能产品，七个产品系列获"云南省重点新产品"，其中《高端石化离心泵关键技术突破及产业化》获中国机械工业科学技术一等奖。

（一）积极开展绿色节能项目，研发"新型节能泵设备"

嘉和在持续产出新产品、新技术、新工艺的同时，响应国家"绿色制造"、工业互联网发展政策，围绕硫酸行业，针对循环酸离心泵及装置高效、可靠运行进行关键技术研究，通过搭建完善新一代智能化、数字化、绿色节能装备技术创新平台，积极开展绿色节能项目，研发"新型节能泵设备"，相比同等流量扬程产品，现有装置节电率至少 20% 以上，部分可达到 50%，实现节能降耗从而降低成本，为客户降低能耗 20%~30%。按市场 5000 台泵运行，单台平均按 100KW/h 每年运行 7200 小时估算，节约电量为 10.8 亿千瓦时，按 1 吨标准煤 ≈ 813.7 千瓦时换算，节约 1327270 吨标煤。采用先进的设计理念及方法，应用计算机辅助工程（CAE）技术、CFD 流场运动仿真软件、ANSYS 有限元软件进行三维建模仿真设计、数值模拟模型设计、数字化建模分析、动态仿真性能分析，改善优化泵的水力效率、抗汽蚀性能。同时细化、增加泵体和叶轮水力分组，解决产品系列不全，工况点偏离最佳效率点，导致泵在小流量点或大流量点运行，造成效率低下的问题。目前，嘉和已在原有基础上研发出经过上海环境交易所认证的新一代新能源高效节能碳中和泵。相比同等性能产品，节电率高达 20% 以上，并通过引进永磁节能技术，降低电机运行损耗，从而达到提高效率、节能降耗的目的。嘉和新一代新能源高效节能碳中和泵在赋能用户积极践行碳达峰碳中和战略的同时，也更好地为设备"安、稳、长、满、优"运行提供保障，通过绿色高效的设计理念，帮助用户实现高质量、绿色、智能发展。

（二）搭建智能泵站机组全生命周期管理平台，助力循环经济发展

嘉和积极搭建智能泵站机组全生命周期管理建设项目。该项目通过数据集成、建模分析、物联网和云计算等大数据技术的应用，为石油化工、硫磷化工、有色冶炼、大型水利电力工程、煤化工等多个行业提供创新的设备预知性维护解决方案。通过产品全生命周期管理平台，系统管理从需求分析到淘汰报废或回收再处置的产品全部生命历程，着力统筹优化产品服务，综合协调产品、用户以及环境利益，实现产品经济价值和社会生态价值最大化，提高行业的成套与服务能力。

（三）构建绿色体系，打造绿色工厂

嘉和把绿色发展融入生产全过程，从体系构建、产品研发、工厂改造等多方面践行绿色制造，力求实现生态系统和经济系统的良性循环，实现经济效益、生态效益和社会效益的有机统一。2016 年，嘉和引入节能服务管理模式，开展以节能为目标的系统集成业务，采用机电一体化、三元流高效流体输送技术、物联网能源在线监测和能效管理三大技术，为客户提供一站式节能服务，综合节电率可达 10%~45%，并成功在云天化云峰化学有限公司、云天化红磷分公司，以及山西、湖南、内蒙古等地开展了节能业务，取得良好成效。2017 年建设实施"屋顶分布式光伏发电项目"，年均发电量为 140.11 万千瓦时，每年可节约标准煤 462.36 吨，减少烟尘排放量约 7.01吨，减少二氧化碳约 1213.07 吨、二氧化硫约 133.10 吨、氮氧化物 32.23 吨。

十九、创新驱动绿色发展战略，有限资源铸就无限循环——安徽华铂再生资源科技有限公司

安徽华铂再生资源科技有限公司成立于 2014 年（以下简称"华铂"），是一家以绿色低碳循环为核心，集研发、回收再生产、销售为一体的中国有色金属资源再生循环行业龙头企业。华铂以废旧蓄电池绿色再生、有色金属循环利用技术研发为主导产业，拥有一支 100 余名高端国际化有色金

属研发制造人才队伍，拥有领先的有色金属资源回收技术和一流的智能数字化研发平台，以及两条世界领先的废旧铅酸电池绿色再生系统。华铂与国内各大电源厂密切合作，供货区域遍布全国各地，是全国生产规模最大、装备最强的再生铅加工企业之一。荣获"国家级绿色工厂""国家及绿色供应链管理企业""安徽省科学技术进步一等奖"等荣誉称号。华铂承建安徽省产业创新中心、安徽省制造业创新中心、安徽省省企业技术中心等创新研发平台。

（一）科学发展、自主创新，加快技术装备升级

近年来，华铂主动淘汰落后产能设备，采用 40 余项国内外先进技术，自主创新及集成创新高于 50%，实现节能环保技术一体化，构成高效率、低能耗、超低排放、低成本的生产运行模式，建成行业最大的"18.5 平方米 +8.4 平方米富氧侧吹熔池熔炼炉"、立模浇铸大极板电解系统、拥有自主知识产权的"铅栅低温熔铸系统"、自主研发的"碱渣、阳极泥综合回收与无害化处理生产系统"、再生铅冶炼烟气制酸系统、废铅蓄电池塑料外壳改性制粒系统、热电联产系统、液态铅流转系统，集成采用大型化高效装备，从源头降耗减排。大型炉窑利于降耗减排，提高生产效率，降低成本，实现规模效应，是再生铅行业的发展趋势。华铂根据自身情况，建设了国内最大的富氧双侧吹熔池熔炼炉系统，目前国内新建、改建再生铅项目基本都采用华铂工艺进行建设。华铂以"米"为核心，实现最优化的"物质流、能源流、信息流"整合工艺流程，实现相互协调，整体运行稳定协调和高效化、连续化。以富氧双侧吹熔池熔炼炉为中心，对烟气处理、精炼、原料等系统进行合理布局，实现各系统物料转运路程最短，使生产和消费流程物质减量化。

（二）坚持绿色发展理念引领，全面推行绿色制造

华铂按照循环经济理念坚持"双碳"目标，以"减量化、资源化、再循环"为原则，以低消耗、低排放、高效率为特征，集成应用自动分选、富氧熔炼、热电联产、烟气脱硫脱硝、尾气制取电池级硫酸 + 离子液、塑料改性等一系列先进节能减排技术，对余热、余压、余气、废水、固体废

弃物充分循环利用，实现资源节约、环境友好和资源多级利用等功能。在循环经济基础上，华铂对生产发展与环境保护的关系进行定位，坚持环保即底线，环保与企业命运相依，对环境负责就是对国家、人民负责的觉悟，关注污染物治理和环境改善，将环境保护从"设计图"落实到生产。突出环境质量改善与总量减排、风险防控、源头消减等进行系统联动，实现污染物协同治理。持续推进"绿色工厂"创建，采用先进的清洁生产工艺和污染控制新技术，实施封闭管理，建立无组织管控系统，实现工艺技术绿色清洁环保。

（三）围绕总体布局，建设行业示范

华铂围绕国家再生铅产业创新中心建设领域总体布局，在再生铅领域内，建立废铅蓄电池回收与环境管理信息平台，形成一套区域性废铅蓄电池收集处理管理示范系统。发挥民营企业在科技创新中心建设中的先锋作用，结合"污染防治攻坚战"环保目标，制定并实施技术发展战略，找准发力点，目光紧盯行业技术最前沿，增强行业发展的能力及产品的科技含量、竞争力，集中科技力量发展我国再生铅行业核心技术，改善我国产业创新关键核心技术受制于人的现状，解决我国再生铅产业规模小、设备落后、环境污染严重的短板问题。华铂自 2019 年至今，已建设完成、在建、拟建的再生铅产能合计 240 万吨，与传统工艺相比每年可节省标煤 14 万吨，减排二氧化碳 52 万吨，减少颗粒物排放 77 吨、二氧化硫 170 吨、氨氧化物 140 吨、铅及其化合物 3.42 吨。项目示范入选工信部"国家绿色数据中心先进适用技术产品目录"、生态环境部"2020 年国家先进污染防治技术目录（固体废物和土壤污染防治领域）"。

二十、节能降耗，绿色发展——甘肃鸿丰电石有限公司

甘肃鸿丰电石有限公司（以下简称"鸿丰"）成立于 2007 年 4 月，项目总投资 12 亿元。公司目前建成九台密闭式电石炉，年产商品电石 60 万吨，产品主要销往河南、四川、青海、新疆等大型生产企业，是全国电石协会十佳企业之一，为中国电石行业标准制定单位。公司先后被甘肃省授予"绿

色工厂"、"千企帮千村"精准扶贫先进单位，先后获得兰州市"节能减排先进企业""循环经济示范企业""两化融合示范企业""小巨人企业""纳税大户"等荣誉称号。

（一）以努力实现"双碳"为根本目标，狠抓基础管理工作

鸿丰狠抓能源基础管理工作，建立和完善了能源管理组织体系和制度体系，科学制定和细化了节能降耗、环境治理制度，深化能源考核办法，将能源管理和环境治理实行一票否决制。同时，狠抓能源消耗定额管理，始终按照一流企业能耗标准制定切实可行的能耗定额标准，紧抓定额落实，强化监督管理机制，使企业的单位产品综合能耗和工艺电耗接近全国同行业先进值。强化能源计量器具管理，按照国家能源计量器具管理通则，制定了能源计量管理制度，定期对能源计量器具进行检定、校准，确保计量数据的准确性，为节能降耗奠定了坚实的基础。与此同时切实做好能源计量审计和节能诊断，聘请第三方先后三次进行能源审计和节能诊断，提出合理化能源改进措施达25条，为日后节能降耗指明方向和突破口。

（二）全方位挖掘节能潜力，降低产品能耗

鸿丰不断加强企业核心技术的升级改造，提高产品的质量，降低能耗。2020年至2021年先后对七台25500KVA密闭电石炉电极进行工艺革新，通过改变电极直径，增大极心圆，使其电能充分得到利用，产能增加了15%，单位产品工艺电耗降低62度，使单位产品综合能耗优于国家行业标准，工艺电耗接近国家标准先进值。2019年利用合同能源管理，对循环水泵系统进行技术改造，年节电182.3万千瓦时，折合标准煤224吨，减少电费支出67.45万元。2017年至2018年投资2950万元建成三套净化灰焚烧系统，将电石炉产生的净化灰作为兰炭烘干窑的燃料，同时利用兰炭烘干窑除尘灰作为气烧白灰窑的补充燃料，彻底解决了长期困扰企业的固体废物处理难、储存难、污染环境严重的问题，极大地改善了生产区域和作业现场环境卫生，同时提高了固体废物的再利用率，年利用净化除尘灰5400吨、烘干窑除尘灰36000吨，年节约燃煤24840吨，折合标准煤24130吨。此外，2019年投资250万元在回转窑尾部安装预热器，对入窑石灰石进行预热，从而

减少石灰石在锻烧过程中的用热量，进而缩短工艺时间，同时在预热器出口安装换热面积达 320 平方米的换热器，利用余热达到供暖效果，供暖面积达 2500 平方米，年节约燃料 3000 吨，减少成本支出 240 万元。

（三）确保环保设备运转率，减少污染物的排放

鸿丰非常重视环保设备、设施的维护保养工作，确保环保设备、设施的运转率和完好率，防止由于环保设备、设施停运而造成的重大环境事件和超标准排放。通过改造炉前除尘系统，将除尘风机电机改为调频电机，根据出炉时烟尘多少、浓度大小调换电机频率，保证烟尘全部被收集而不外逸。同时加强无组织排放的管理，对兰炭、白灰上料系统单独安装了除尘装置；加强原材料的质量管控，特别是入炉兰炭的水分、白灰的粒度、生过烧的控制，保证合格的原料入炉，防止由于原料不合格而引起的塌料、喷料对环境造成的污染；新建物料堆放库、棚两座，面积达 600 平方米，新装库、棚门帘九副，防止在装卸过程中和由于大风等环境因素而造成二次污染；加强厂区道路、生产区域的清扫和洒水工作，并根据天气情况每天坚持对道路进行洒水作业，保证生产区域、厂区道路清洁无灰尘；同时在厂区道路明显处设置限速标志，限制厂内车辆的行驶速度为 5 公里 / 小时，防止车速过快而引起道路扬尘。

二十一、首创绿色循环经济产业链，塑造环保绿色低碳标杆——四川金象赛瑞化工股份有限公司

四川金象赛瑞化工股份有限公司（以下简称"川金象"）始建于 1970 年，是全球最大的三聚氰胺、全国最大的硝基复合肥生产商。以天然气为主要原料，生产、销售化肥和化工原料等为主营业务的外商投资企业。现总投资已达百亿元，分别在四川眉山、新疆沙雅、新疆阜康、河北衡水、江苏洪泽建立了化工生产基地，在四川德阳建立了化工装备制造基地，在北京清华园设立了研发基地。综合实力位列 2021 年中国石油和化工企业 500 强、2021 年中国石油和化工民营企业 100 强、四川省"贡嘎培优企业"；荣获四川省政府质量奖、中国氮肥工业企业 AAA 级信用等级等多项殊荣，被工信

部认定为"绿色工厂"。

（一）秉持"清洁生产、绿色发展"的经营理念，不断健全和提升绿色低碳体制建设

川金象以"清洁生产、绿色发展"为经营理念，生产基础设施、设备建设始终坚持从节能、环保出发，严格按照 ISO 9001 质量管理体系、ISO 14001 环境管理体系和 OHSAS 18001 职业健康安全管理体系、ISO10012 测量管理体系、GB/T23331-2012 能源管理体系为核心，通过实施改造，加快结构调整，突破技术瓶颈，积极利用资源节约、资源综合利用、节能清洁生产技术，能耗指标逐年下降，被中国氮肥工业协会评为"十二五"期间氮肥、甲醇行业节能减排先进单位。川金象牢固树立创新、协调、绿色、开放、共享的发展理念，按照绿色工厂的创建、考核、评价、验收标准进行生产经营管理。

（二）潜心环保绿色低碳领域研究，开创独具特色的一体化循环经济产业链

川金象通过多年的努力，形成了行业内独具特色的一体化、规模化、集约化的"以天然气为原料生产合成氨、硝酸、硝铵、尿素、三聚氰胺、硝基复合肥"全过程协同的循环经济产业链模式，实现了资源的综合利用，最大限度地控制了"三废排放"，有效地保护了环境。该一体化循环经济产业链有三个优势，一是产业链的生产过程各环节相互协同，产品多样且互补可调。二是灵活的产品生产结构，除产业链的最终主导产品三聚氰胺、硝基复合肥之外，在生产过程中形成的中间品如合成氨、尿素、硝酸铵等都可以作为独立产品对外销售。三是资源综合利用，实现生产过程的上下游互为原料，中间过程废气、废水、余热综合利用。例如，合成氨产生的二氧化碳和蒸汽用于生产尿素；硝酸副产蒸汽用于生产复合肥；三聚氰胺生产过程中产生的大量含氨和二氧化碳的尾气，用稀硝酸进行中和反应，生产硝酸铵等，既使资源得到充分利用，降低了成本，又避免了污染物排放，实现清洁生产，保护了环境。

（三）强化废水废气外排综合治理，践行"绿水青山就是金山银山"的发展理念

川金象针对生产过程中产生的废水种类，坚持"清污分流、分类治理"的原则。通过对生产废水的综合治理，每年可减少 NH_3–N 排放 80 吨，减少 COD 排放 160 吨，减少废水排放 100 万立方米。对保护岷江下游饮用水源，合理利用自然资源，实施可持续发展战略具有重要意义，同时还具有良好的社会效益。通过治理，大大减少了对土地资源、水资源和大气资源的污染。川金象同时也是国内第一批率先与国际知名公司合作 CDM 项目的企业，由于生产中废气的主要来源于硝酸生产过程中的氧化亚氮（N_2O）排放，通过炉内减排技术，实时在线监测氧化亚氮减排，达到精准管控、减排的效果。在开展 CDM 项目的基础上，川金象还采用催化还原分解 NOX 方法来深度治理硝酸尾气排放，实现了氮氧化物超低排放（实际排放小于 $20mg/m^3$），仅为国家允许排放标准的 6.6%。

二十二、坚持贯彻生态可持续理念，打造绿色低碳企业——盛虹集团有限公司

盛虹集团有限公司（以下简称"盛虹"）成立于 1992 年，专业从事化纤长丝类、超细高密类等中高档面、里料的印染加工，主要用于服装、家纺、箱包、帐篷、鞋帽、服饰等，是 Disney、ZARA、M&S、Target、安踏、李宁等国际国内知名品牌的指定加工企业，产品远销欧美、日韩等国家。2005 年至今连续被中国印染行业协会评为全国印染行业"十强企业"，2016 年起连续被评为全国十强首位。盛虹作为"国家级绿色工厂"，在发展中始终以保护环境为首要宗旨，努力实现循环经济，致力于研发推广高效、节水、节能的新设备和新技术，努力实现从传统印染行业向现代化方向转型发展，为整个纺织印染行业转变发展方式起到示范和导向作用。

（一）坚持贯彻绿色、可持续发展理念

盛虹始终坚持贯彻生态可持续理念，打造绿色低碳企业，通过加快调

整产品结构，淘汰落后的高耗能、高耗水、低效率设备；加大节水减排工程的投入，进行节能技术改造，提高水资源的利用效率，减少印染废水产生量。采用自主设计建设国内领先的"印染废水处理与深度回用工程"和"印染废水短流程大通量节能高效膜处理及循环回用技术"减少废水排放，中水回用率达到 60% 以上，成为"江苏省循环经济示范企业"。目前，公司已建成八套中水回用工程，日回用总量规模超过 4 万吨 / 天，回用水质清澈，达到印染生产工序用水标准要求，大幅度减轻了环境压力，提升了印染行业的水利用率，起到节水减排的作用。为进一步积极改善环境空气质量，自 2017 年起陆续淘汰燃煤导热油锅炉，采用清洁能源，使用中压蒸汽或天然气供热定型机，大幅度减少碳排放，同时开展吴江区首个"定型废气深度治理示范项目"，对烟气进行"水喷淋 + 高压静电"的深度二级处理，实现废气中油烟、颗粒物、VOCs 等各项污染物排放指标优于国标和相关要求，被评为"中国印染行业大气治理示范企业"，大气治理项目在行业内得以推广，为改善空气环境污染提供了有效的治理办法。

（二）坚持生产绿色精细化管理

盛虹执行环境管理体系并通过 ISO14001 认证，建立"遵守法律法规，注重污染预防；加强节能利废，坚持全员参与；维护生态环境，承诺持续改进"的环境方针，组成以总经理为最高管理者的环境管理架构，坚持以绿色可持续为发展理念；成立专业环境管理团队，结合印染生产特点，对印染废水、废气、噪声、固废等方面的环境治理工艺和技术进行探索和研究，建立了水资源综合利用及水处理控制程序、废气排放控制程序、噪声防治控制程序、废弃物控制程序等管理程序和制度并贯彻实施。

（三）坚持智能、信息化的创新发展

盛虹致力于建设资源节约型、环境友好型企业，建立了"印染废水处理全流程在线集控系统"，该系统对集团及旗下子公司共 13 套废水预处理站和全处理流程进行在线集控改造，整体接入本系统，2019 年底全部投入使用。"印染废水处理全流程在线集控系统"的建设，将印染工厂的废水处理全过程进行实时监测，将传统废水处理工艺与现代化信息技术相结合，利

用智能手段提升废水处理和环境管理效率，减少了处理药剂等物资和电等能源的消耗。通过大数据分析，实施最优处理工艺，重点监控废水处理指标，可减少废水处理药剂以及电力能源的使用，降低废水处理成本，年药剂使用量下降 1.5%，年电力消耗量下降 2%，同时实现废水预处理过程 100% 监控，100% 过程指标超标预警，实现排污指标零事故。

为进一步提高生产效率，降低能源和物料的损耗，盛虹对车间主要生产设备进行智能化改造，提高自动化设备和智能化系统的运用，将车间所有设备进行联网，接入公司自主研发的"盛虹智慧印染工业互联网平台"，对公司生产过程中每批次生产的产品进行能源消耗记录，做到对生产使用的能源进行时时监控，且由专人负责数据收集记录，便于工艺员分析改进工艺、财务人员分析产品的耗用成本。通过趋势分析计算能源耗用，可以对紧急情况做出相应的预警，并采取应对措施，避免因设备出现故障未及时处理导致的能源浪费。

二十三、创新科技变废为宝增效益，构建绿能产业转型创佳绩——广东东阳光科技控股股份有限公司

广东东阳光科技控股股份有限公司（以下简称"东阳光"）是以电子材料、新材料、新能源产业群为主体的 A 股上市公司，现有员工 7000 余人，为 2021 年中国制造业民营企业 500 强企业，核心竞争优势产品电子铝箔、腐蚀化成箔技术国内领先、国际先进，产销量全球最大。"东阳光"技术中心为国家级企业技术中心，设立了韶关首个国家级博士后科研工作站，多个骨干企业被认定为国家级绿色工厂与国家高新技术企业，现有三个国内行业龙头企业子公司、一个"中国名牌产品"、两个"中国驰名商标"。"东阳光"始终以"科技创新、健康生活"为公司使命，大力发展核心技术研发型实体经济。一直以来，"东阳光"秉持绿色发展理念，认真贯彻党中央、国务院关于实现碳达峰、碳中和目标的有关文件精神，完善公司绿色产业空间布局，严格落实碳减排行业标准，开拓锂电池战略绿色产业链，开展温室气体排放量化和管理工作，探索出了一条绿色、创新、环保、低碳的可持续发展之路。

（一）技术升级节能降本，绿色转型变废为宝

东阳光通过对各类生产废水、固体废物在源头上分类收集分类处理，经过不断努力，实现了绿色转型技术升级。包括通过废硅藻土、铝灰渣、氧化铝球等综合利用项目，实现公司内部对可燃的固体废物、危险废物就近处置，有效降低库存积压隐患、运输安全风险隐患。全面改用环保型硫酸体系腐蚀工艺替代铬酸体系工艺，不再涉重金属；借助节水技术改造，实现将箔片清洗水再生后回用到生产线。以废酸回收项目实现将废酸再生后回用到生产线，并通过水处理污泥石灰中和项目副产石膏，硝酸废液综合利用项目副产硝酸铵钙复合肥料和氢氧化铝大理石原材料，盐酸废液综合利用项目副产净水剂溶液，全油回收项目副产轧制油回用生产等一系列绿色转型技术升级项目，做到资源回收利用，不断减少污染物排放。此外，针对关键工艺和主要用能设施，采取先进的节能技术，推进精箔轧制油管道改造、电化厂电解槽节能技术改造、化成箔废水处理系统优化、氯碱化工配电系统升级、氯化氢合成炉余热利用等项目的技术升级，实施高压配电系统改造，能源管理运行系统信息化、智能化，提高了设备运行的稳定性，减少输配电电能损失。

（二）在线联网实时监测，深度处理超低排放

东阳光新能源、电化厂、药业、化成箔等公司污水处理站投资累计超过四亿元，且全部安装了在线监控系统，实现了全公司废水的全面实时联网监控，各项数值远低于排放限值要求。化成箔厂和氟有限厂锅炉废气采用"炉内脱硝＋静电除尘＋双碱法脱硫＋湿电除尘"的超低排放烟气治理工艺，配套安装了烟气在线监控系统，进行烟尘、二氧化硫、氮氧化物及烟气量的实时联网监控，各项数值做到超低排放。2022年公司将持续对挥发性有机废气VOCs进行升级治理改造，电化厂对甲烷氯化物车间的有机废气经冷凝和活性炭吸附后，再新增了树脂吸附深度处理装置；氟有限厂将R32和R125经冷凝处理的有机废气合并到焚烧炉进一步焚烧，通过一个废气排放口排放，电化厂、氟有限厂正在安装五套挥发性有机废气在线监控系统。亲水箔也正在对有机废气VOCs进行深度治理，正在采购RTO焚烧

处理装备。VOCs 深度治理完成后，电化厂预计可以减排 2.9 吨 VOCs，亲水箔预计可以减排约 40 吨 VOCs。

（三）绿能赋新低碳基建，产业转型助力"双碳"

东阳光不断强化内部能源管理，压实职责，成立"光伏""蒸汽""天然气"三个能源管理专班和能源处，统筹公司的能源评价、节能技改项目和节能诊断等各项能源管理工作，加强能源专项管理，深挖节能空间。针对公司工艺流程、重点用能设备、能源梯级利用、余能利用等方面，定期组织开展专题节能诊断活动；在保证安全和质量的前提下，使用太阳能、天然气等绿色清洁能源，并尽可能地充分利用生产余热余压。始终以基础设施建设绿能优化、构建低碳流通体系为目标，建设了天然气站和输送管道，便捷利用天然气，促进能源清洁化；安装太阳能 LED 路灯，既利用太阳能发电为路灯提供清洁能源，同时采用 LED 光源达到节能目的，实现照明设施绿色低碳化建设。同时，"东阳光"积极发展低碳物流体系和低碳交通体系，完善物流基础设施平台、公用信息平台，推进物流业现代化、信息化进程，合理布局物流基地，推广节能环保型交通工具，打造低碳交通体系。

二十四、深入践行绿色发展理念，努力打造"绿色药企"新标杆——齐鲁制药（海南）有限公司

齐鲁制药（海南）有限公司建立于 2005 年（以下简称"齐鲁制药"），是全国知名的抗肿瘤类、心脑血管类药物供应商。成立 17 年来，始终秉持"安全为本，环保为先，健康你我（SHE）"的环保理念，并逐步将环保理念升级到战略高度，制定了"节能、减排、降耗"的绿色可持续发展理念战略，将环保水平和成绩作为衡量企业发展质量的主要指标。始终坚持实施与国际接轨的 SHE 管理体系，不断加大投入力度，引进环境污染小、能源消耗少的设备与技术，使用满足环保节能标准的绿色工艺，不断降低资源消耗和排放，打造实现资源共享、别具特色的"绿色工厂"。作为海南省首家通过欧美"双认证"医药企业，如今公司已经拥有 120 余个国际上市许可，产品出口涵盖美国、日本、加拿大等 16 个国家和地区。年产值逾 33

亿元，产值年平均增速 89.28%，是国家认定的高新技术企业、国家技术创新示范企业、国家火炬计划重点高新技术企业，2022 年获评海南省首届高新技术领军企业。曾荣获"全国厂务公开民主管理先进单位""全国五一劳动奖状""全国知识产权系统先进集体"等荣誉称号。

（一）以技术创新赋能绿色发展，打造绿色药企"新标杆"

作为发展在全国第一个生态示范省——海南的医药企业，为了深入践行"绿水青山就是金山银山"理念，齐鲁制药建厂之初就将环保水平和成绩作为衡量企业发展质量的主要指标。将绿色可持续发展理念与公司"科技创新＋国际化"发展战略紧密结合，实现了从项目选型开始到生产工艺的持续。多年来，齐鲁制药严格实行"环保一票否决制"，即凡对环境压力大，资源消耗过大的项目，经济效益前景再好也会坚决否决。项目规划将高标准、高技术含量、高附加值、低污染、低能耗的高新技术产品作为研发重点。超标准引进了国际医药配套环保设备和设施，确保从项目选择、研发工艺路线对比等角度出发，选出对环境影响小、操作简洁、条件温和的工艺，尽可能减少有毒有害物质及危险品的使用。成功搭建了小分子靶向药物研发平台、脂质体纳米粒制剂研发平台、热融挤出制剂研发平台、缓控释等复杂制剂研发平台，积累了大量技术产品生产研发经验。其中最具代表性的就是在热熔挤出生产技术平台积累的"大量固体分散体生产技术"经验，该技术有效提高了公司抗肿瘤产品的生物利用度，并将该技术创造性地应用到了产品的生产过程，避免了原喷雾干燥工艺使用大量有机溶剂的缺陷，该技术每年可为公司较少 18 吨的有机溶剂用量。利用脂质体纳米粒制剂研发平台的微通道连续流技术，成功研发出了紫杉醇（白蛋白纳米粒），有效避免了危化品反应在线减量情况，大大减少了重大危险源数量，显著减少碳足迹，使化工过程本质更安全、更绿色。多年来公司在绿色发展方面持续发力，成功研发出了 35 个新产品，获得 86 项发明专利，获评国家级企业技术中心、国家博士后工作站、海南省小分子靶向药物工程技术中心。公司从项目设计源头入手，真正实现了高效、节能、减排，为公司绿色循环发展打下了坚实的基础。

（二）提前规划，将打造"花园式企业"进行到底

齐鲁制药提前规划，连续布局多个环保项目。其中处理规模 800 立方米 / 天的花园式污水处理站项目就是典型代表。该项目处理工艺采用了先进的膜生物反应器工艺，增加了处理成本昂贵的高级氧化臭氧处理工艺，使出水指标稳定并优于《混装制剂类制药工业水污染排放标准》。污水处理工艺采用了"AAO+MBR"技术，出水已远低于排放标准，全密闭的设计保证了现场没有一点气味。同时采取多种防渗措施，污水管道均采用抗渗混凝土防渗沟加不锈钢管道，确保不让一滴污水因为渗漏而污染土壤和地下水。工作人员可在污水处理中控室通过 PLC 系统看到全部污水处理工艺运行参数，生态环境部门也可通过在线监测系统与手机 APP 实时联网，确保随时查看监测数据。以污水处理站为核心，建设了中水回用系统：将各车间胶塞、洗瓶水回收降温处理后给凉水塔作为补水，该系统每年可节约排水 17339吨。进行了纯化水浓水回收改造：正常的纯化水制备系统的整体回收率一般为 75%，新增的纯化水回收装置能将整体回收率提高 15% 左右。通过改造每年可节约用水 12.81 万吨。同时，坚持打造"花园式工厂"，在厂区四周设置绿化防护带，种植隔音、附尘、吸气效果好的阔叶树木。目前公司厂区占地面积达到 12 万平方米，整体绿化率达到了 36% 以上。成立了 SHE管理部门管理，连续多次通过了 ISO14001 环境管理体系认证、ISO9001 质量管理体系认证、OHSAS18001 职业健康安全管理体系认证。

（三）争做节能减排的先行者，建设资源节约型企业

齐鲁制药从生产工艺和新技术入手，不断使生产流程朝着简单化、紧凑化、大型化和连续化进行发展。采取多用废弃物和提高各生产环节废物回收率的措施，有效降低了投入产出比和吨产品能耗。制定了《含铂类废料废液回收处理管理制度》，最大限度地避免了公司奥沙利铂、顺铂、卡铂等含铂类产品废料废液中的贵金属流失，避免对环境造成不良影响。该项制度从2017 年开始执行，至今已回收铂金属 16800 克，共计 336 万元。提前做好节能减排规范化。公司原有锅炉 1 吨蒸汽消耗天然气 100 立方米，2020 年公司引进三台日本三浦牌燃气锅炉，同年 10 月通过锅检所现场验收投入使

用，为当时海南企业唯一一家。该型号锅炉氮氧化物排量≤ 30mg/m³，较国家标准≤ 200mg/m³ 大幅降低，符合环保要求，运行热效率高达 99%。合理利用峰谷用电排产。2021 年 10 月，国家发改委发布《关于进一步深化燃煤发电上网电价市场化改革的通知》，提出加强与分时电价政策衔接。为响应国家号召，公司优化生产排产，进行了 24 小时不间断生产，直至 2021 年底公司生产用电峰时、平时用电均较上一年下降 2 个百分比，通过合理调配，错峰用电已为公司节约生产成本近百万元。

（四）确定绿色发展高压线，树立红线意识

齐鲁制药建立与国际接轨的 SHE 管理体系，专门成立了 SHE 管理部门。积极贯彻执行《环境保护法》等国家环境保护法律法规，严格落实国务院、海南省和海口市关于环境保护和节能减排工作要求，不断完善公司环保管理制度，狠抓环境保护工作。陆续制定各种 SHE 管理制度 25 余份，为公司的 SHE 管理提供了有力的制度保障。制定了绩效评定机制，设立了 SHE 百日里程碑奖励、安全之星奖励等。公司每年 SHE 费用投入支出约为 1300 万元（不含升级改造），确保公司安全环保健康"零容忍"。2021 年公司荣获海口市生态环境局"环保诚信企业"，评价涉及环评、环保验收、排污许可、自行监测、固废管理等 29 项内容。公司成立以来从未发生环境污染事故，连续八年评为海口市安全生产工作先进企业。

附录一　民营企业绿色发展进步水平评价方法说明

自 2019 年全国工商联开展民营企业绿色发展问卷调查工作以来，全国工商联民营企业绿色发展课题组对企业深入打好污染防治攻坚战状况、绿色低碳发展现状及问题进行了持续性调查，构建了基础数据资料。在此基础上，通过研究企业绿色发展等理论与文献，参考《绿色工厂评价通则（GB/T 36132–2018）》《浙江省绿色低碳工厂建设评价导则（2022 版）》《深圳市绿色企业评价规范（DB4403/T 146–2021）》等有关国家和地方标准规范，构建了中国民营企业绿色发展水平进步评价的指标体系，并采用层次分析法对企业绿色发展水平进步评价的指标体系进行权重计算，将企业各评价指标的赋分值与其对应指标权重相乘，得出综合指数的评分结果，技术路线图如图 8-1 所示。

一、指标选取原则

基于绿色低碳发展视角的企业评价指标体系在设计时充分考虑了指标的理论与现实意义，从企业的财务管理、规划制度、污染治理、节能降碳和资源利用等绿色低碳发展的维度，设计了包括传统的盈利、负债、营运、研发投入等方面的财务绩效评价指标在内的其他能源消耗、污染治理、节能降碳等方面的评价指标。同时，需重点考虑指标间的相互关系及数据信息的可获取性并遵循以下几个原则。

（一）完整性与重要性相结合

完整性是指评价指标体系可以完整反映企业的财务、减污和降碳等维度的综合绩效水平。重要性是指所选取的指标要突出重点评价考核的内容、

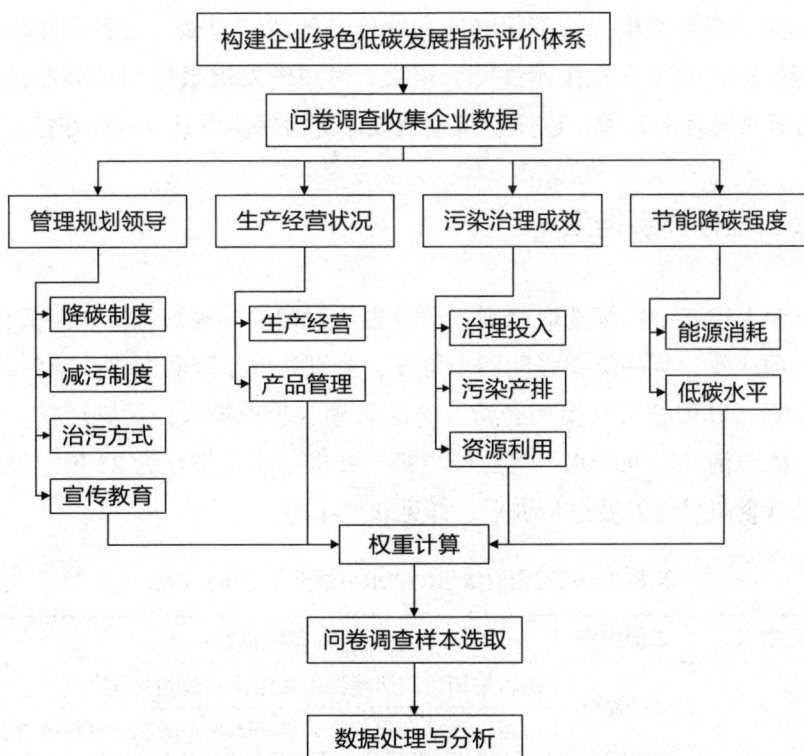

图 8-1　民营企业绿色发展水平进步评价的技术路线

避免冗余。指标较少不能全面评价，指标较多则会使指标体系变得过于繁杂，不仅影响企业实际评价工作的进行，还会增加评价成本。

（二）财务指标与非财务指标相结合

基于绿色低碳发展视角的企业进步水平的评价指标体系是在盈利能力、营运能力、偿债能力等方面的财务绩效评价指标的基础上，引入减污和降碳两个维度，增加反映企业能源消耗、污染治理和排放、管理规划、研发投入等方面的指标，体现绿色发展视角。

（三）层次性和可操作性相结合

企业绿色发展水平进步评价指标体系应当具有层次性，需要遵循指标内在逻辑，通过比较分析，对影响企业绿色低碳发展状况的各项内容进行合理分类，将各类指标按不同维度和评价目的统一起来。可操作性是指选取的指标应该是企业在排污许可、年报、可持续发展报告和社会责任报告中进行日常统计的数值，以便使整个绩效评价指标体系具有可操作性。

二、指标体系构建

结合上述三个指标选取原则，本报告从管理领导规划、生产经营状况、污染治理成效、节能降碳强度四个维度，分别选取了降碳制度、减污制度、治污方式、宣传教育、生产经营、产品管理、治理投入、污染产排、资源利用、能源消耗、低碳水平等二级指标，并进一步了细化为 25 项定性指标评价民营企业绿色发展进步水平，详见表 8-1。

表 8-1　民营企业绿色发展水平进步评价指标体系

一级指标	二级指标	定性指标层
管理规划领导	降碳制度	是否编制过碳达峰碳中和路径实施相关方案
		是否设立了专门负责节能降碳相关的职能机构或部门
	减污制度	是否建立环境信息公开制度
		是否建立了环境风险防控制度或环境应急事故紧急处理程序
	治污方式	是否入驻工业园区
		是否引入环境治理第三方治理
	宣传教育	是否定期参加或为员工开设节能降碳相关宣传教育培训
生产经营状况	生产经营	盈利能力（利润总额/主营业务收入）同比变化
		研发投入强度（研发投入/营业收入）同比变化情况
		企业研发人员数量占员工总数的比例
		资产负债率
	产品管理	生产工艺与装备要求是否满足清洁生产指标
		是否应用绿色供应链管理体系
污染治理成效	治理投入	企业节能环保投入强度（节能环保投入/营业收入）同比变化
		工业废气和废水治理设施运行费用占企业利润总额比例

续表

一级指标	二级指标	定性指标层
污染治理成效	污染产排	工业废水排放量的变化情况
		工业废气排放量的变化情况
		一般工业固体废物产生量的变化
		危险废物合规处置率
	资源利用	企业废水重复利用率
节能降碳强度	能源消耗	化石能源消费比重的变化
		单位产品综合能耗的变化
	低碳水平	单位产品碳排放量的变化
		是否应用了无碳或减碳技术

三、指标权重确定

权重是反映各个评价目标相对于总体的重要程度，本报告将专家打分法与层次分析法相结合，将定性与定量分析有机统一起来，根据实际情况指标之间的合理次序，通过两两比较与一致性检验确定企业绿色发展水平进步评价指标体系中各指标的权重。由于指标之间的评比会影响判断矩阵合理性，因此本报告通过 Saaty 教授提出 9 分位标度法对两两指标进行比较确定相对重要程度，详见表 8-2 所示。

表 8-2 判断矩阵评分依据及重要程度

标 度	含 义
1	表示两个因素相比，具有同样重要性
3	表示两个因素相比，一个因素比另一个因素稍微重要
5	表示两个因素相比，一个因素比另一个因素明显重要
7	表示两个因素相比，一个因素比另一个因素强烈重要
9	表示两个因素相比，一个因素比另一个因素极端重要
2，4，6，8	上述两相邻判断的中值
倒数	因素 i 于 j 比较的判断

在具体计算过程中，通过 11 位专家的打分将指标按层次两两比较并建立判断矩阵，使比较结果定量化，构造出的矩阵 E 为互正反矩阵。根据下列公式在确定各个指标的权重时，采用 1 到 9 标度法确定权数并构造判断矩阵（详见表 8-3）。

$$e_{ij} = \frac{1}{e_{ij}} \#(1)$$

通过对相对重要程度的判定，计算矩阵的最大特征根与特征向量。首先，将 e 的每一列向量归一化得到：

$$W_{ij} = \frac{e_{ij}}{\sum_{i=1}^{n} e_{ij}} \#(2)$$

其中，n 表示每个矩阵中需要确定权重的指标个数。然后，对 W_i 按行求和得到：

$$W_i = \sum_{j=1}^{n} W_i \#(3)$$

$W = (w_1, w_2, w_3)$ 即为特征向量。

其次，计算最大特征根：

$$\lambda = \frac{1}{n} \sum_{j=1}^{n} \frac{(EW)_i}{w_s} \#(4)$$

λ 即为最大特征根的近似值，$(EW)i$ 为判断矩阵与特征向量乘积的第 i 个元素。

最后，计算一致性指标：

$$CI = \frac{(\lambda - n)}{(n-1)} \#(5)$$

$$CR = \frac{CI}{RI} \#(6)$$

其中，RI 为随机一致性指标，查表可知；当 CR<0.1 时，验证其符合逻辑性；可以直接利用 E 的特征向量 W 作为权重向量；当结果不满足要求时，对判断矩阵 E 加以调整，直至符合要求。

表8-3 民营企业绿色发展水平进步评价指标的专家判断原始矩阵

指标	降碳制度	减污制度	治污方式	宣传教育	生产经营	产品管理	治理投入	污染产排	水资源利用	能源消耗	低碳水平
降碳制度	1	2	1/4	3	1/5	1/3	1/4	1/7	1/2	1/7	1/6
减污制度	1/2	1	1/5	2	1/6	1/4	1/5	1/8	1/3	1/8	1/7
治污方式	4	5	1	6	1/2	2	1	1/4	3	1/4	1/3
宣传教育	1/3	1/2	1/6	1	1/7	1/5	1/6	1/9	1/4	1/9	1/8
生产经营	5	6	2	7	1	3	2	1/3	4	1/3	1/2
产品管理	3	4	1/2	5	1/3	1	1/2	1/5	2	1/5	1/4
治理投入	4	5	1	6	1/2	2	1	1/4	3	1/4	1/3
污染产排	7	8	4	9	3	5	4	1	6	1	2
水资源利用	2	3	1/3	4	1/4	1/2	1/3	1/6	1	1/6	1/5
能源消耗	7	8	4	9	3	5	4	1	6	1	2
低碳水平	6	7	3	8	2	4	3	1/2	5	1/2	1

以民营企业绿色发展水平进步评价指标的专家判断原始矩阵为基础，通过上述公式计算绿色发展水平进步评价指标体系中各个指标的权重，得出结果，详见表8-4。结合特征向量可计算出最大特征根（11.505），接着利用最大特征根值计算得到 CI 值（0.050），符合一致性检验。

表 8-4　民营企业绿色发展水平进步评价指标体系权重计算结果

指标项	特征向量	权重值	最大特征值	CI 值
降碳制度	0.288	2.62%		
减污制度	0.208	1.90%		
治污方式	0.82	7.46%		
宣传教育	0.157	1.43%		
生产经营	1.189	10.81%		
产品管理	0.571	5.19%	11.505	0.050
治理投入	0.82	7.46%		
污染产排	2.426	22.05%		
水资源利用	0.404	3.68%		
能源消耗	2.426	22.05%		
低碳水平	1.69	15.36%		

四、指数计算

本报告采用综合指数法构建评价模型得出企业的绿色发展水平进步评价结果。通过选取的各个评价指标与计算出的权重（详见表8-5）。将各项指数与各指标的权重相乘求和后即为综合指数，也就是企业绿色低碳发展进步水平评价的最终得分。该指标得分越高，说明企业的绿色低碳发展水平进步越大。经过数据标准化处理和确定权数后，构建的民营企业绿色发展进步水平评价的模型如下所示：

$$X=\sum_{i=1}^{30}A_iW_i \#（7）$$

其中，X 是综合指数的最终得分，A 是企业第 i 个评价指标的指数，W 是指第 i 个指标对应的权重。

表 8-5 企业绿色低碳发展水平进步评价指标体系及权重赋分表

一级指标	二级指标（计算权重）	定性指标层（选择题选项赋分）	定量指标层（填空题划分区间）	赋分（二级指标权重和二级指标赋分即可）	指标最大赋分
管理规划领导	降碳制度（2.618%）	是否编制过碳达峰碳中和路径实施相关方案		50	50
		是否设立了专门负责节能降碳相关的职能机构或成部门			50
		是否建立环境信息公开制度		50	50
	减污制度（1.895%）	是否建立了环境风险防控制度或环境应急事故紧急处理程序		50	50
		是否入驻工业园区			50
	治污方式（7.458%）	是否引入环境治理第三方治理		50	50
	宣传教育（1.428%）	是否定期参加或为员工开设节能降碳相关宣传教育培训		100	100

续表

一级指标	二级指标（计算权重）	定性指标层（选择题选项赋分）	定量指标层（填空题划分区间）	赋分（二级指标权重和二级指标赋分即可）	指标最大赋分
生产经营状况	生产经营（10.805%）	盈利能力（利润总额/主营业务收入）同比变化	主营业务收入大于2000万元，规模以上企业	上升50%以上（35）；上升30%~50%（33）；上升15%~30%（30）；上升5%~15%（25）；基本没变（±5%）（20）；下降5%~15%（10）；下降15%~30%（8）；下降30%~50%（6）；下降50%以上（0）	35
		研发投入强度（研发投入/营业收入）同比变化情况	1. 企业研发投入占大营业收入的比例大于5%以上就很好了	上升50%以上（20）；上升30%~50%（19）；上升15%~30%（18）；上升5%~15%（17）；基本没变（±5%）（16）；下降5%~15%（10）；下降15%~30%（8）；下降30%~50%（6）；下降50%以上（0）	20
			2. 企业研发投入占营业收入的比例小于5%	上升50%以上（20）；上升30%~50%（18）；上升15%~30%（15）；上升5%~15%（10）；基本没变（±5%）（8）；下降5%~15%（5）；下降15%~30%（3）；下降30%~50%（2）；下降50%以上（0）	
		企业研发人员数量占员工总数的比例		0（0）；1%~3%（2）；3%~5%（3）；5%~10%（5）；10%~15%（7）；15%~20%（9）；20%~40%（12）；40%~60%（13）；60%以上（15）	15
		资产负债率		0~20%（20）；20%~40%（22）；40%~60%（30）；60%~80%（15）；80%~100%（5）；100%以上（0）	30
	产品管理（5.192%）	生产工艺与装备要求是否满足清洁生产指标		50	50
		是否应用绿色供应链管理体系		50	50

续表

一级指标	二级指标（计算权重）	定性指标层（选择题选项赋分）	定量指标层（填空题划分区间）	赋分（二级指标权重和二级指标赋分即可）	指标最大赋分
污染治理成效	治理投入（7.458%）	企业节能环保投入强度（节能环保投入/营业收入）同比变化	1. 企业节能环保投入占营业收入的比例大于10%	上升50%以上（35）；上升30%~50%（40）；上升15%~30%（50）；上升5%~15%（40）；基本没变（±5%）（30）；下降5%~15%（25）；下降15%~30%（15）；下降30%~50%（5）；下降50%以上（0）	50
			2. 企业节能环保投入占营业收入的比例在5%~10%	上升50%以上（50）；上升30%~50%（45）；上升15%~30%（40）；上升5%~15%（35）；基本没变（±5%）（30）；下降5%~15%（20）；下降15%~30%（10）；下降30%~50%（5）；下降50%以上（0）	
			3. 企业节能环保投入占营业收入的比例小于5%	上升50%以上（50）；上升30%~50%（40）；上升15%~30%（30）；上升5%~15%（20）；基本没变（±5%）（10）；下降5%~15%（6）；下降15%~30%（4）；下降30%~50%（2）；下降50%以上（0）	
		工业废气和废水治理设施运行费用占企业利润总额比例		0（0）；0~1%（5）；1%~3%（20）；3%~5%（30）；5%~10%（50）；10%~30%（40）；30%~60%（20）；60%~80%（10）；80%~100%（5）；100%以上（0）	50
	污染产排（22.053%）	工业废水排放量的变化情况	工业废水排放量小于100吨	上升50%以上（0）；上升30%~50%（5）；上升15%~30%（8）；上升5%~15%（10）；基本没变（±5%）（15）；下降5%~15%（20）；下降15%~30%（22）；下降30%~50%（24）；下降50%以上（25）	25

续表

一级指标	二级指标（计算权重）	定性指标层（选择题选项赋分）	定量指标层（填空题划分区间）	赋分（二级指标权重和二级指标赋分即可）	指标最大赋分
污染治理成效	污染产排（22.053%）	工业废水排放量的变化情况	工业废水排放量100~1000吨	上升50%以上（0）；上升30%~50%（5）；上升15%~30%（15）；上升5%~15%（18）；下降5%~15%（24）；上升15%~30%（15）；上升5%~15%（10）；基本没变（±5%）；下降15%~30%（21）；下降30%~50%（5）；下降50%以上（25）	
			工业废水排放量大于1000吨	上升50%以上（0）；上升30%~50%（6）；上升15%~30%（15）；上升5%~15%（8）；下降5%~15%（22）；上升15%~30%（4）；基本没变（±5%）；下降15%~30%（10）；下降15%~30%（20）；下降50%以上（25）	
		工业废气排放量的变化情况	工业废气排放量小于100万立方米	上升50%以上（0）；上升30%~50%（8）；上升15%~30%（15）；上升5%~15%（20）；下降5%~15%（24）；上升15%~30%（5）；基本没变（±5%）（10）；下降15%~30%（22）；降30%~50%（22）；下降50%以上（25）	25
			工业废气排放量100~1000万立方米	上升50%以上（0）；升30%~50%（5）；上升15%~30%（15）；上升5%~15%（18）；下降5%~15%（24）；上升15%~30%（8）；基本没变（±5%）；下（±5%）（15）；下降15%~30%（21）；下降30%~50%（30%~50%）；下降50%以上（25）	
			工业废气排放量大于1000万立方米	上升50%以上（0）；上升30%~50%（6）；上升15%~30%（15）；上升5%~15%（8）；下降5%~15%（22）；上升15%~30%（4）；基本没变（±5%）；下降15%~30%（10）；下降15%~30%（20）；下降50%以上（25）	

续表

一级指标	二级指标（计算权重）	定性指标层（选择题选项赋分）	定量指标层（填空题划分区间）	赋分（二级指标权重和二级指标赋分即可）	指标最大赋分
污染治理成效	污染产排（22.053%）	一般工业固体废物产生量的变化	一般工业固体废物综合利用量小于100吨	上升50%以上（0）；上升30%~50%（5）；上升15%~30%（8）；上升5%~15%（10）；基本没变（±5%）（15）；下降5%~15%（20）；下降15%~30%（22）；下降30%~50%（24）；下降50%以上（25）	25
			一般工业固体废物综合利用量100~1000吨	上升50%以上（0）；上升30%~50%（5）；上升15%~30%（8）；上升5%~15%（10）；基本没变（±5%）（15）；下降5%~15%（18）；下降15%~30%（21）；下降30%~50%（24）；下降50%以上（25）	
			一般工业固体废物综合利用量大于1000吨	上升50%以上（0）；上升30%~50%（4）；上升15%~30%（6）；上升5%~15%（8）；基本没变（±5%）（10）；下降5%~15%（15）；下降15%~30%（20）；下降30%~50%（22）；下降50%以上（25）	
		危险废物合规处置率		0（0）；0%~10%（3）；10%~20%（5）；20%~40%（7）；40%~60%（12）；60%~80%（17）；80%~100%（22）；100%以上（25）	25
	资源利用（3.675%）	企业废水重复利用率		0（0）；0%~5%（5）；5%~10%（10）；10%~20%（20）；20%~30%（30）；30%~40%（40）；40%~50%（50）；50%~60%（60）；60%~70%（70）；70%~80%（80）；80%~90%（90）；90%~100%（100）；100%以上（100）	100

续表

一级指标	二级指标（计算权重）	定性指标层（选择题选项赋分）	定量指标层（填空题划分区间）	赋分（二级指标权重和二级指标赋分即可）	指标最大赋分
节能降碳	能源消耗强度（22.053%）	化石能源消费比重的变化	能源总消费量小于100吨	上升50%以上（0）；上升30%~50%（10）；上升15%~30%（15）；上升5%~15%（20）；基本没变（±5%）（25）；下降5%~15%（30）；下降15%~30%（40）；下降30%~50%（45）；下降50%以上（50）	50
			能源总消费量大于100吨	上升50%以上（0）；上升30%~50%（5）；上升15%~30%（10）；上升5%~15%（15）；基本没变（±5%）（20）；下降5%~15%（25）；下降15%~30%（30）；下降30%~50%（40）；下降50%以上（50）	
		单位产品综合能耗的变化	能源总消费量小于100吨	上升50%以上（0）；上升30%~50%（10）；上升15%~30%（15）；上升5%~15%（20）；基本没变（±5%）（25）；下降5%~15%（30）；下降15%~30%（40）；下降30%~50%（45）；下降50%以上（50）	50
			能源总消费量大于100吨	上升50%以上（0）；上升30%~50%（5）；上升15%~30%（10）；上升5%~15%（15）；基本没变（±5%）（20）；下降5%~15%（25）；下降15%~30%（30）；下降30%~50%（40）；下降50%以上（50）	

续表

一级指标	二级指标（计算权重）	定性指标层（选择题选项赋分）	定量指标层（填空题划分区间）	赋分（二级指标权重和二级指标赋分即可）	指标最大赋分
节能降碳强度	低碳水平（15.364%）		能源总消费量小于100吨	上升50%以上（15）；上升30%~50%（10）；上升15%~30%（25）；上升5%~15%（45）；基本没变（±5%）（35）；下降5%~15%（55）；下降15%~30%（60）；下降30%~50%（65）；下降50%以上（65）	65
		单位产品碳排放量的变化	能源总消费量大于100吨	上升50%以上（10）；上升30%~50%（5）；上升15%~30%（20）；上升5%~15%（40）；基本没变（±5%）（30）；下降5%~15%（45）；下降15%~30%（55）；下降30%~50%（65）；下降50%以上（65）	
		是否应用了无碳或减碳技术		35	35

附录二　企业实践案例筛选依据说明

为更好地总结推广民营企业绿色低碳实践经验，将基于以下原则筛选一系列民营企业绿色发展实践案例，树立民营企业绿色发展示范，进一步提升民营企业绿色发展水平。企业应以可持续发展为己任，将生态环境效益纳入企业经营管理全过程，运用绿色技术，开发清洁生产工艺，生产、销售环境友好产品，重视生态环境保护宣传教育，践行生态文明理念的企业。基本原则如下：

一是依法设立，有合规的环境影响评价、环保竣工验收、排污许可等环保手续，在建设和生产过程中遵守适用的环境保护、卫生、消防等法律法规要求；不使用国家限制或淘汰的技术、设备、原辅材料，不生产国家限制或淘汰的产品。

二是信用记录良好，近三年内无违法行为，无较大及以上安全、环境、质量等事故或环境行政处罚记录；未被有关部门列入失信联合惩戒名单；纳入环保信用评价的企业，不是环保警示企业或环保不良企业。

三是在管理过程中设有环境管理机构，负责有关节能、减污、降碳、环境风险防控和应急、清洁生产、排污许可、环境信息公开、绿色供应链的制度建设、实施、考核和奖励工作；生产过程符合产业准入和节能环保要求，有完善的、先进的污染处理设施设备和监测监控手段，开展企业温室气体排放量化和管理工作；在保证安全、质量的前提下，使用可再生能源，充分利用余热余压。

按照入选案例的基本条件，对各省工商联推荐的民营企业对照2019年以来环保督察点名问题企业情况、"信用中国"查询情况、环境执法处罚、环境影响评价情况进行了筛选，并基于企业绿色发展实际成效，总结可借鉴的典型经验做法。

附录三　参考文献

［1］王傲雪.中国地区工业绿色发展指数测度及影响因素研究［D］.重庆工商大学，2016.

［2］胡鞍钢.中国实现2030年前碳达峰目标及主要途径［J］.北京工业大学学报（社会科学版），2021，21（03）：1—15.

［3］于法稳，林珊."双碳"目标下企业绿色转型发展的促进策略［J］.改革，2022（02）：144—155.

［4］张叶.绿色经济问题初探［J］.生态经济，2002（3）：59—61.

［5］赵斌.关于绿色经济理论与实践的思考［J］.社会科学研究，2006，2：44—47.

［6］吴晓青.加快发展绿色经济的几点思考［J］.环境经济，2009（12）：13—16.

［7］胡鞍钢，鄢一龙，王亚华.中国"十二五"发展主要目标与指标［J］.清华大学学报：哲学社会科学版，2010（1）：105—112.

［8］张子扬.生态文明视角下的企业绿色发展研究［D］.河南：郑州大学，2016.

［9］赵徐畅.辽宁省企业绿色发展政策构成研究［D］.辽宁：大连理工大学，2019.

［10］张泽义，罗雪华.中国城市绿色发展效率测度［J］.城市问题，2019，283（02）：12—20.

［11］林伯强，谭睿鹏.中国经济集聚与绿色经济效率［J］.经济研究，2019，54（02）：121—134.

［12］周亮，车磊，周成虎.中国城市绿色发展效率时空演变特征及影

响因素［J］.地理学报，2019，74（10）：2027—2044

　　［13］谢里，王瑾瑾.中国农村绿色发展绩效的空间差异［J］.中国人口·资源与环境，2016，26（06）：20—26.

　　［14］郝淑双，朱喜安.中国区域绿色发展水平影响因素的空间计量［J］.经济经纬，2019，36（01）：10—17

　　［15］周小琴.中部六省绿色发展效率及其影响因素研究［D］.湖北省社会科学院，2017.

　　［16］张峰，薛惠锋，史志伟.资源禀赋、环境规制会促进制造业绿色发展？［J］.科学决策，2018（05）：60—78.

　　［17］于成学，葛仁东.资源开发利用对地区绿色发展的影响研究——以辽宁省为例［J］.中国人口·资源与环境，2015，25（06）：121—126.

　　［18］许正松，孔凡斌.经济发展水平、产业结构与环境污染——基于江西省的实证分析［J］.当代财经，2014（08）：15—20.

　　［19］严耕，林震，杨志华等.中国省域生态文明建设评价报告（ECI2010）［M］.北京：社会科学文献出版社，2010.

　　［20］毕马威中国2021年Q1—Q4《中国经济观察》报告

　　［21］中国银行研究院《2021年全球经济金融展望报告》

　　［22］国家统计局《2021年国民经济和社会发展统计公报》

后　记

　　全国工商联民营企业绿色发展课题组在对 2021 年度民营企业绿色发展情况问卷调查回收所得的数据资料进行统计分析的基础上，梳理总结被调研的民营企业典型实践和经验特点，探索推进民营企业绿色发展机制，判断民营企业绿色发展趋势。

一、问卷设计情况

　　问卷调查围绕民营企业减污降碳、战略性新兴产业和参与农村绿色发展等议题展开研究设计，涵盖了企业基本信息以及 32 项调查问题，主要从以下六个方面对国内各类型民营企业、非公有制经济成分控股的有限责任公司和股份有限公司开展 2021 年度民营企业绿色发展状况的问卷调查。

　　民营企业基础信息。包括企业所在地、主营业务所在行业，以及制造业细分行业代码等。

　　民营企业生产经营情况。重点了解民营企业主营业务收入、利润总额、税金总额、现金流量净额、环保设施建设投入、环保设施运营成本等情况，以及生产经营方面面临的主要困难和挑战。

　　民营企业绿色发展水平。重点了解民营企业清洁生产水平、绿色技术创新、绿色研发投入、主要污染物排放、污水集中处理、固废及危废处置情况、水资源消耗情况、环境治理信息公开、接受环境监管执法检查等情况，以及绿色发展方面面临的主要困难和挑战。

　　民营企业低碳发展状况。重点了解民营企业碳排放强度下降情况、能源消费总量及利用效率、能源消费结构、循环生产举措与成效等情况，以及低碳发展方面面临的主要困难和挑战。

民营企业碳达峰碳中和政策路径实施基础。重点了解民营企业对碳达峰碳中和国家重大政策目标的认知程度，民营企业对国家实现碳达峰碳中和目标中自身定位的认识，以及民营企业碳达峰碳中和实施路径相关方案编制情况。

有关需求和建议。重点了解生态环境、工商联等部门支持民营企业发展政策落实情况，民营企业对生态环境、工商联等部门的政策需求和建议。

二、问卷填报情况

4月12日至5月30日，全国工商联联合各省（区、市）工商联，组织各地民营企业实事求是地参与问卷调查填写。此次调查共收集全国31个省（区、市）10623份反馈结果，整理确认有效调查问卷中非工业类民营企业4313份，工业类民营企业6223份（高耗能企业1431份，占比22.9%），问卷有效率99.23%。其中有26.8%的民营企业通过全国工商联直属商会推荐填报问卷，填报数靠前商会组织分别为农业产业商会、城市基础设施商会、环境服务业商会、纺织服装业商会、医药业商会。

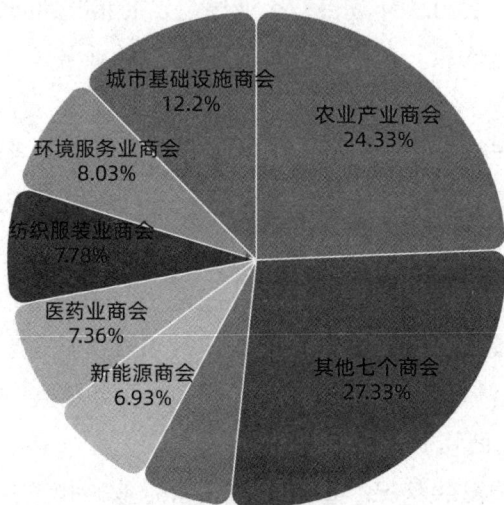

● 农业产业商会　● 城市基础设施商会　● 环境服务业商会　● 纺织服装业商会
● 医药业商会　● 新能源商会　● 科技装备业商会　● 其他七个商会

城市基础设施商会 12.2%
农业产业商会 24.33%
环境服务业商会 8.03%
纺织服装业商会 7.78%
医药业商会 7.36%
新能源商会 6.93%
其他七个商会 27.33%

图 9-1　全国工商联直属商会推荐调查问卷填报情况

三、研究方法

为深入了解民营企业绿色低碳发展现状和成效，评价民营企业绿色发展水平，主要以问卷调查为主线，结合文献研究、指标体系研究、绿色发展综合指数计算、典型案例筛选等多种方法，建立多维度、全面客观的民营企业绿色发展评价体系。

（一）文献研究法

梳理国内外关于民营企业绿色发展的研究文献，查阅国家科研机构和高校图书馆有关民营企业参与经济、政治、文化、社会和生态文明建设等文献资料，搜集统计国家发展和改革委员会、国家统计局、国家市场监督管理总局等有关部门公开发布的数据，从宏观上把握民营企业绿色发展整体表现。同时，通过对监管部门和企业官网披露的绿色发展报告、财务数据报告等进行审核分析，参考主流媒体相关报道，从微观上了解把握有关企业绿色发展情况。

（二）定量研究法

通过问卷形式，收集到 10623 份有效问卷样本，对问卷调查数据进行归集比对分析，并基于绿色发展理论构建企业绿色发展水平进步指数，为报告编写提供真实准确、全面丰富的第一手资料。

（三）案例研究法

通过对各省级工商联推荐的企业绿色发展实践案例深入研究分析，发现总结优秀民营企业绿色低碳发展实践的亮点、特征、规律和经验。

本报告得以顺利完成和出版发布，主要得益于各级工商联、商会和千千万万家民营企业负责人和工作人员的大力支持与配合，离不开社会各界的热心支持和帮助，在此表示衷心的感谢。报告编写过程中也得到了生态环境部环境规划院、全联冶金商会等专家学者的指导和帮助，在此深表感谢！

全国工商联民营企业绿色发展课题组

2022 年 11 月